복음 중의 복음 3

특별히 ____________________ 님께

이 소중한 책을 드립니다.

복음 중의 복음 3

로마서 강해 Vol. 3 (11장-16장)

이광수 목사 지음

나침반

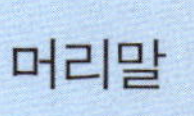

하나님의 나라와 교회에 조금이라도 유익이 되기를 기도합니다

하나님의 은혜로 마지막 시대에 설교자로 부름 받은지 30여년이 지났습니다. 그동안 수많은 설교를 하면서 살아왔는데 은퇴할 년수가 헤아려지면서 문득 생각난 것이 '복음 중의 복음'이라는 로마서도 한번 강해설교 해보지 않고 물러나면 되겠냐는 것이었습니다. 그래서 로마서 강해설교를 주일 오전 강단에서 시작해 3년 반 걸려 2017년 겨울 끝자락에 마무리를 하였습니다. 그동안 성도들이 로마서 강해를 통해 복음이 무엇인지 분명히 이해하고 감동한 것도 감사하지만 무엇보다 제 자신이 복음의 진수를 맛보며 영과 육이 떨릴 정도로 감격하였음이 가장 감사한 일이었습니다.

'로마서 강해'하면 로이드 존즈 목사님을 비롯하여 국내에도 여러 이름 있는 목사님들이 쓰신 훌륭한 책들이 출간되어 있습니다. 그런데 또 로마서 강해설교냐 하고 물으실 수도 있으나 저는 하나님 말씀은 말로 헤아리기 어려울 정도로 풍성한 진리의 샘이요, 진리의 금광이라고 믿습니다. 그러기에 한 사람, 아니 몇몇 사람이 다 퍼낼 수 있는 샘이 아니고 다 캐낼 수 있는 광산이 아닙니다. 말씀을 보는 각도와 시대와 상황에 따라 얼마든지 다양하고도 풍성하게 설교할 수 있고 적용될 수 있다는 말입니다.

저 역시 이 로마서를 강해한 여러 사람들 중의 하나요, 그 중에서도 가장 부족한 사람임을 자인하나 겸손 가운데도 나름 자부심을 가질 수 있는 것은 저의 설교 준비와 설교 현장에 하나님의 기름 부으심과 역사가 있었다는 것이요, 하나님이 본문을 통해 드러내고자 하시는 의미를 충직하게 드러내고자 노력했다는 점입니다. 즉, 본문의 의도에서 벗어나 제 자신의 말을 하려고 하지 않고 말씀에 정직하려고 노력하였습니다.

하다 보니 종교개혁 500주년이 되는 해에 종교개혁의 근원이라고 할 수 있는 로마서 강해를 출간하게 된 바 이 역시 하나님의 섭리라고 봅니다.

책을 준비하면서 그냥 제 이름이라도 한 줄 남기고자 내는 책이 아니라 하나님의 나라와 교회에 조금이라도 유익이 되기를 기도했습니다. 이 책은 재미로 대하기에는 진중한 편입니다. 제가 바라는 것은 평신도든 설교자든 각 설교의 제목 아래 나오는 본문을 두세번 읽으신 후에 설교를 읽으시되 하루에 한 편만 읽었으면 합니다. 마치 한약을 다려 드시듯 영혼의 약이라 생각하시고 1권부터 3권까지의 총 92편의 설교를 매일 한 편씩 석 달을 드시면 많은 은혜를 누리시리라 확신합니다. 비록 휫필드가 말한 번개와 천둥은 없으나 푸른 초장과 쉴만한 물가는 될 것입니다.

아무리 설교자가 유능하다해도 설교의 장이 없으면 어떻게 설교가 있겠습니까? 그런 점에서 저의 설교의 장(場)이 되신 울산동부교회 성도 여러분께 진심으로 감사드립니다. 설교시간에 '아멘'으로 응답하셨던 그 아멘의 메아리가 책을 읽으실 때마다 다시금 울려

퍼지기를 바랍니다.

이 책이 출간되기까지 수고하신 집사님들과 교역자들과, 그리고 과분한 추천의 글을 써 주신 최갑종, 전광식 두 총장님께 심심한 감사의 말씀을 드리며 목회의 훌륭한 내조자인 아내 진석순과 애린, 보린 두 자녀에게 이 책을 헌증합니다. 책의 출간을 같아주신 나침반출판사와 김용호 대표님께 진심으로 감사드립니다.

복음의 빚진자 이광수 목사

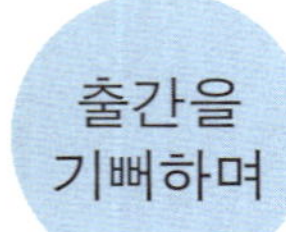

한국 교회와 사회를 개혁하는 복음의 메시지

최갑종 목사(백석대학교 전총장/신약교수)

로마서는 사도 바울이 주후 1세기 로마 제국 수도에 있었던 로마 교회에 보낸 설교 편지입니다. 그러므로 로마서는 교회에서 설교를 통해서 그 중심적인 메시지가 잘 전달될 수 있습니다. 로마서의 중심 어휘는 복음이며, 이 복음은 하나님께서 자신의 아들 예수 그리스도 안에서 인류를 구원하여 거룩한 자기 백성으로 삼으려는 위대한 선포입니다. 곧 예수 그리스도 안에서 하나님의 의, 예수 그리스도의 십자가와 부활 사건에서 하나님의 종말적인 구원과 심판이, 영생과 영벌이 나타났으며, 누구든지 이제 예수 그리스도를 믿는 자는 심판에서 구원으로, 영벌에서 영생으로, 지옥에서 천국에 들어가서 천국 백성으로 살아간다는 위대한 기쁨의 메시지입니다.

고신대, 고려신학대학원의 후배인 이광수 목사님은 일찍부터 위대한 복음의 선포인 로마서에 큰 관심을 가지고 남다르게 연구해 오셨습니다. 이번에 시무하는 울산동부교회에서 매 주일마다 3년 6개월간 교인들에게 선포했던 로마서 강해를 책으로 묶어 출판한다는 소식을 듣고, 지난 세기 영국의 탁월한 설교자였던 로이드 존스의 로마서 강해가 영국 교회와 사회를 변화시켰던 것처럼 이 목사님의 로마서 강해가 21세기 한국 교회와 사회를 개혁하는 복음의 메시지가 되기를 소망합니다.

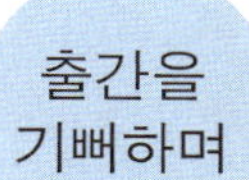

의미있고 중요한 로마서에 대한 좋은 강해설교집

전광식 목사(고신대학교 총장)

사실 종교개혁은 비텐베르그대학의 성경주해교수였던 루터가 1515~6년 로마서를 연구하고 강해하면서 '하나님의 의'를 바로 깨달음에서 비롯되었다고 해도 과언이 아니다. 20세기로 넘어오면 칼 바르트도 로마서 강해설교를 발간하므로, 자유주의자들의 놀이터에 폭탄을 던진 격이 되었으며, 마르틴 로이드 존스 목사가 복음주의권에서 상당한 지명도를 얻은 것도 로마서 강해 설교집을 출간하면서부터라고 생각된다.

이렇게 로마서 강해는 어떤 이를 세계적인 설교학자로 부상시키기도 하고, 또 새 신학운동을 시작하게도 하며, 나아가 새로운 시대를 여는 동력이 되기도 하였다.

이렇게 의미있고 중요한 로마서에 대한 좋은 강해설교집이 우리나라에서 나온 것은 종교개혁 500주년을 맞는 금년에 한국교회에 주어진 큰 선물임이 분명하다.

훌륭한 목회자이면서도 학자라고 할 수 있는 저자는 교회의 강단에서 로마서의 16장 전체에 대한 강해설교를 마치고 이렇게 방대한 저서로 발간하게 되었다. 어쩌면 저자의 필생의 역작이라고 할 수 있는 본서는 다음과 같은 세 가지 특징을 지니고 있다.

첫째, 로마서에 나타난 복음의 깊은 진수를 끄집어 올리는 등 본문에 대한 정확하고도 치밀한 해석이다. 이를테면 저자는 한글성경 로마서의 가장 첫 낱말인 '예수 그리스도의 종'이란 바울의 자기소개에서부터 그것의 의미를 본문의 문맥에서는 물론 바울의 개인적 경험에서 찾아 깊게 분석하고 정확하게 설명하고 있다.

둘째는 청중 내지 독자들에 대한 탁월하고도 실제적인 설교적 적용이다. 저자는 본문의 뜻을 적절한 메시지의 주제를 통해 성도들의 신앙과 삶에 철저히 적용하고 있는데, 청중들이 이해하기 쉽도록 다양하고도 적절한 예화들을 넣어 본문의 뜻을 풀이하고, 무엇보다 단문의 구어체를 사용하여 문어체가 지니는 학리성과 경직성을 극복하므로 어떤 독자이든지 접근하기 용이하게 집필하였다.

셋째는 책 전체를 통해 드러나고 있는 말씀의 사역자로서의 저자의 열정과 목회적 열심이다. 특히 성도들에게 살아있고 운동력있는 말씀을 전달하기 위한 깊은 고민과 몸부림을 볼 수 있다. 저자는 질문을 던지고, 생각해보게 하고, 답으로 유도하는 식으로 끊임없이 말씀이 성도들에게 다가가도록 하기 위해 노력하고 있다.

이렇게 볼 때, 본서는 로마서 본문을 치밀하게 분석한 탁월한 성경주해서요, 본문의 말씀을 교리주제별로 해설한 훌륭한 개혁주의 신학책이며, 나아가 말씀에서 찾은 교훈을 이 시대의 성도들에게 적용하는 역동적인 설교집이다. 이에 저자는 말씀의 넓이와 깊이를 보는 성경주석가요, 말씀에서 성경적 교리를 끄집어 내는 통찰력있는 신학자이며, 나아가 말씀의 교훈을 청중과 독자에게로 호소력있게 제시하는 깨어있는 설교자이다.

목차

1

로마서 11:1-10

남은 자입니까(2)

"그러므로 내가 말하노니 하나님이 자기 백성을 버리셨느냐 그럴 수 없느니라 나도 이스라엘인이요 아브라함의 씨에서 난 자요 베냐민 지파라 하나님이 그 미리 아신 자기 백성을 버리지 아니하셨나니 너희가 성경이 엘리야를 가리켜 말한 것을 알지 못하느냐 그가 이스라엘을 하나님께 고발하되 주여 그들이 주의 선지자들을 죽였으며 주의 제단들을 헐어 버렸고 나만 남았는데 내 목숨도 찾나이다 하니 그에게 하신 대답이 무엇이냐 내가 나를 위하여 바알에게 무릎을 꿇지 아니한 사람 칠천 명을 남겨 두었다 하셨으니 그런즉 이와 같이 지금도 은혜로 택하심을 따라 남은 자가 있느니라 만일 은혜로 된 것이면 행위로 말미암지 않음이니 그렇지 않으면 은혜가 은혜 되지 못하느니라 그런즉 어떠하냐 이스라엘이 구하는 그것을 얻지 못하고 오직 택하심을 입은 자가 얻었고 그 남은 자들은 우둔하여졌느니라 기록된 바 하나님이 오늘까지 그들에게 혼미한 심령과 보지 못할 눈과 듣지 못할 귀를 주셨다 함과 같으니라 또 다윗이 이르되 그들의 밥상이 올무와 덫과 거치는 것과 보응이 되게 하시옵고 그들의 눈은 흐려 보지 못하고 그들의 등은 항상 굽게 하옵소서 하였느니라"

여러분, 설교를 어떻게 들어야 되겠습니까?

얼마 전 어느 집회에 갔더니 강사목사님께서 말씀하시기를 "설교는 하나님이 우리 모두에게 말씀하시는 것으로 들어서는 안 되고, 나에게 말씀하시는 것으로 들어야 한다"라고 하셨습니다. 참 옳은 말씀입니다. 설교는 하나님께서 설교자를 통해서 우리 교회 모든 성도들에게 말씀하시는 것이지만, 우리 모두에게, 우리 성도들 중 누구에게, 어느 장로, 어느 집사에게 하는 말이 아니라 바로 나에게 말씀하신다고 생각하고 들으시기를 바랍니다. 그럴 때에 하나님의 은혜가 있고, 하나님의 말씀의 역사가 일어나는 것입니다.

오늘 설교 제목이 '남은 자입니까(2)'입니다.

'남은 자입니까(1)'라는 설교를 기억하십니까? 이 로마서 9장에 있는 27-29절 말씀으로 설교할 때 제목이 '남은 자입니까?'였습니다. 유진 피터슨이란 분은 이 남은 자를 Small Number라고 번역했습니다. 소수라는 말입니다. 하나님께서 택하시고 하나님께서 구원하시는 소수의 사람들을 말한다는 뜻입니다.

이 남은 자는 로마서에 처음 나오는 것이 아닙니다. 구약성경에 많이 나오는데, 특히 이사야서에 많이 나오고 있습니다. 앞에 있는 로마서 9장에서는 이사야서에 있는 말씀을 인용해서 남은 자에 대해서 말씀을 했거니와, 오늘 이 11장의 말씀은 남은 자에 대해서 보다 자세히 기록하고 있습니다. 이 남은 자 사상은 우리의 구원에도 아주 중요한 사상입니다. 그래서 오늘 말씀을 잘 깨닫고 은혜받는 시간이 되기를 바랍니다.

오늘 본문의 말씀은 '하나님께서 자기 백성을 버리셨느냐'는 질문으로 시작하고 있습니다. 앞에 나온 9장과 10장을 보면, 이스라엘 백성은 자기의 행위를 통해서 자기들의 의를 세우려 하다 보니 하나님의 의를 받아들이지 않았습니다. 복음에 순종하지 않았습니다. 그러다 보니 의롭다 함을 받을 수도 없고, 구원도 받을 수가 없었습니다. 하나님께 버림받은 모습으로 나타나고 있습니다. 그래서 오늘 말씀에 "하나님이 자기 백성 이스라엘을 버리셨느냐"라고 묻고 있습니다. 답이 무엇입니까? "그럴 수 없느니라"입니다. 2절에도 똑같은 대답이 있습니다. "하나님이 그 미리 아신 자기 백성을 버리지 아니하셨다"라고 기록되었습니다.

하나님께서 자기 백성을 버리지 않으셨다고 하는데, 이 사실을 입증하기 위해서 사도 바울은 오늘 본문에 3가지 예를 들고 있습니다.

첫 번째 예는, 바울 자신입니다.

1절 끝을 보면 "나도 이스라엘인이요 아브라함의 씨에서 난 자요 베냐민 지파라"고 말씀합니다.

"나는 이스라엘 사람이다, 나는 아브라함의 씨에서 난 자다."

이것은 이해가 되는데, 끝에 베냐민 지파라고 한 것은 무슨 말이겠습니까? 이스라엘 12지파 중에서 유다 지파와 베냐민 지파는 가장 정통 지파라고 할 수 있습니다. 가장 중심 되는 집단입니다. 그래서 "나는 베냐민 지파다"라고 사도 바울이 말하는 것은 "나는 골수 유대인이다, 골수 이스라엘인이다"라고 말하는 것입니다.

그런데 바울은 자신이 골수 이스라엘인임에도 불구하고, 지금 예수를 믿어서 구원받은 자로 살고 있다는 것입니다. 멀리 안 가도 바울 자신만 보아도 하나님이 자기 백성 이스라엘을 버리지 않았음을 볼 수 있고, 알 수 있다는 말씀입니다.

두 번째 예는, 엘리야 시대의 7천 명입니다.

2절에서 4절까지 기록을 보십시오. 엘리야는 구약 시대에 북쪽 이스라엘 왕국의 가장 악한 왕인 아합 왕 시대의 사람입니다. 이 아합 시대에는 이스라엘 백성이 여호와 하나님을 버리고 이방 신 바알을 들여와서 섬겼습니다. 우상 숭배를 했습니다. 이스라엘 백성이 하나님을 버린 것입니다. 그래서 하나님께서는 3년 넘게 하늘 문을 닫아서 비를 내리지 않게 하시고 이슬을 내리지 않게 하셨습니다. 극심한 흉년이 찾아온 것입니다.

그것을 보면 우리 하나님도 이스라엘 백성을 버리신 것 같습니다. 그러나 그때에 하나님의 선지자로 사역했던 이 엘리야 선지자가 하나님 앞에 한탄을 합니다. 자기 혼자만 남았다고 생각하고 하나님께 탄원합니다. "주여, 그들이 주의 선지자들을 죽였고, 주의 제단들을 다 헐어버리고 이제 저만 혼자 남았습니다. 그런데 그들이 이제는 저도 죽이려고 합니다" 하고 하나님 앞에 하소연하자 하나님께서 뭐라고 하십니까? "내가 나를 위해서 바알에게 무릎 꿇지 아니한 7천 명을 남겨 두었다"라고 말씀하셨습니다.

우리도 엘리야와 같은 생각을 할 때가 있습니다. 세상을 살아가면서 너무 힘들고 지칠 때에 "나만 이런 고통을 받는다, 아무도 내 아픔과 형편을 알지 못한다"라고 생각할 때가 있는 것입니다. 그래서 비관하고 우울해 하기도 합니다.

그러나 여러분, 그렇지 않습니다. 지금도 나와 같은 길을 걸어가는 사람들, 그 길을 걸어간 사람들이 있습니다. 아니, 더 힘들고 더 고통스러운 인생길을 걸어가는 사람들이 있습니다. 그러므로 왜 나만 홀로 겪는 고난이냐고 불평하지 마시기 바랍니다. 비관하지 마시기 바랍니다. 신앙적인 면에서도 마찬가지입니다. 자기만 믿음 때문에 고난 받는다고 생각할 수 있습니다. 오늘 이 사회에서, 또는 우리 회사에서 나만 홀로 하나님을 잘 섬기고, 나만 홀로 성경말씀을 따라 살아간다고 생각할 수 있습니다.

그러나 이 세대 사람들이 참 신앙을 버리고 언뜻 하나님을 떠나가는 듯 보여도, 그 가운데 하나님께서는 남은 자들을 남겨 두시는 것입니다. 어느 시대든 하나님께서는 신실한 소수의 사람들을 남겨 두십니다. 그러므로 비관하지 말고, 소망을 가지고 하나님을 바라보시기 바랍니다. 나만 고난 받는 것이 아니고, 나만 홀로 남은 것이 아닙니다. 하나님께서 남겨두신 남은 자가 있음을 기억하시기 바랍니다.

세 번째는, 5절에 나오는 "지금도 은혜로 택하심을 따라 남은 자가 있다"는 것입니다.

남은 자의 첫 번째 예가 바울 자신입니다. 두 번째는 엘리야 시대의 7천 명입니다. 세 번째는 "지금도"라고 하는데, '지금'이 언제겠습니까? 1차적으로는 1세기 당시를 말합니다. 그때에 유대인들 중 믿는 자들이 없었겠습니까? 있었습니다. 예수님께서 부활 승천하시고 나서, 제자들은 이제 예수님께서 말씀하신 대로 아버지께서 약속하신 성령을 기다립니다. 다락방에 120명이 모여서 기다리지 않았습니까?

그런데 오순절 날이 되었을 때에 약속하셨던 성령을 하나님께서 보내주셔서 모두다 성령 세례를 받고 성령으로 충만하게 되었습니다. 그래서 하나님의 능력으로 복음을 전하기 시작합니다. 대표적으로 사도행전 2장에 보면 사도 베드로가 하나님이 주시는 지혜와 권능을 가지고 복음을 전할 때에 사람들이 마음에 찔림을 받고서 "우리가 어찌할꼬"라고 했습니다. 그때 예수를 믿고 세례를 받은 자의 숫자가 몇 명이라고 했습니까? 3천 명이 세례를 받았습니다. 그런데 그 3천 명이 이방인입니까, 유대인입니까? 유대인입니다.

저 이방의 먼 곳에 흩어져 살던 유대인들이 모인 것입니다. 그리고 며칠 후에 베드로와 요한이 성전에 기도하기 위해서 예루살렘 성전으로 들어갑니다. 성전에는 문이 많은데, 'Beautiful Gate, 아름다운 문'이라는 이름의 문이 있었습니다. 성경에는 美(아름다울 미)자를 써 '미문'이라고 합니다. 그 아름다운 문 앞에는 언제나 나면서부터 앉은뱅이 된 거지가 사람들에게 구걸을 하고 있었습니다. 구걸을 하고 있는 그 사람이 베드로와 요한에게 무엇을 좀 받을까 해서 바라보자 베드로와 요한이 무엇이라고 말합니까? "은과 금은 내게 없지만 내게 있는 것으로 네게 준다"라고 하면서 "일어나 걸으라"고 합니다. 그러자 나면서부터 앉은뱅이 된 자가 일어나서 걷기도 하고 뛰기도 하며 하나님을 찬양했습니다.

이 모습을 보고 많은 사람들이 너무 놀라 베드로와 요한에게 모여듭니다. 모여들 때에 또 거기서 복음을 전합니다. 그랬더니 제자의 수가 3천 명에서 5천 명까지 올라갔습니다. 사도행전 21장 20절에 보면, 예루살렘 교회 성도 수가 수만 명에 이르렀다고 말씀합니다. 그들은 거의 다 유대인이었습니다.

초대교회 선교사들도 다 유대인이었습니다. 이것을 보면 하나님께서 자기 백성 이스라엘을 버리셨습니까? 안 버렸습니다. 사도 바울이 말하는 "지금도"라는 이 말은 1차적으로는 1세기이지만, 2차적으로는 모든 시대라고 볼 수 있습니다. 이렇듯 어느 시대든지 기독교가 다 끝난 것 같아도 언제나 남은 자가 있었습니다.

1세기에서 3세기에는 로마제국이 기독교를 말살하기 위해 성도들을 붙잡아 사형에 처하고 짐승의 밥이 되게 했습니다. 그럼에도 불구하고 기독교가 없어졌습니까? 아닙니다. 도리어 기독교가 로마제국을 정복하였습니다. 근세에 공산주의가 나타나서 기독교를 아편이라 하면서 말살하고자 했습니다. 기독교 신자들을 잡아 죽였습니다. 그렇지만 여전히 저 동구 공산 세계에 남은 자들이 있었습니다. 도리어 공산주의가 끝이났습니다.

저 북한에서도 신자가 발견되면 잡혀서 죽습니다. 그럼에도 불구하고 지하 교회가 있고, 지하 교회의 성도들이 남아 있는 것입니다. 지금 서구 기독교가 몰락하는 것 같고 이대로 가면 언젠가는 사라질 것 같습니다. 종교 사학자들은 "모든 것은 흥망성쇠가 있다. 역사가 그렇고 나라도 그렇고 종교도 역시 피해갈 수 없다. 종교도 마찬가지로 한번은 흥하지만 나중에 때가 되면 망해서 사라진다"라고 말합니다.

우리 한국 기독교도 전성기를 넘어서 앞으로 쇠퇴할 것 같습니다. 아니 벌써 이미 쇠락의 길을 걷고 있습니다. 그러나 우리가 알아야 될 것은, 절대로 사라지지 않는다는 것입니다. 하나님께서 남은 자를 남겨 두실 것입니다. 세상 나라는 다 멸망해도 주의 교회는 영원할 것이기 때문입니다.

여기서 우리가 잊지 말아야 할 중요한 진리가 있습니다. 남은 자는 자기의 강한 믿음, 자기의 강한 의지, 자기의 아주 힘있는 행위로 인하여 남는 것이 아니라는 것입니다. 5절 말씀을 보십시오.

> "그런즉 이와 같이 지금도 은혜로 택하심을 따라 남은 자가 있느니라."

어떻게 남은 자가 된다고 했습니까? 은혜로 택하심을 따라서 남은 자가 있다고 했습니다. 다시 말하면 "은혜로 남은 자가 있다"는 것입니다. '은혜로' 남게 되는 것입니다.

그렇다고 해서 자기 의지나 행위는 하나도 중요하지 않고 필요가 없다는 말이 아닙니다. 그런 것도 필요합니다. 그러나 근본적으로 남은 자가 되게 하는 것은 하나님의 은혜라는 것입니다. 엘리야 선지자 때에 바알에게 무릎 꿇지 않은 사람이 7천 명이 있다고 했습니다. 이 7천 명은 스스로 남았습니까, 아니면 하나님께서 그들을 남겨 두셨습니까? 4절을 보시기 바랍니다. 중반에 보면 "내가 나를 위하여 바알에게 무릎을 꿇지 아니한 사람 칠천 명을 남겨 두었다 하셨으니"라고 합니다. 누가 남겨 두었습니까? 하나님께서 남겨 두셨습니다. 물론 7천 명의 신앙심은 신실했을 것입니다. 그러나 근본적으로는 하나님께서 7천 명을 붙잡아 주시고 지켜 주셨기 때문에 남게 된 것입니다.

고난의 시대에 남은 자들, 즉 끝까지 믿음을 지킨 신실한 성도들은 그들의 의지가 강해서 신앙을 지킨 것이 아닙니다. 우리 하나님께서 지켜 주셨기 때문입니다. 하나님의 은혜 덕분입니다. 한국 교회가 가장 자랑스럽게 생각하는 두 분의 순고자는 손양원 목사님과 주기철 목사님입니다. 정말 존경스러운 분들입니다. 그러나 그분들에게 영광을 돌릴 것이 아니라, 연약한 인생을 그렇게 강하게 만드시고, 죽음 앞에서도 굴하지 않도록 하신 하나님의 은혜에 감사하고, 그렇게 하신 하나님께 영광을 돌려야 하는 것입니다.

우리 교단을 예수교장로회 고신교단이라고 합니다.

우리 교단이 왜 생겼습니까? 일제 강점기 신사참배 때문에 생겼습니다. 장로회 총회에서 하다하다 안 되니까 신사참배를 합법적인 국가 의식이라고 결정을 해버렸습니다. 그러나 주의 신실한 종들은 "아니다, 이것은 십계명의 1계명과 2계명을 어기는 것이다"라고 해서 끝까지 신사참배를 반대하고, 반대하는 설교를 했습니다. 굽히지 않았습니다. 그래서 투옥되었습니다.

옥중에서 순교 당하신 성도들과 주의 종들도 있지만, 8.15 해방을 맞이해 그 출옥한 종들과 성도들이 세운 교단이 고신 교단입니다. 그런데 옥에서 나와서 우리는 끝까지 신사참배 안 하고 믿음을 지켰는데, "신사참배 한 목사, 장로 너희들은 뭐냐? 물러가라! 이제는 강단에 서지 마라!"라고 한다면 되겠습니까? 그렇게 하면 그것은 교만이 되는 것입니다. 신사참배 안 하도록 붙들어 주신 이가 누구십니까? 하나님입니다. 하나님의 은혜입니다.

그러므로 우리 성도들은 늘 은혜 의식에 젖어 있어야 합니다. 은혜의 강물 속에 항상 잠겨 있어야 합니다. 이것을 생각하지 않으면 우리도 모르게 교만하게 되고 남을 비방하고 비판하게 되는 것입니다.

"구원받은 것도 하나님의 은혜요, 직분을 받은 것도 하나님의 은혜요, 여기까지 산 것도 하나님의 은혜요, 내가 중간에 변치 않고 낙심하지 않고 여기까지 믿음을 지킨 것도 하나님의 은혜요, 내가 이만큼 건강을 유지하는 것도 하나님의 은혜요, 이만큼 재산 모아서 살 수 있는 것도 하나님의 은혜요, 나의 나 된 것은 다 하나님의 은혜입니다."

이렇게 할 때에 교만하지 않게 됩니다. 남을 비방하지 않습니다. 하나님 앞에 겸손하게 되고 감사하면서 살아가게 되는 것입니다. 이런 은혜의 성도가 되시기를 바랍니다.

1절에서 6절까지는 "하나님께서 자기 백성을 버렸느냐? 버리지 않았다. 지금 은혜로 택하심을 입은 소수의 남은 자가 있다"는 것을 말씀했는데, 7절부터 끝까지는 이와 반대로 "하나님이 버려두신 사람들, 그래서 하나님의 버림을 받은 대다수의 사람들"에 관해서 기록을 하고 있습니다.

여러분 7절 말씀을 한번 보시기 바랍니다.

"그런즉 어떠하냐 이스라엘이 구하는 그것을 얻지 못하고."

이스라엘이 구하는 그것을 얻지 못했다 했는데, 이스라엘 백성이 무엇을 구했습니까? 의를 구하고 영생을 구했습니다. 아주 간절히 구했습니다. 그것은 좋습니까, 나쁩니까? 좋은 일이지요. 자기 쾌락을 구하지 않고, 재산을 구하지 않고, 명예를 구하지 않고, 의를 구하고, 영생을 구했으니 얼마나 위대합니까? 좋은 일인데, 문제는 잘못된 방법으로 구했다는 것입니다. 대다수가 믿음이 아닌 자기 행위를 통해서, 율법 준수를 통해서 그 의를 구하려고 하고 영생을 구하려고 했습니다. 그래서 구하는 그것을 얻지 못했습니다.

우리가 명절이 되면 상품권을 많이 주고받는데, 롯데상품권으로 현대백화점 물건을 살 수 있습니까? 못 삽니다. 이스라엘 백성이 그렇게 헛된 일을 했다는 것입니다. 믿음으로 받을 수 있는 하나님의 의과 영생을 믿음이 아닌, 하나님의 방법이 아닌 자기의 의로운 행동으로 하려고 했으니 구하는 것을 얻을 수가 없었다는 것입니다. 이스라엘의 대다수는 구하는 것을 얻지 못했지만, 앞에서 본대로 남은 자들은 믿음으로 구원을 얻었습니다.

7절에서 남은 자를 다른 말로 어떻게 표현하고 있습니까? "택하심을 입은 자"라고 말합니다. '하나님의 택하심을 입은 자', 즉 하나님의 선택 받은 자나 남은 자는 같은 말입니다. 그런데 7절 끝에 보면 "그 남은 자들은 우둔하여졌느니라"고 했는데, 여기의 "남은 자들"은 번역상 문제가 있습니다. 이 "남은 자들"은, 제가 지금까지 말한 남은 자들을 의미하는 것이 아닙니다. '나머지 사람들'을 말하는 것입니다. 하나님의 택하심을 얻은 사람들 외에 그 나머지 사람들을 말하고 있다는 것입니다.

이 7절 말씀을 보면, 이스라엘을 두 가지로 나눌 수 있습니다.

하나는, 택하심을 얻은 자입니다. 이 사람들이 남은 자입니다. 은혜로 택하심을 얻은 남은 자가 있고, 택하심을 얻지 못한 나머지 사람들이 있습니다. 두 가지 종류가 있습니다. 이스라엘만 그러냐 하면, 지금도 마찬가지입니다. 이 세상에는 여러 인종이 살고 있고 피부색에 따라서 인류가 구분이 되지만, 영적으로 보면 두 가지로 나눌 수 있다는 것입니다. 하나님의 은혜로 택하심을 입은 자들입니다. 주의 날에 하나님 앞에 나와서 예배드리는 성도들은 하나님의 은혜로 택하심을 입은 자들입니다.

그런가 하면 하나님의 은혜를 입지 못하고 버림받은 사람들, 즉 나머지 사람들이 있는 것입니다.

7절 끝을 보면 그 나머지 사람들은 어떻게 된다고 했습니까?

"우둔하여졌느니라."

이 말씀도 번역에 문제가 있습니다. '우둔하여졌다'는 본래의 뜻은 'Hardened, 굳게 되었다, 단단하여졌다, 완고해졌다, 완강해졌다'는 것입니다. 이것은 바로 죄의 결과입니다. 타락의 결과입니다. 타락한 인생은 하나님께서 은혜를 주시려 해도 잘 받지 않습니다. 하나님께서 사랑하시는 독자를 보내도 그분을 영접하지 않습니다. 선한 것을 받아들이지 않고 그 마음이 딱딱하게 굳어서 하나님의 은혜의 물을 흡수하지 못하는 것입니다. 이 '완악함과 완고함'은 타락의 결과, 죄의 결과라고 했는데, 이 완악함의 결과가 무엇인지는 8절에 세 가지로 나옵니다.

이 완악한 자들에게 하나님께서 오늘까지 무엇을 주셨다고 했습니까? '혼미한 심령, 보지 못할 눈, 듣지 못할 귀'를 주셨다고 하셨습니다. 이 말씀은 구약에서 인용된 것인데, '혼미한 심령'의 본래 의미는 '깊은 잠의 영'입니다. 이단에 빠진 사람들에게는 성령이 아닌 다른 영이 역사합니다. 이것을 알아야 됩니다. 그래서 진리가 들려오지 않습니다.

이단에 빠진 사람들, 특히 신천지에 빠진 사람들이 정통 교회의 예배에 와서 설교를 들을 때 공통점이 조는 것입니다. 왜 졸까요? 지난밤에 잠을 못 자서 졸까요? 아니면 어제 너무 피곤해서 졸까요? 아니요. 하나님의 말씀에 '혼미의 영, 깊은 잠의 영'이 그 속에 역사해서 재워버리는 것입니다. 깨어서 하나님의 말씀을 들어야 자기의 무엇이 잘못되었는지 알 텐데, 그렇지 못하도록 깊은 잠의 영이 그 속에서 역사하기 때문에 잠자는 것입니다. 그래서 아무것도 듣지 못하고 이해하지 못하는 것입니다.

이처럼 하나님께서 죄인에게 깨닫는 은혜를 베푸시지 않으면, 죄인들은 하나님의 부르심과 복음에 무감각해서 불순종하게 되는 것입니다. 그 결과가 무엇입니까? 믿지 않을 때에 하나님의 심판이 있게 되는 것입니다.

저는 우리 교회에 처음 오신 분들을 만나면 자주 묻습니다.

"설교 말씀이 들려오던가요? 설교 말씀이 이해가 되었습니까?"

왜 그렇습니까? 믿음은 들음에서 나기 때문입니다. 그런데 말씀이 들려오지 않으면 아무 소용이 없습니다. 그래서 하나님의 언약을 입고 택함 받은 사람들은 하나님의 말씀이 들려오는 것입니다. 들려오고, 이해가 되고, 은혜가 되고, 믿어지는 것입니다. 여러분에게도 하나님께서 깨닫는 마음을 주시고, 보는 눈을 주시고, 듣는 귀를 주셔서 복음이 믿어지고 말씀이 이해가 되고 믿어지는 역사가 있기를 바랍니다. 그리고 설교를 들을 때마다 깨닫는 마음을 주시어서 날마다 믿음이 더하고 자라나는 역사가 있기를 바랍니다.

오늘 우리는 본문의 전반부와 후반부에 각각 한 종류의 사람들이 나오는 것을 보았습니다. 전반부에는 하나님의 은혜로 택함 받은 남은 사람들, 곧 믿음으로 구원받은 사람들이 나왔고, 후반부에는 하나님의 은혜를 입지 못하고 버려진 사람들, 곧 완악해서 깨닫지 못하고 저주 아래 있는 자들이 있음을 보았습니다.

여러분은 어떤 자입니까?

자신을 한 번 돌아보시기 바랍니다. 여러분은 남은 자입니까? 여러분은 은혜로 택하심을 입은 자입니까? 여러분은 진정 예수 그리스도를 믿는 자입니까?

여러분은 끝까지 믿음으로 살아서 자신이 남은 자인 것을 입증하시기 바랍니다. 하나님의 은혜가 여러분의 심령에 언제나 함께하시기를 바랍니다.

2

로마서 11:11-24

이방인과 유대인의 구원

"그러므로 내가 말하노니 그들이 넘어지기까지 실족하였느냐 그럴 수 없느니라 그들이 넘어짐으로 구원이 이방인에게 이르러 이스라엘로 시기나게 함이니라 그들의 넘어짐이 세상의 풍성함이 되며 그들의 실패가 이방인의 풍성함이 되거든 하물며 그들의 충만함이리요 내가 이방인인 너희에게 말하노라 내가 이방인의 사도인 만큼 내 직분을 영광스럽게 여기노니 이는 혹 내 골육을 아무쪼록 시기하게 하여 그들 중에서 얼마를 구원하려 함이라 그들을 버리는 것이 세상의 화목이 되거든 그 받아들이는 것이 죽은 자 가운데서 살아나는 것이 아니면 무엇이리요 제사하는 처음 익은 곡식 가루가 거룩한즉 떡덩이도 그러하고 뿌리가 거룩한즉 가지도 그러하니라 또한 가지 얼마가 꺾이었는데 돌감람나무인 네가 그들 중에 접붙임이 되어 참감람나무 뿌리의 진액을 함께 받는 자가 되었은즉 그 가지들을 향하여 자랑하지 말라 자랑할지라도 네가 뿌리를 보전하는 것이 아니요 뿌리가 너를 보전하는 것이니라 그러면 네 말이 가지들이 꺾인 것은 나로 접붙임을 받게 하려 함이라 하리니 옳도다 그들은 믿지 아니하므로 꺾이고 너는 믿으므로 섰느니라 높은 마음을 품지 말고 도리어 두려워하라 하나님이 원 가지들도 아끼지 아니하셨은즉 너도 아끼지 아니하시리라 그러므로 하나님의 인자하심과 준엄하심을 보라 넘어지는 자들에게는 준엄하심이 있으니 너희가 만일 하나님의 인자하심에 머물러 있으면 그 인자가 너희에게 있으리라 그렇지 않으면 너도 찍히는 바 되리라 그들도 믿지 아니하는 데 머무르지 아니하면 접붙임을 받으리니 이는 그들을 접붙이실 능력이 하나님께 있음이라 네가 원 돌감람나무에서 찍힘을 받고 본성을 거슬러 좋은 감람나무에 접붙임을 받았으니 원 가지인 이 사람들이야 얼마나 더 자기 감람나무에 접붙이심을 받으랴"

여러분, 혹시 지난 시간의 설교 제목을 기억하십니까?

'남은 자입니까(2)'를 설교했습니다. 로마서 11장 1절의 "하나님이 자기 백성을 버리셨느냐?" 하는 질문으로 시작했는데 그 답이 무엇이었습니까? "그럴 수 없느니라. 하나님이 자기 백성을 버리지 않으셨다. 남은 자가 있느니라"고 끝맺음을 했습니다. 오늘 본문도 비슷한 질문으로 시작합니다. 11절을 보시기 바랍니다.

"그들이 넘어지기까지 실족하였느냐?"

이것이 무슨 말입니까? '완전히 넘어졌느냐, 이스라엘 백성이 하나님의 구원에서 완전히 멀어져 버렸느냐, 끝이 나 버렸느냐?'라고 물어보는 것입니다. 그 대답이 무엇입니까? "그럴 수 없느니라"입니다. 대답도 지난주일 대답과 많이 닮았습니다. 그리고는 유대인의 넘어짐이 이방인들의 구원에 어떠한 영향을 끼쳤는지, 또 이방인들의 구원이 유대인들에게 어떤 영향을 끼쳤는지, 그리고 구원받은 우리 이방인들이 어떤 자세로 살아가야 되는지 오늘 성경에서 말씀하고 있습니다.

이 시간 본문의 말씀을 네 가지로 생각할 때에, 택한 자를 구원하시는 하나님의 신비한 섭리를 깨닫고 하나님을 찬양하는 여러분들이 되시기를 바랍니다.

첫째, 11절에 보니 넘어짐으로 구원이 이방인에게 갔다고 했습니다.

사도행전 13장에 보면 안디옥 교회가 나옵니다.

안디옥 교회는 첫 이방인 교회인데, 맨 처음으로 선교사를 파송합니다. 맨 처음 파송하는 선교사 두 사람 이름이 바울과 바나바입니다. 바울과 바나바가 안디옥 교회에서 파송을 받아 배를 타고서 구브로(현, 키프로스)로 가서 복음을 전하고, 또 배를 타고 육지로 가는데 터키 남부 지역을 거쳐 터키 중부에 들어가서 맨 처음 복음을 전한 곳이 비시디아 안디옥이란 곳입니다. 그곳에 가서 안식일에 회당에 들어가서 복음을 전하였습니다.

복음을 전할 때에 구약 역사부터 쭉 설교하면서 예수 그분이 바로 구약이 예언하던 메시아다, 그리스도다 라고 결론을 내렸습니다. 이 말을 들은 유대인들이 다음 안식일에도 이 말을 하라고 합니다. 한 주간이 지났습니다. 다음 안식일에 그 회당에 유대인들이 모여들었는데, 유대인들만 모여든 것이 아니라 도시의 많은 이방인들까지 그곳에 가득 모여들었습니다. 이것을 보고 유대인들의 마음에 시기가 가득했다고 했습니다.

지난 안식일에는 안 그랬는데, 이방인들까지 몰려와서 바울의 말씀을 듣는 것을 보고서 시기심이 가득해 바울의 말을 비방합니다. 그리고 핍박을 합니다. 그러자 바울이 "하나님의 말씀을 마땅히 먼저 너희에게 전할 것이로되 너희가 그것을 버리고 영생을 얻기에 합당하지 않은 자로 자처하기로 우리가 이방인에게로 향하노라"고 하면서 유대인들에게 복음 전하는 것을 마치고, 돌아서서 이제는 이방인들에게만 복음을 전했습니다. 그렇게 이방인들에게 "당신들은 이방인들이지만 예수 믿으면 다 구원을 받습니다"라고 복음을 전하자 이방인들이 기뻐하면서 다 예수를 믿고 하나님을 찬양하였습니다. 이어 성경은 "영생을 주시기로 작정된 자는 다 믿더라"라고 말씀하고 있습니다.

그런데 유대인들이 복음을 받아들이지 않으니까 복음이 누구에게로 갔습니까? 이방인에게로 갔습니다. 마치 물이 흘러가는데, 바닥이 반석이나 콘크리트라면 물이 흡수되지 않고 그 위를 흘러가다가 바닥이 흙인 곳에 가면 땅 속에 그대로 흡수되는 이치와 같습니다. 이스라엘 백성은 그 마음이 반석과 같이 완악하므로 복음을 전해도 들어가지 않고, 복음이 흘러가서 저 흙과 같은 이방인의 마음에 흘러 들어가더라는 것입니다.

지금도 하나님의 말씀은 준비된 마음, 열린 마음에 떨어지고, 그 마음속에 역사해서 열매 맺게 하는 것입니다. 완고한 마음, 닫힌 마음은 지나가 버립니다. 언제든지 하나님의 말씀을 들을 때마다, 여러분의 마음을 하나님께 활짝 열어 놓으시기 바랍니다. 그리고 여러분의 마음을 부드럽게 하시기 바랍니다.

비시디아 안디옥에 있었던 이런 장면이 사도행전에 보면 여러 번 나옵니다. 유대인들에게 복음을 전했지만 그들이 안 받아들이자 이 복음이 이방인에게 가버리는 것입니다.

두 번째, 이방인의 구원은 이스라엘로 하여금 시기하게 만듭니다.

11절 후반부를 보시기 바랍니다. "구원이 이방인에게 이르러"라고 했습니다. 이제 하나님의 구원 역사가 이것으로 끝나는 것이 아닙니다. '아, 본래 이스라엘 백성에게 주어졌는데, 그들이 안 받아들이니까 구원이 이방인들에게 가버렸구나' 하는 것으로 끝나는 것이 아니라는 것입니다. 그 다음에 어떤 말씀이 있습니까?

"이스라엘로 시기 나게 함이니라."

무엇인가 좀 더 남아있다는 것을 우리에게 보여주는 것입니다. 질투하는 마음이 이스라엘 민족 마음속에 생기는 것입니다. 그런데 시기라는 것이 좋은 것입니까, 나쁜 것입니까? 나쁜 것입니다. 갈라디아서 5장에 보면 성령의 열매와 육체의 열매가 나오는데, 육체의 열매 중 하나가 시기입니다. 나쁜 것입니다. 육체의 일입니다. 옛 사람의 모습입니다. 그런데 시기가 항상 악하고 나쁜 것은 아닙니다.

제 손녀가 더 어릴 때 밥을 안 먹으려고 도리질하면 제 아내가 밥을 먹이려고 숟가락으로 먹이려는 척하다가 틀어서 저에게 돌리면서 "할아버지 준다!" 하면 손녀가 그것을 냉큼 받아먹습니다. 시기하는 마음이 그 속에 있었습니다. 그런 경우는 좋은 것입니다.

이스라엘 백성이 그렇다는 것입니다. 그들은 유대인인 사도 바울이 이방인에게 복음을 전해서 그 이방인들이 성령을 받고 예수 믿고 영생을 얻어서 하나님을 찬송하자 그 마음속에 시기가 일어났습니다. 배가 아팠습니다. 그렇지만 아직도 그들은 하나님께 돌아오지 않고 있습니다.

이스라엘 백성들은 예수님을 어떻게 생각할까요?

예수님을 메시아로, 구원자로, 하나님의 아들로 받아들이지 않습니다. 믿지 않습니다. 아주 위대한 스승 중에 한 사람으로 여기는 것입니다. 지금 이스라엘 사람들 중에 예수를 영접하고 믿는 사람들이 만 오천 명 정도입니다. 우리나라는 천만 명이 넘지 않습니까? 그런데 만 오천 명밖에 되지 않는 것입니다.

세계적으로 적십자가 있는데, 적십자 마크가 어떻게 생겼습니까? 말 그대로 붉은 십자 모양입니다. 그 적십자가 어디서 나온 것이겠습니까? 예수님의 십자가에서 나왔습니다. 십자가는 사랑을 의미합니다. 자기보다 가난하고 불쌍한 사람을 돕는 그 사랑의 마음을 보여주는 것이 십자가인데, 전 세계는 적십자 마크로 적십자, 붉은 십자가를 사용합니다. 그런데 적신월(붉은 초승달)을 사용하는 이슬람권을 제외하면 한 나라만 사용 안 합니다. 바로 이스라엘입니다. 이스라엘은 다윗의 별이라고 부르는 푸른 별을 사용하고 있습니다.

이것은, 이스라엘은 예수님을 인정하지 않는다는 표시입니다. 예수님을 별로 좋아하지 않습니다. 마음이 뜨거워서 저 이스라엘 민족에게 선교를 해야 되겠다 하는 사람들이 이스라엘에 선교사로 들어가면, 그 선교사들이 자기 민족에게 복음 전하는 걸 좋아하지 않습니다. 그리고 전통 유대교인들은 그 예수 믿는 만 오천 명의 사람들을 싫어합니다. 그들의 모임을 훼방합니다. 때로는 불도 질러 버립니다.

그렇지만 이방인들의 구원은 이스라엘로 시기심을 발동하게 해서, 언젠가는 그들의 일부가 하나님께로 돌아와 구원받게 된다는 것입니다. 14절을 같이 보겠습니다.

"이는 혹 내 골육을 아무쪼록 시기하게 하여 그들 중에서 얼마를 구원하려 함이라."

그렇다면, 이스라엘이 완전히 넘어진 것입니까? 아니지요. 맨 처음에 있었던 질문처럼, 이스라엘이 완전히 넘어지지 않았다는 것입니다. 하나님께서는 이스라엘도 마지막엔 구원받기를 원하신다는 것입니다.

세 번째, 이스라엘의 구원, 이스라엘의 충만은 세상에 더 많은 부요를 가져온다는 사실입니다.

12절을 보십시오.

"그들의 넘어짐이 세상의 풍성함이 되며 그들의 실패가 이방인의 풍성함이 되거든 하물며 그들의 충만함이리요."

무슨 말입니까? 유대인들이 예수 그리스도를 거부함으로 인해서 복음이 이방인에게로 갔습니다. 이 복음을 믿음으로 인하여 이방인들은 엄청난 복을 받게 되었습니다. 기독교의 복음이 전해지기 전에 이 세상 나라들이, 이방 사람들이 어떻게 살았습니까? 우상숭배 하면서 살았습니다. 미신 가운데서 살았습니다.

그런데 복음이 전파되고 나서 참 신이신 유일신 하나님을 알고, 그 하나님을 섬기면서 살게 되었습니다. 예수님을 믿고 영생을 얻게 되었습니다. 진리 되는 성경 말씀을 통하여 올바른 도덕관, 올바른 인생관, 올바른 가치관을 가지고 이 세상을 살게 되었습니다. 허무 속에 살아가던 인생들이 이제는 참된 소망을 가지고 이 세상을 만족하면서 살아가게 되었다는 것입니다. 얼마나 풍성한 삶을 살게 되었습니까?

우리나라를 한번 돌아보십시오.

우리나라가 이렇게 바뀐 것이 얼마 되지 않았습니다. 구한말까지만 해도 우리나라는 무지하고 미개하고 정말 구습 가운데서 살았습니다. 그런데 기독교가 들어옴으로 인해 모든 것이 개화되었습니다. 빛이 비친 것입니다. 선교사들이 들어와서 학교가 섰습니다. 학교가 서서 글자를 몰랐던 우리 민족이 글자를 깨우치고, 교육을 받기 시작했습니다. 병이 나도 미신적인 푸닥거리를 해서 고치려고 했습니다. 그런데 선교사들이 들어와서 병원을 지어 과학적으로 환자들을 치료하게 되었습니다. 여자의 인권이 신장되고, 축첩제도, 형식적인 관혼상제, 미신 등이 타파되고, 술, 담배, 아편 등이 금지가 되고, 여러 가지 구습들이 다 폐지되었습니다.

불교는 삼국 시대에 들어왔습니다. 이 나라에 얼마나 오래 있었습니까. 천주교도 기독교보다 약 100년 이상 빨리 들어왔습니다. 그러나 불교와 천주교가 이미 들어와 있었지만, 우리 사회에, 우리 민족에게 무슨 새로운 영향을 주지는 못했습니다. 이 나라를 개화시키지 못했습니다. 지금의 우리나라가 된 것은 기독교, 그것도 개신교가 들어오면서부터 기독교 사상이 이 사회와 이 땅에 뿌리 내리면서부터 그렇게 된 것입니다.

요컨대, 본래 유대인들이 누려야 할 복과 부유함을 이방인인 우리가 누리게 되었다는 것입니다. 그런데 12절 중반을 보십시오.

"그들의 실패가 이방인의 풍성함이 되거든."

그리고 그 다음 절에 "하물며 그들의 충만함이리요"라고 합니다. 이것이 무슨 말씀이겠습니까? 그들, 즉 이스라엘의 충만함은 이스라엘이 예수 믿고 하나님께 돌아오는 것을 말합니다. 그들이 회복된다면, 우리 이방인들이 누릴 복이 얼마나 더 엄청나겠느냐 하는 것입니다.

상식적으로 생각해 보면, 앞으로 유대인들이 예수님을 믿고 하나님께 돌아오면, 이방인들에게 넘어왔던 복들이 유대인들에게로 돌아가서 우리가 받을 복은 뭔가 감소될 것처럼, 줄어들 것처럼 여겨지지 않습니까? 그런데 그렇지 않다는 것입니다. 유대인들이 회복이 되고 하나님의 복을 받게 되면, 이전보다 복을 훨씬 많이 받게 된다는 것입니다. 이것은 놀라운 말씀입니다.

유대인이었던 바울을 생각해 보십시오. 유대인 바울 한 사람으로 인하여 이방인들이 받은 복이 얼마나 많습니까? 그가 성경을 쓰고, 온 세계에 다니면서 복음을 전했기 때문에 이방인인 우리가 얼마나 엄청난 복을 받았습니까? 그처럼 한 사람 때문에 그렇게 되었는데, 앞으로 때가 되어 많은 유대인들이 하나님께 돌아오게 될 때엔 우리 이방인들이 얼마나 더 엄청난 복을 받게 되겠느냐 하는 것입니다.

지금까지 말씀을 요약해 봅시다. 이스라엘이 넘어졌습니다. 이스라엘이 넘어짐으로 이방인이 구원을 받았습니다. 이스라엘은 이방인이 구원 받는 것을 보고 시기하는 마음이 생겨나서 이들도 결국 믿고 하나님께로 돌아옵니다. 이들이 믿고 하나님께 돌아오면, 또 이방인들도 이전보다 훨씬 더 큰 풍성한 복을 받아 누리게 됩니다. 네 가지 진리가 연결이 됩니다. 이것을 존 스토트 목사님께서는

'Chain of Blessing, 축복의 사슬'이라 말씀했습니다.

그런데 아직 이스라엘은 하나님께 돌아오지 않습니다. 그들이 하나님께 돌아오면 우리는 훨씬 더 풍성한 복을 누릴 것을 믿고, 이스라엘의 회복을 위해서, 그들이 하나님께 돌아와서 구원받도록 기도하시기 바랍니다.

네 번째, 그렇다면 이방인 신자들은 어떤 자세로 살아야 하겠습니까?

16절을 보십시오.

> "제사하는 처음 익은 곡식 가루가 거룩한즉 떡덩이도 그러하고 뿌리가 거룩한즉 가지도 그러하니라."

한 절밖에 안 되는 말씀인데 여기에는 두 가지 비유가 들어 있습니다. 잘 보시면 처음 익은 곡식 가루는 누구겠습니까? 유대인, 즉 이스라엘을 말합니다. 떡은 이방인을 말합니다. 떡은 무엇으로 만듭니까? 떡가루로 만드는 것입니다. 그러니까 떡은 떡가루에 의존이 되어 있다는 것입니다. 또 여기 보니 뿌리와 가지 비유가 있습니다. 뿌리는 누구겠습니까? 이스라엘입니다. 그러면 가지는 누구겠습니까? 이방인입니다. 가지는 뿌리에서 나옵니다. 자기 혼자 존재하는 것이 아닙니다. 뿌리에 의존하는 관계입니다. 그러므로 떡덩이와 가지에 해당되는 이방인은 곡식 가루와 뿌리에 해당되는 이스라엘에 전적으로 의존이 되어 있다는 말씀입니다.

그리고 그 다음 17절부터 나오는 감람나무 비유도 마찬가지입니다. 감람나무는 팔레스타인에서 아주 흔한 나무입니다. 감람나무는 올리브 나무입니다. 감람나무에서 열매가 맺히면 그것을 짜 올리브유를 만들고, 그것이 우리나라까지 와서 우리도 그것을 사용하고 먹습니다. 그런데 구약성경에 보면, 이스라엘을 자주 감람나무에 비유했습니다. 이 참감람나무의 가지들, 즉 이스라엘 사람들은 불신으로 인하여 가지들이 꺾입니다. 우리 이방인들은 돌감람나무라고 했습니다. 돌감람나무는 야생 감람나무입니다. 사람들이 돌보지 않는 나무입니다.

과일 나무를 사람이 돌보지 않으면 어떻게 됩니까?

작고 못 먹을 감이 열립니다. 돌감람나무 가지인 우리가 참감람나무의 꺾여진 자리에 접붙임을 받게 된다는 것입니다. 이방인인 우리가 구원받게 되어서 하나님이 기뻐하시는 선한 열매를 맺으면서 살게 되었다는 것입니다.

생각해 보면 참감람나무에 붙어 열매를 맺게 될 때에 누구의 진을 받아 열매를 맺게 됩니까? 참감람나무의 진입니다. 접붙여진 가지가 바깥에서 햇빛, 공기, 물만 받아서 열매를 맺습니까? 아닙니다. 참감람나무의 진을 받아서 열매를 맺는 것입니다. 다시 말하면, 이스라엘의 진을 받아서 열매를 맺는 것입니다. 생각해 봅시다. 성경이 원래 누구에게 주어졌습니까? 이스라엘에게 주어졌습니다. 구원자 예수님은 어느 나라 사람입니까? 유대인입니다. 이스라엘 사람입니다. 그러니 우리의 구원이 어디에 의존합니까? 이스라엘에 의존합니다. 유대인들에게서 나왔습니다.

그렇다면 이제 우리는 어떻게 살아야겠습니까?

두 가지를 명심해야 합니다.

첫째는, 자랑하지 말아야 됩니다.

18절을 보십시오.

"그 가지들을 향하여 자랑하지 말라."

그 가지들이 누구입니까? 이스라엘 민족입니다. "꺾인 가지들, 너희 바보들은 하나님을 믿고 복음을 믿어서 구원받아야 되는데 바보스럽게 그것을 놓쳤다. 우리가 받아들여서 우리가 구원을 받았다"라면서 그들에게 자랑하거나 그들을 멸시하거나 해서는 안 된다는 것입니다. 또 20절 끝을 보면 "높은 마음을 품지 말라"고 했습니다.

'반셈족주의'라고 들어보셨습니까? 셈족, 특히 유대인들을 반대하는 흐름 및 운동을 말합니다. 지난 2000년 동안의 역사를 보면, 이상하게도 세상 나라들이 유대인에 대하여 악한 감정을 가지고 있었습니다. 우리 예수 믿는 기독교 신자들도 예수님을 십자가에 못박아 죽인 민족이라고 낙인을 찍어 멸시하고 미워했습니다. 또, 세상 나라들은 그들의 비상한 지혜와 성실성을 미워했습니다. 그들이 잘 사는 모습도 싫어했습니다.

셰익스피어가 지은 '베니스의 상인'이라는 유명한 작품이 있습니다. 거기에 보면 고리대금업자 샤일록이라고 하는 유대인이 나오는데, 피도 눈물도 없는 사람으로 나옵니다. 그는 돈 때문에 사람의 가슴살을 칼로 도려내겠다는 끔찍한 계획을 벌입니다. 가장 극단적인 사건은 히틀러의 유대인 학살입니다. 그러나 이것은 다 잘못된 모습입니다.

오늘 말씀에 보면 구원은 유대인에게서 나옵니다. 그러므로 유대인을 멸시하거나 비방할 것이 아니라, 우리의 구원이 그들에게 전적으로 의존하는 것을 알고, 겸손한 마음으로 그들에게 감사하고, 그들이 하루속히 하나님의 복음으로 돌아올 수 있도록 기도해야 된다는 것입니다.

두 번째는 두려워해야 합니다.

20절 끝을 보십시오.

"도리어 두려워하라."

왜 두려워해야 합니까? 그 이유가 21절에 나옵니다.

"하나님이 원 가지들도 아끼지 아니하셨은즉 너도 아끼지 아니 하시리라."

원 가지들인 이스라엘도 아끼지 않으시고 찍어 버리셨다면, 접붙임 받은 우리는 얼마든지 찍어 버릴 수 있다는 것입니다. 그러므로 교만하지 말고, 혹시나 나도 찍힐까 두려워하고 겸손한 자세로 신앙생활 해야 한다는 것입니다.

그런데 오늘날 참으로 안타깝고 염려스러운 일이 있습니다. 사실 우리 민족은 세계 어느 민족보다 종교성이 강하다고 합니다. 일본을 보십시오. 우리보다 복음이 먼저 들어갔는데, 현재 기독교 신자가 1%도 안 됩니다. 하지만 우리나라에 기독교가 들어오자 다 복음을 받아들이고, 예수 믿고 구원 받고 교회가 흥왕하고 경제가 이렇게 발전했습니다. 그런데 오늘날 이 땅의 교회, 종교 지도자들, 목사와 장로, 직분자와 성도들은 하나님의 이름을 더럽히고, 욕 먹이고, 돈 때문에 명예 때문에 욕심 때문에 하나님을 떠나고 하나님의 말씀을 어기는 일이 얼마나 많습니까? 저는 이런 모습을 보면서 하나님께서 우리도 꺾어 버리실까 두려운 마음이 생깁니다.

하나님께서는 "원 가지도 아끼지 아니하셨은즉 우리도 아끼지 않으실 것"이라고 말씀합니다. 그러므로 여러분에게 있는 우상 숭배, 형식적이고 게으르고 나태한 신앙생활, 불신앙과 불순종을 다 내려놓으시기 바랍니다.

우리는 이스라엘의 전철을 밟으면 안 됩니다. 그러면 하나님께서 우리도 꺾어 버리실 것입니다. 두려움과 떨림으로 간절히 구원을 이루어 가면서 하나님께서 기뻐하시는 선한 열매를 많이 맺는 여러분들이 되시기를 바랍니다.

3

로마서 11:25-36

이스라엘의 구원

"형제들아 너희가 스스로 지혜 있다 하면서 이 신비를 너희가 모르기를 내가 원하지 아니하노니 이 신비는 이방인의 충만한 수가 들어오기까지 이스라엘의 더러는 우둔하게 된 것이라 그리하여 온 이스라엘이 구원을 받으리라 기록된 바 구원자가 시온에서 오사 야곱에게서 경건하지 않은 것을 돌이키시겠고 내가 그들의 죄를 없이 할 때에 그들에게 이루어질 내 언약이 이것이라 함과 같으니라 복음으로 하면 그들이 너희로 말미암아 원수 된 자요 택하심으로 하면 조상들로 말미암아 사랑을 입은 자라 하나님의 은사와 부르심에는 후회하심이 없느니라 너희가 전에는 하나님께 순종하지 아니하더니 이스라엘이 순종하지 아니함으로 이제 긍휼을 입었는지라 이와 같이 이 사람들이 순종하지 아니하니 이는 너희에게 베푸시는 긍휼로 이제 그들도 긍휼을 얻게 하려 하심이라 하나님이 모든 사람을 순종하지 아니하는 가운데 가두어 두심은 모든 사람에게 긍휼을 베풀려 하심이로다 깊도다 하나님의 지혜와 지식의 풍성함이여, 그의 판단은 헤아리지 못할 것이며 그의 길은 찾지 못할 것이로다 누가 주의 마음을 알았느냐 누가 그의 모사가 되었느냐 누가 주께 먼저 드려서 갚으심을 받겠느냐 이는 만물이 주에게서 나오고 주로 말미암고 주에게로 돌아감이라 그에게 영광이 세세에 있을지어다 아멘"

여러분, 죄로 인해서 죽음의 길을 가게 되는 우리 인간에게 가장 중요한 것이 무엇이겠습니까? 그것은 죄와 사망에서 구원받는 일입니다. 우리 인생에게 이보다 더 중요한 일은 없습니다. 우리 하나님께서는 성경에 "주 예수를 믿으라 그리하면 너와 네 집이 구원을 얻으리라" 약속하셨습니다. 그래서 이 자리에 있는 우리 교회 모든 교우들과 모든 가족들이 예수님을 믿음으로 구원받는 은혜가 있기를 바랍니다.

오늘 설교 제목이 '이스라엘의 구원'입니다. 우리 민족의 구원이라든지, 우리의 구원이라든지 하면 모르겠는데, 왜 우리가 이스라엘의 구원까지 알아야 되느냐, 그렇게 생각할 수 있습니다만, 그러나 이스라엘의 구원과 이방인 된 우리의 구원은 떼려야 뗄 수 없는 관계에 있습니다. 그리고 이스라엘의 구원이나 우리 이방인의 구원이나 그 구원의 원리는 동일합니다. 그래서 이 시간 이스라엘의 구원에 대해서 살펴볼 때에 하나님의 비밀을 깨닫고 은혜 받는 시간이 되기를 바랍니다.

첫째, 오늘 본문은 이스라엘의 구원의 신비를 말씀합니다.

25절에 보면 '신비'라는 말이 나옵니다. 이스라엘의 구원에 관한 신비라는 뜻입니다. 이 신비를 영어로는 Mystery라고 하는데, 비밀이라는 말입니다. 여기에 나오는 신비라는 말은 도무지 알 수 없는, 풀 수 없는 수수께끼 같은 그런 것을 말하지 않습니다. 지금까지 감추어졌다가 이제 때가 되어서 하나님의 구원의 계시가, 구원의 계획이 드러난다는 것을 의미합니다. 이스라엘의 구원의 비밀은 오늘 말씀에 세 가지 단계로 요약할 수가 있습니다.

첫 번째는, 이스라엘의 완악해짐이 있습니다.

25절 끝을 보시기 바랍니다. "이스라엘의 더러는 우둔하게 된 것"이라고 합니다. 이 말은 완악하게 된다는 말입니다. 하나님은 이스라엘로 잠시 완악하게 내버려 두시어서 그들로 하여금 복음을 받아들이지 못하게 합니다. 복음이 이스라엘에게 갔는데 이스라엘이 그 복음을 받아들이지 못하자 누구에게로 갑니까? 이방인에게로 갑니다. 이방인이 구원을 받게 된다는 것입니다.

두 번째 단계는, 이스라엘이 완악해져 있는 동안에 이방인의 충분한 수가 들어옵니다.

25절 후반을 보시기 바랍니다. "이방인의 충만한 수가 들어오기까지"라는 말씀이 있습니다. 이방인의 충만한 수가 무슨 말이겠습니까? 이방인 가운데서 하나님의 선택을 받아 구원받을 사람의 총수, 모든 구원받을 이방 사람을 말하는 것입니다.

이 이방인의 충만한 수가 하나님께 들어오면 어떤 일이 일어납니까? 26절 앞부분을 보십시오.

세 번째 단계는, "온 이스라엘이 구원을 받으리라"고 했습니다.

여기에 온 이스라엘이라는 것은 이스라엘 사람 한 사람도 빠지지 않고 전부를 말하는 것이 아닙니다. 여기의 온 이스라엘은 전체로서의 이스라엘, 대다수의 이스라엘을 말하는 것입니다. 종말이 가까울 때에 많은 이스라엘 사람들이 자신들의 완악과 불신앙을 회개하고 하나님께 돌아온다는 것입니다. 예수 믿고 구원에 이르게 된다는 말씀입니다. 이것이 26절과 27절에 보면 구약 시대에 이미 이사야 선지자가 예언을 했습니다.

다시 한 번 순서대로 정리해 보면, 맨 처음에 이스라엘이 완악해지는 단계가 있습니다. 이스라엘이 완악해진 것 때문에 다음 단계, 이방인이 구원을 받고 이방인의 충만한 수가 천국에 들어오게 됩니다. 그러고 나면 어떤 단계가 있습니까? 이스라엘이 하나님께 돌아오는 단계가 있다는 것입니다. 이것이 이스라엘의 구원의 신비입니다. 하나님께서 이스라엘을 아주 신비스럽게 구원하신다는 것입니다.

하나님의 전체적인 구원, 이스라엘과 이방인을 구원하시는 이 구원도 신비하지만, 우리 개인의 구원도 신비합니다. 절대 구원받을 수 없는 사람들이 구원을 받는 신비한 일들을 우리가 볼 수 있습니다. 사도행전에 나오는 사울은 교회 핍박의 선봉장이었습니다. 그런데 그가 다메섹 도상에서 갑자기 부활하신 예수님을 만나서 완전히 돌아섭니다. 구원 받고 복음을 전하는 사람이 됩니다. 예수님과 함께 십자가에 달렸던 강도가 있습니다. 십자가에 매달려 죽은 걸 보면 얼마나 악한 사람입니까? 십자가에 달렸으니 더 이상 구원의 기회가 있다고 생각할 수 없습니다. 그런데 마지막 순간에 옆에 계신 예수님을 보고서 "예수여, 당신의 나라에 임하실 때 나를 기억하옵소서"라는 한마디를 통하여 구원을 받게 되는 것입니다.

우리나라에도 연쇄살인자들 중 잡혀서 교도소에 가서 복음을 듣고 예수 믿고 구원받은 사람들이 있습니다. 절대로 구원 받을 수 없는 사람 같지만 구원 받는 것입니다. 여러분들도 처음 예수를 믿게 된 때를 생각해 보십시오. 전에는 하나님을 모르고 전혀 복음에 대해서, 예수님에 대해서 관심이 없었는데, 아주 우연히, 생각도 못한 일로 예수 믿고 구원받은 그런 분들이 분명히 계실 것입니다. 이것이 바로 하나님의 구원의 신비요, 비밀이라는 것을 우리에게 보여주는 것입니다.

세상 사람들에게 복음을 전해 보십시오. 수십 번 전해도 절대로 안 믿는 사람이 훨씬 많습니다. 그런데 오늘 이 자리에 있는 우리는 정말 하나님 앞에서 너무나도 악한 자들입니다. 성격도 너무나도 못되고 삶도 비뚤어져 있는데, 그런데도 불구하고 이상하게 하나님이 믿어지고, 예수님이 믿어져서 구원받은 사람들이 많이 있지 않습니까? 이 믿어지는 일이 얼마나 신비한지 모릅니다.

다시 이스라엘로 돌아와서 생각해 보면, 복음의 관점에서 보면 이스라엘은 복음을 거부했습니다. 믿지 않았습니다. 불순종했습니다. 그렇다면 이스라엘은 하나님의 원수입니다. 그 점에서 생각해 보면 하나님의 구원을 받을 수 없습니다. 그런데 하나님께 선택 받은 그들의 조상들, 아브라함과 이삭과 야곱, 이런 조상들 덕분에 그들은 하나님의 사랑을 입은 자인 것입니다. 바로 이 점에서 그들은 하나님의 버림을 받을 수 없다는 것입니다. 그들도 구원을 받을 수 있게 된다는 것입니다.

오늘 29절은 이스라엘이 구원받게 된다는 사실을 재확인하고 있습니다. 너무 귀한 29절의 말씀을 봅시다.

"하나님의 은사와 부르심에는 후회하심이 없느니라."

무슨 말씀입니까? 하나님께서 이스라엘 민족을 택하시고, 그들과 언약을 맺으시고, 그들에게 은혜 주신 것들은 절대로 철회되지 않는다, 취소되지 않는다, 무효가 되지 않는다는 것입니다. 이스라엘이 비록 하나님과의 언약을 깨고 하나님을 불신하고 하나님의 복음에 불순종해도, 하나님께서는 이스라엘과의 언약을 철회하지 않으시고 돌이키지 않으신다는 것입니다. 약속하신 대로 끝내 그들을 구원하시고 만다는 것입니다.

이것은 우리에게도 마찬가지입니다. 우리에 대한 하나님의 은사와 부르심에는 후회하심이 없습니다. 취소가 없습니다. 우리가 때로 믿음이 약해지고, 흔들리고, 하나님을 잊고 불순종해도 하나님께서는 택하신 백성을 잊지 않으시고 절대로 버리시지 않는다는 말씀입니다. 하나님께서는 약속에 신실하신 하나님입니다. 하나님의 신실하심을 믿고, 그 하나님의 신실하심을 본받아 하나님을 신실하게 믿고 따라가시기를 바랍니다.

두 번째, 이스라엘의 구원의 핵심은 하나님의 긍휼이라는 것입니다.

오늘 본문 30절에서 32절에는 긍휼이라는 말이 네 번이나 나옵니다. 중요하다는 말입니다. 우리가 긍휼을 영어로 Mercy라고 합니다. '자비, 동정심, 불쌍히 여김'이란 뜻을 가지고 있습니다. 사랑의 사촌이라고 할 수 있습니다. 선한 사마리아인의 비유를 기억하십니까? 예루살렘에서 저 밑의 여리고로 내려가는 한 유대인이 있었습니다. 내려가다가 강도가 많이 출몰하는 곳에서 그만 강도를 만나 가지고 있던 모든 보배와 돈을 다 빼앗기고 옷도 벗기우고 매를 많이 맞아 죽어가고 있었습니다. 그런 가운데 제일 먼저 지나가는 사람이 종교 지도자, 제사장입니다.

제사장은 누구보다도 더 많은 자비하심을 가지고 그 사람을 구해야 하지 않겠습니까? 그런데 제사장은 그 모습을 보고도 피하여 지나갔다고 했습니다. 그 다음 지나가는 사람은 레위인입니다. 레위인은 종교적인 일에만 종사하는 종교인입니다. 그런 사람들이 안 구해 주면 누가 구하겠습니까? 그런데 그냥 보고서 혹시 자기도 꾸물거리다가 강도 만날까 두려워 피해 가버렸습니다. 세 번째로, 이 길을 지나는 사람은 사마리아 사람입니다. 유대인들이 가장 싫어하고 기워하고 개돼지처럼 취급하는 그런 사람입니다. 어떻게 보면 사마리아인에게 유대인은 원수와 같습니다.

그런데 이 사마리아인이 지나가다가 그 모습을 보고 가까이 가서 그를 도와줍니다. 민족적인 감정, 인간적인 감정을 다 내려놓고, 무엇 때문에 그를 도와주게 됩니까?

누가복음 10장 33절에 보면 "그를 보고 불쌍히 여겨 가까이 가서"라고 합니다. 왜 그를 도와줍니까? 불쌍히 여겨서입니다. 불쌍히 여겨 가까이 가서 그를 치유해 주고, 싸매어 주고, 그를 자기 짐승에 태워 주막에 가서 돌보아 주는 것입니다.

우리 하나님이 그와 같은 분입니다. 죄인들을 불쌍히 여기심으로 죄인들을 구원해 주시는 것입니다. 에베소서 2장 4-5절을 보십시오.

> "긍휼이 풍성하신 하나님이 우리를 사랑하신 그 큰 사랑을 인하여 허물로 죽은 우리를 그리스도와 함께 살리셨고 너희는 은혜로 구원을 받은 것이라."

하나님께서 우리를 다시 구원해 주셨다, 다시 살리셨다고 했는데, 그 살리심의 동기가 무엇입니까? 4절 앞부분에 "긍휼이 풍성하신 하나님"이라고 말씀했습니다.

오늘 우리가 교독한 교독문 말씀을 봅시다.

"여호와께서는 만유를 선대하시며 그 지으신 모든 것에 긍휼을 베푸시는도다"(시 145:9).

하나님께서는 저에게도 긍휼을 베푸시고, 여러분도 불쌍히 여기시고 긍휼을 베푸시는 하나님이신 것을 믿으시기 바랍니다. 우리 하나님은 사랑이십니다. 엄격하신 하나님, 무서운 하나님이 아니십니다. 불쌍히 여겨주시는 하나님이십니다. 이 때문에 우리가 구원을 받게 된 것입니다. 우리의 구원의 원인은 우리가 아닙니다. 우리의 의가 아닙니다. 우리가 무슨 선한 일을 했기 때문에 하나님께서 우리를 구원해 주시는 것이 아닙니다. 우리에게 무슨 잘나 보이는 것이 있어서 하나님께서 우리를 구원해 주시는 것이 아닙니다. 오직 하나님의 자비하심, 곧 하나님의 긍휼 때문인 것을 확신하시기 바랍니다.

30절에서 32절에 보면 긍휼이란 말이 네 번 나오는데, 가만히 보면 긍휼 말고 네 번 나오는 말이 또 있습니다. '순종치 않음', 곧 불순종이란 말입니다. 긍휼은 불순종과 관련이 있습니다. 인간이 죄인이 아니고 불쌍한 처지에 있지 않으면 하나님께서 긍휼히 여길 필요가 없습니다. 불쌍한 처지에 있지 않으면 왜 하나님께서 긍휼히 여기겠습니까? 인류가 불순종해서 죄인 되었기 때문에, 비참한 처지에 빠졌기 때문에, 멸망할 운명에 처했기 때문에 하나님께서 긍휼을 베푸시는 것입니다. 그렇게 보면, 불순종은 긍휼의 전제가 되는 것입니다. 30절을 같이 읽어 보겠습니다.

"너희가 전에는 하나님께 순종하지 아니하더니 이스라엘이 순종하지 아니함으로 이제 긍휼을 입었는지라."

앞부분에 "너희가"라고 했는데, 이 '너희'는 이방인이겠습니까, 이스라엘이겠습니까? 중반에 보면 "이스라엘이 순종하지 아니함으로"라는 말이 나오는데, 맨 앞의 '너희'는 이방인입니다. 이방인은 전에는 하나님께 순종하지 않고 살았습니다. 그런데 하나님의 택한 백성인 이스라엘도 하나님께 순종하지 않으니까 하나님께서 누구를 불쌍히 여기셨다는 것입니까? 이방인인 우리를 불쌍히 여기셔서 구원하셨다는 말씀입니다. 그 다음 31절을 봅시다. 맨 처음에 어떤 말이 나옵니까? "이와 같이"입니다. 이 말이 중요합니다. 하나님께서 불순종하는 이방인을 긍휼히 여겨서 구원하심과 같이, 이제 하나님께서는 불순종하는 이스라엘도 긍휼히 여기사 그들을 구원해 주신다는 말씀입니다.

여기서 우리가 알 수 있는 것은, 이방인이나 유대인이나 다 무엇 때문에 구원을 받습니까? 하나님의 긍휼 때문에 구원을 받습니다. 구원은 하나님의 긍휼을 떠나서는 생각할 수 없습니다. 여러분은 하나님의 긍휼이 필요한 존재임을 인정하십니까? 우리는 다 하나님의 긍휼이 필요한 존재입니다.

생각해 보면, 허물과 죄로 죽은 우리가 무엇으로 구원을 받을 수 있겠습니까? 우리는 우리의 무엇으로도, 어떤 것으로도 하나님의 구원을 받을 수 없습니다. 오직 긍휼이 풍성하신 하나님께서 그 크신 긍휼로 우리를 구원하셨음을 믿고, 하나님 앞에 감사하고 찬송하는 저와 여러분이 다 되시기를 바랍니다.

세 번째, 34절에서 36절은 구원에 대한 하나님의 신비한 섭리를 찬양하고 있습니다.

이 말씀은 일반적으로 송영(doxology)이라고 합니다. 하나님께 영광 돌리는 찬양이라는 뜻입니다. 33절에서 36절에 나오는 이 찬양은 로마서 1장에서 11장까지의 송영으로도 볼 수 있지만, 9장에서 11장까지의 송영으로도 볼 수 있습니다.

"깊도다 하나님의 지혜와 지식의 풍성함이여, 그의 판단은 헤아리지 못할 것이며 그의 길은 찾지 못할 것이로다."

하나님의 깊은 지혜와 지식의 풍성함은 하나님의 창조에 의해서 이미 드러났습니다. 하나님께서 지으신 자연 만물에 숨어 있는 그 지혜와 신비함은 우리가 다 헤아릴 수 없습니다. 그런데 하나님의 깊은 지혜와 지식의 신비함이 창조에만 나타난 것이 아니라 하나님의 구원에서도 나타났다는 말씀입니다.

하나님께서 인류를 구원하시는 방법을 보십시오.

창세기 12장에 하나님이 처음으로 택한 사람이 나옵니다. 아브라함입니다. 하나님께서 아브라함을 택하셔서 그를 우르에서 불러내시고 약속하십니다.

"땅의 모든 족속이 너로 인하여 구원을 얻으리라."

그런데 정작 아브라함의 후손인 이스라엘 백성이 하나님을 신앙하지 않고 복음을 받아들이지 않자 이 구원이 어디로 가버립니까? 이방인에게로 가버립니다. 다시 말하면 땅의 모든 족속들에게, 다른 모든 족속들에게, 이방인에게로 가버립니다. 이방인들이 구원을 받습니다. 그것을 보고 이스라엘 백성들이 시기하는 마음을 가진다고 했습니다. 시기하는 마음을 가지고 그들은 끝내 하나님께 돌아와서 예수 믿고 구원 받게 되는 것입니다.

결국 하나님께서는 택하신 자기 백성을 이런 방식으로 다 구원 받게 하는 것을 볼 수 있습니다. 우리 하나님의 깊은 지혜와 지식의 풍성함을 우리가 볼 수 있다는 것입니다.

34-35절에 세 가지 질문이 나옵니다.

첫 번째 질문은, '누가 주의 마음을 알았느냐?'입니다. 답은 여기 없지만 어떻게 나와야겠습니까? 아무도 주의 마음을 몰랐다는 것입니다. 하나님 자신만이 구원의 계획을 알고 계셨다는 것입니다.

두 번째 질문은, '누가 그의 모사가 되었느냐?'입니다. 모사(counsellor)는 조언자, 상담자라는 뜻입니다. 답은 어떻게 나와야겠습니까? 아무도 하나님의 모사가 되지 않았고 되지 못한다는 것입니다. 하나님은 구원을 위해서, 죄인들을 구원하기 위해서 어떤 천사하고도, 어떤 피조물의 조언을 구하신 적이 없고, 오직 하나님 자신이 홀로 자신의 무한한 지혜와 지식을 가지고 구원 계획을 고안하셨다는 것입니다.

세 번째 질문은, '누가 주께 드려서 갚으심을 받겠느냐?'입니다. 답은 무엇이겠습니까? '그런 사람은 없다'는 것입니다. 하나님께서는 누구에게도 빚지신 적이 없습니다. 도리어 우리가 하나님께 빚졌습니다. 인간이 가진 모든 것은 다 하나님께서 주신 것이고, 구원도 하나님께서 주신 것입니다.

요컨대 하나님만이 홀로 절대적인 권능과 절대적인 지혜를 소유하신 분이요, 그 절대적인 권능과 절대적인 지혜를 가지고 인류를 구원하시기로 계획하셨고, 신비한 섭리로 그 계획을 이루어 가신다는 것입니다.

그러므로 하나님의 구원에 대해서는 아무도 왈가왈부할 수가 없는 것입니다. 누가 감히 주의 마음을 알고, 그의 모사가 되어서 하나님의 구원 계획과 섭리를 재단할 수 있으며, 누가 주께 먼저 드림으로 주께 보답을 받을 수 있단 말입니까? 아무도 없다는 것입니다.

그렇다면, 오직 우리가 할 수 있는 것은 무엇입니까? 하나님의 주권적인 역사를 인정하고, 그의 구원을 우리가 받아들이고, 긍휼로 구원받았기 때문에 그 하나님 앞에 감사하고 찬송하는 것입니다. 마지막 36절을 보십시오.

"이는 만물이 주에게서 나오고 주로 말미암고 주에게로 돌아감이라 그에게 영광이 세세에 있을지어다 아멘."

성경에는 수많은 말씀이 있지만, 로마서 11장 36절만큼 하나님의 주권을 잘 드러내는 말씀이 없습니다. 그러면 주권이 무엇입니까? 최고 통치권입니다. 절대 지배권을 말하는 것입니다. 하나님께서는 온 만물에 대해서, 온 우주에 대해서 주권을 가지고 계시는 것입니다. 만물이 어디에서 나왔다고 했습니까? '주에게서 나오고'(from Him) 했습니다. 하나님께서 만물의 창조자가 되시고 근원이 되신다는 말씀입니다. 하나님 없이 이 세상에 생겨진 것은 아무것도 없다는 것입니다.

또, 그 다음에 "주로 말미암고"(through Him)라고 했습니다. 하나님께서는 천지 만물을 창조하셨을 뿐만 아니라 창조하신 모든 것을 하나님 자신이 관할하십니다. 다스리십니다. 섭리하시고 보존하십니다. 이 세상 역사 가운데 많은 일들이 일어나고 개인의 삶에도, 가정에도 여러 가지 일들이 일어나지만, 이 땅에 일어나는 일들 중 하나님의 간섭 없이, 하나님의 뜻 없이 일어나는 일은 아무것도 없는 것입니다. 모든 만물은 하나님으로, 주로 말미암아 이루어지는 것입니다.

마지막에 만물이 어떻게 된다고 합니까?

"주에게로 돌아감이라"(to Him / for Him)고 했습니다. 모든 것은 하나님을 위해, 하나님의 영광을 위해 존재한다는 것입니다. 하나님께서는 만물의 목적이요, 모든 것의 마지막이 되신다는 것입니다. 그 만물 중에 우리 인간만 뽑아서 생각해 봅시다. 우리 인간은 하나님으로부터 나왔습니다. 하나님께서는 우리의 창조주이십니다. 그리고 우리가 태어나서 이 세상에 살고 있는데, 하나님에 의해서 살고 있습니다. 우리의 생사화복이 다 하나님께 달려 있는 것입니다. 그리고 결국에는 하나님께 돌아가게 되어 있습니다.

우리 인생의 구원도 똑같습니다. 하나님에게서 나왔고, 하나님께서 계획하셨고, 하나님께서 이루어가시고, 하나님께서 완성해 주실 것입니다. 하나님의 이 주권을 알고 믿는다면 하나님께 영광을 돌리지 않을 수 없는 것입니다. 그래서 오늘 본문 끝에 "그에게 영광이 세세에 있을지어다"라고 했습니다.

이 세상의 모든 일, 특별히 하나님의 구원 사역은 우리로 하나님께만 영광과 찬송을 영원히 돌리게 하는 것입니다. 이 하나님의 웅대한 신적 주권과 지혜와 구원 앞에서 영원히 하나님께만 영광 돌리는 저와 여러분이 될 수 있기를 바랍니다.

로마서 12:1-2

너희 몸을 산 제물로 드리라

"그러므로 형제들아 내가 하나님의 모든 자비하심으로 너희를 권하노니 너희 몸을 하나님이 기뻐하시는 거룩한 산 제물로 드리라 이는 너희가 드릴 영적 예배니라 너희는 이 세대를 본받지 말고 오직 마음을 새롭게 함으로 변화를 받아 하나님의 선하시고 기뻐하시고 온전하신 뜻이 무엇인지 분별하도록 하라"

우리 교회는 매월 셋째 주일 오후에 기관별로 헌신예배를 드립니다. 그동안 수많은 헌신예배를 드렸는데 과연 얼마나 헌신된 삶을 살고 있는지를 생각해 보면 제 자신부터 의문스럽습니다. 오늘 본문의 말씀은 헌신에 대한 가장 대표적인 말씀이라 할 수 있습니다.

이 로마서는 크게 두 부분으로 나눌 수 있습니다.

1장에서 11장까지는 교리 부분이고, 오늘 시작하는 12장에서 마지막 16장까지는 실천 부분이 됩니다. 말을 바꾸면 전반부와 후반부가 있다는 말입니다. 오늘은 후반부를 시작하는 말씀으로, 오늘 본문 12장에서 1-2절은 성도들의 생활에 대한 대원칙이라고 할 수 있습니다. 그 대원칙을 한마디로 말하면 "너희 몸을 산 제물로 하나님께 드리라"는 말씀입니다. 헌신하라는 말입니다. 오늘 이 말씀을 통해서 우리 동부교회 모든 성도들이 하나님 앞에 헌신을 다짐하는 헌신예배가 될 수 있기를 바랍니다.

먼저 생각할 것은 헌신의 동기입니다.

왜, 어떤 동기로, 어떤 마음으로 우리는 하나님 앞에 헌신을 해야 합니까? 어떤 사람은 나는 기독교 신자니까, 직분자니까 적어도 이 정도는 해야 해, 이 정도는 살아야 돼 하는 마음으로 신앙의 삶을 살아갑니다. 반면에 또 어떤 사람들은 '내가 이렇게 순종할 때 하나님께서 나에게 복을 주실 거야'라는 생각을 가지고서 신앙의 삶을 살아갑니다. 그러나 이러한 신앙의 태도는 잘못된 것입니다.

오늘 1절 말씀을 보면 헌신의 동기가 한마디로 기록되어 있습니다. "하나님의 모든 자비하심으로 너희를 권하노니"라고 했습니다. 하나님의 모든 자비하심이 헌신의 올바른 동기입니다. 자비란 말은 긍휼이라는 말입니다. 아주 불쌍히 여겨 주시는 것입니다. 그런데 우리가 지금까지 살펴보았던 로마서 1장에서 11장에는 하나님의 모든 자비하심이 기록되어 있습니다.

로마서 1장부터 보면 모든 인간은 하나님 앞에 죄인이라고 하고 있습니다. 의인은 없나니 하나도 없고 그래서 하나님의 심판에 합당한 사람들이라 했습니다. 소망이 없는데 하나님께서 소망을 주셨습니다. 당신의 아들을 이 세상에 보내주셨습니다. 그래서 하나님의 아들 그리스도께서 우리가 아직 죄인 되었을 때 우리를 위하여 죽어 주셨습니다. 죽어 주심으로 하나님과 죄인 된 우리를 화목하게 만들어 주셨습니다. 예수님을 믿는 자는 하나님께서 그 믿음을 보시고 의롭다고 칭하여 주시고, 구원해 주시고, 양자로 삼아주시고, 그리고 하늘의 상속자로 만들어 주시고, 성령을 보내어 우리의 구원을 이루어 갈 수 있도록 도와주십니다. 이렇게 하나님의 많은 자비가 나와 있지 않습니까? 이 하나님의 모든 자비하심에 근거해서 너희 몸을 하나님께 드리라고 촉구하는 것입니다.

하나님의 자비, 곧 구원의 은혜에 대한 감사와 응답으로써 헌신하라고 말씀하는 것입니다. 그러므로 신자가 헌신의 삶을 바르게 살기 위해서는 하나님의 구원의 은혜에 늘 젖어 있어야 합니다. 걸레가 걸레 역할을 하려고 하면, 다시 말해 먼지를 닦아내려면 물기에 젖어 있어야 되듯이 우리 성도가 하나님께 쓰임을 받고, 진정 하나님을 위해서 살아가려면 언제나 하나님의 자비하심의 물에, 은혜에 젖어 있어야 한다는 것입니다.

얼마 전에 고난 주일과 부활주일이 지났는데, 우리는 하나님께서 나 같은 죄인을 얼마나 사랑하셨는지, 나 같은 죄인을 구원해 주시려고 얼마나 큰 고난과 희생을 당하셨는지를 늘 잊지 않고 살아가야 합니다. 십자가를 가슴에 품고 십자가의 은혜에 감격하고 감사하는 자가 되어야 합니다. 그렇게 해야 하나님이 원하시는 헌신의 삶을 제대로 살아가게 되는 것입니다.

여러분, 영국 선교사 스터드를 아십니까? 스터드는 부유한 집안의 명문가에서 태어났습니다. 그는 머리가 총명해서 캠브리지 대학에 들어갔습니다. 그는 만능 스포츠맨이었습니다. 특별히 크리켓에서는 영국에서 가장 잘하는 선수로 뽑혔습니다. 그렇게 부족함이 없고 모든 인기를 한 몸에 누리던 그가 디엘 무디의 집회에 참석해서 은혜를 받고 회심을 하게 되었습니다. 그러고 나서는 자기 친척들과 친구를 구원하기 위하여 애를 씁니다. 그러다가 아직 복음이 들어가지 아니한 세계 여러 나라를 위하여 생명을 바치겠다고 결심하고 부와 명예를 다 버리고 선교사로 헌신합니다.

중국 선교사로 갔다가 나중에는 아프리카 선교사로 가서 헌신합니다. 영국 런던에 가면 본부가 있는데, WEC이라고 하는 세계적인 선교단체가 있습니다. 이 단체를 통하여 하나님께서 이 세상의 복음화를 위하여 얼마나 많은 선교사들을 양성하고 보내 주셨는지 알 수가 있습니다. 이 웩이라는 선교단체를 바로 스터드가 설립하고 지도하였습니다. 그가 아프리카 선교사로 있다가 콩고에서 숨을 거두기까지, 그는 예수 그리스도를 위해서는 어떤 것도 희생으로 여기지 않았습니다. 그의 삶의 모토가 있습니다. 이것입니다.

> "만일 예수님이 하나님이시고 그분이 나를 위해서 죽었다면, 나의 어떤 희생도 큰 것이 아니다."

다시 한 번 생각해 보십시오. 만일에 예수님이 하나님이시고 하나님이신 그분이 나를 위하여 죽었다면 나의 어떤 희생도 지나치지 않고 큰 것이 아니라는 것입니다. 이 하나님의 말할 수 없는 은혜와 자비와 권면을 받았고 그 사실에 늘 젖어 있었기 때문에, 그는 자신을 기꺼이 하나님께 바쳤던 것입니다. 저와 여러분도 다른 무엇 때문이 아니라, 나를 향하신 하나님의 모든 자비하심에 감격해서 신앙의 삶을 살아가고, 하나님께 자신을 내어드리고 바치는 헌신의 삶을 살아갈 수 있기를 바랍니다.

다음으로 헌신의 모습 세 가지를 살펴보겠습니다.

첫째로는, 몸을 살아있는 제물로 하나님께 드리라고 했습니다.

우리 한글성경에는 '산' 앞에 글자가 더 있습니다.

성경을 보십시오. '산' 앞에 뭐가 있습니까? "하나님이 기뻐하시는"이 있고 "거룩한"이 있습니다. 그런데 본래 원문성경에는 그렇게 되어 있지 않습니다. '산'(living, 살아있는)이란 말이 맨 앞에 있습니다. '너희 몸을 살아있는 제물로 하나님께 바쳐라. 거룩하고 하나님이 기뻐하시는'이라고 되어 있습니다. 그렇다면 이 세 가지 말 중에서 가장 중요한 것은 무엇이겠습니까? '산', 즉 '살아있는'이란 말입니다. 너희 몸을 살아있는 제물로 하나님께 드리라는 것입니다.

그런데 산 제물이라고 했는데, 산 제물이란 말은 생각해 보면 이상한 말입니다. 왜냐하면 '살아있는'이라는 말과 '제물'이라는 말이 가지고 있는 개념은 정반대의 개념이기 때문입니다. 정반대가 되는 말이 함께 붙어 있습니다.

구약의 동물 제사를 생각해 보십시오. 하나님 앞에 동물 제사를 드릴 때 살아있는 채로 드리는 법이 있습니까? 없습니다. 씻어서 잡아 가지고 그것을 토막을 내서 번제단 위에다 펼쳐놓고 불태워서 하나님 앞에 향기로 올라가는 것입니다. 죽여서 드리는 것입니다. 그러니 산 제물이란 있을 수가 없는 것입니다. 그런데 하나님께서 동물도 아닌 우리 자신의 몸을 하나님 앞에 살아있는 제물로 드리라고 말씀합니다.

무슨 뜻입니까? 여기에서 몸은 꼭 우리의 육체를 말하는 것이 아닙니다. 여기에 몸은 우리의 영혼과 우리의 몸, 육체 전부를 포함하는, 전인(全人)을 의미하는 것입니다. 그래서 몸을 살아 있는 제물로 드리라는 말은 우리 몸으로 이루어진 모든 것, 우리의 모든 삶을 하나님 앞에 제물로 드리라는 말씀입니다.

내 삶의 모든 모습이, 내가 직장에 나가서 일하는 모습이, 내 가정에서 일하는 모습이, 내가 공부하는 모습이, 내가 가르치는 모습이, 그리고 내가 청소하는 모습이, 내가 운전하는 모습이, 내가 다른 사람을 대하는 모습이, 다른 사람에게 말하는 모습이 하나님께 드려져야 되고, 거룩해야 되고, 하나님을 기쁘시게 하는 것이 되어야 하고, 하나님을 위하는 것이 되어야 하고, 하나님께 제물이 되어야 한다는 것입니다. "내 삶이 제사가 되게 하소서!" "내 삶이 예배가 되게 하소서!" 이런 마음 자세로 살아야 한다는 것입니다.

성경 창세기에 보면 요셉이 나옵니다 그의 삶을 보십시오.

형들에게 너무 억울하게 팔려서 저 멀리 이집트에 노예르 가게 됩니다. 그곳에서 바로의 경호대장 보디발의 집으로 들어가서 종으로 살게 됩니다. 사랑하는 아들이었는데 이제 종으로 살게 됩니다. 종으로 살게 될 때에 어떤 자세로 살게 되었습니까? 사람에게 하듯 하지 아니하고, 모든 일에 주께 하듯 했습니다. 그러다 보니 주인의 인정을 받아서 가정 총무가 되었습니다. 그 주인이 요셉을 얼마나 신임을 하였던지 가정사를 다 맡겨 놓고 간섭을 하지 않았다고 했습니다. 기가 막히지 않습니까?

그러던 그에게 아주 강렬한 성적인 유혹이 다가왔습니다. 유혹이

다가왔을 때 그는 어떠했습니까? 하나님을 의식하고 하나님 앞에서 이런 일을 할 수가 없노라고 겉옷을 벗어놓고서 도망을 쳤습니다. 가위로 베를 끊어 버리듯이 그 도덕적 유혹을 끊어버렸습니다. 이것이 바로 삶의 예배입니다. 요셉은 자기 일터에서 삶의 자리에서 하나님을 예배한 것입니다.

브라더 로렌스라고 하는 이름을 들어보셨습니까?

그는 수사로 수도원에서 허드렛일을 하던 사람입니다. 식사하고 나면 설거지를 하는데, 설거지를 할 때에도 하나님 앞에 대화하면서 설거지를 했습니다.

"하나님, 제가 이렇게 닦으면 하나님이 기쁘시죠? 이렇게 하면 하나님께서 원하는 것입니까?"

이렇게 하면서 접시를 닦았으니 접시가 얼마나 깨끗하겠습니까? 그 삶이 바로 하나의 예배라는 것입니다.

제가 이삼십 년 전에 신문에서 오려놓은 사진 한 장을 발견했습니다. 경찰 부부인데, 올해에 모범 경찰 사진이었습니다. 읽어 보니 예수 믿는 부부입니다. 예수 믿는 부부인데 경찰복을 성의로 생각하고, 마치 목사가 예배를 인도할 때 성의를 입듯이, 성의로 생각하고 경찰 일을 한다는 것입니다. 하나님께 예배드리는 심령으로 경찰 일을 하니까 모범이 되는 것입니다. 모든 사람들에게 인정을 받고 칭찬을 받고 하나님께 영광을 돌리고, 그래서 모범경찰상을 받고 신문에 나온 것이 아니겠습니까? 그것이 바로 산 제물이 되는 겁니다. 하나님 앞에서 살아있는 예배를 드리는 것입니다.

여러분의 매일의 삶이, 매 순간의 삶이 우리 하나님께 드리는 예배가 되게 하시기 바랍니다. 1절 끝에 보면, 이것이 너희가 드릴 영적 예배라고 했습니다. 이것이 무엇입니까? 방금 말한 대로 '몸을 산 제물로 드리는 삶의 제사'가 바로 영적인 예배, 너희가 드릴 합당한 예배라고 말씀하십니다. 잠언 21장 3절을 보십시오.

"공의와 정의를 행하는 것은 제사 드리는 것보다 여호와께서 기쁘게 여기시느니라."

우리는 주일날 건물에서 예배를 드립니다. 그러나 더 합당한 예배는 일상생활에서 삶으로 예배드리는 것이라는 사실을 잊어서는 안 됩니다. 이것은 구약과 신약에 공통적으로 흐르고 있습니다. 구약성경도 마찬가지입니다. 구약성경에 보면, 하나님께서 사무엘을 통하여 사울에게 주시는 말씀 중에 "순종이 제사보다 낫다"는 말씀을 했습니다. 하나님께 드리는 예배보다 순종이 더 낫다는 말입니다.

하나님 앞에 순종하는 삶, 하나님 앞에 감사하는 삶, 하나님께 찬송하는 삶, 정의를 행하면서 살아가는 삶, 사랑을 실천하면서 살아가는 삶은 제사보다 하나님이 더 기뻐하신다고 했습니다. 우리 한국 교회 성도들은 교회 건물 내의 주일예배에는 익숙합니다. 그러나 영적인 예배는 서투릅니다. 잘 드리지 못합니다. 그래서 이 세상에 빛과 소금이 되지 못하고 하나님의 영광을 가릴 때가 많습니다.

그런데 여러분, 기억하십시오. 삶의 예배가 없는 주일예배, 순종의 삶이 없는 주일예배는 하나의 위선이요, 껍데기요, 반쪽이라는 것을 알아야 합니다. 하나님 앞에 영광을 돌리지 못합니다. 기쁘시게 하지 못합니다. 따라서 우리의 예배는 이 울산동부교회당을 탈출해야 하는 것입니다. 여기서만 하나님 앞에 예배를 드리는 것이 아니라, 내 삶의 자리가 예배의 자리가 되어야 한다는 것입니다.

복음송 가사에 "부르신 곳에서 나는 예배하네. 어떤 상황 속에서도 난 예배하네"라고 했습니다. 그것이 바로 무엇이겠습니까? 그것이 바로 삶의 예배요, 삶의 제사이고 하나님께서 기뻐하시는 예배입니다.

주일을 성수하고 주일날 하나님 앞에 드리는 이 공예배도 매우 중요합니다. 하나님 앞에 잘 드려야 합니다. 그러나 엿새 동안 나의 삶으로 드리는 예배를 하나님께서 더 기뻐하심을 알고, 날마다 여러분들의 삶으로 예배 되게 하시기를 바랍니다.

둘째로는, 2절 첫 줄에 보니 "이 세상을 본받지 말라"고 하셨습니다.

우리 인간은 천성적으로 아주 모방적입니다. 본을 잘 받는다는 말입니다. 그래서 우리 자녀들은 누구 본을 많이 받습니까? 부모의 본을 받습니다. 말까지도 부모의 말을 따라서 하게 됩니다. 지금 우리나라에서 '태양의 후예'라는 드라마가 인기가 많다고 합니다. 중국에서도 폭발적인 인기를 끌고 있다고 합니다. 그러다 보니 주인공으로 나온 여자처럼 하얀 피부를 갖고 싶다고 여주인공이 사용하는 화장품, 또 귀걸이며 옷이며 물품들이 날개 돋친 듯 팔리고 있다고 합니다. 이것이 바로 본받는 것입니다. 따라 하는 것입니다.

그런데 오늘 성경에는 무엇이라고 말씀하십니까? 이 세상, 즉 이 세대를 본받지 말라고 말씀합니다. 여기서 '본받다'라는 말은 영어로

'conform'이라 하는데 'con'은 '함께' '같이'란 뜻이고, 'form'은 말 그대로 폼입니다. 폼을 같이하는 것입니다. 폼을 함께하는 것입니다. 저 사람이 이렇게 하니까 나도 이렇게 폼을 같이하는 겁니다. 그런데 성경 말씀은 무엇이라고 합니까? '너희는 이 세상과 폼을 같이하지 말아라. 이 세상을 따라 하지 말아라'고 말씀합니다. 이 말씀을 다른 말로 하면 '거룩하라'는 말씀입니다.

성경을 보면, 하나님은 구원하신 당신의 백성들에게 수없이 거룩하라고 말씀하십니다. 세상과 같은 모습이 아니라 '구별하라, 거룩하라'고 하십니다. 하나님께서 이스라엘 백성들을 애굽에서 구원하여 광야생활을 할 때에 그들에게 주신 말씀이 있습니다.

레위기 18장 3절을 보십시오.

"너희는 너희가 거주하던 애굽 땅의 풍속을 따르지 말며 내가 너희를 인도할 가나안 땅의 풍속과 규례도 행하지 말고."

하나님께서 하신 말씀을 보십시오. 정확합니다. 이스라엘 백성이 그동안 어디에 있었습니까? 애굽에 있었습니다. 그 애굽 사람들의 풍속을 따르지 말고, 이제 가나안 땅에 들어갈 건데 그곳에 있는 사람들의 풍속이나 규례도 따르지 말고 본받지 말라고 말씀하십니다. 오늘 본문에도 "이 세대를 본받지 말라"고 말씀하고 있습니다. 왜 본받지 말아야 됩니까? 갈라디아서 1장 4절에 보면 이 세대를 가리켜 '악한 세대'라고 했습니다. 이 세대는 죄와 어둠과 사탄의 영향을 받고 있는 악한 세대라는 것입니다. 이 악한 세대를 본받으면 어떤 사람이 되겠습니까? 악한 사람이 됩니다. 어떤 삶을 살아가게 되겠습니까? 악한 삶을 살게 될 것입니다.

오늘 우리 한국이라는 나라의 사회 풍조와 흐름은 어떻습니까? 우리나라에 가장 특징이 되는 몇 가지 흐름이 있습니다.

외모 지상주의입니다. 속은 어찌 되었든 상관이 없습니다. 인격도 상관없습니다. 어찌하든 성형수술을 많이 해서 겉을 바꾸려고 하는 외모 지상주의, 돈만 많으면 최고라는 물질 제일주의, 성공 제일주의가 사회 전반에 만연해 있습니다. 그러다 보니 돈이 된다고 하면, 성공할 수 있다면, 죄짓는 것도 거짓말하는 것도 아무렇지 않게 행합니다.

그래서 우리 사회는 어느 나라, 어떤 사회보다 거짓이 가득한 사회가 되었습니다. 생명경시 풍조와 아동학대를 비롯한 폭력과 보복이 가득합니다. 동성애, 혼전성관계, 성적 타락, 게임 중독, 핸드폰 중독, 주식 중독, 알콜 중독 등 얼마나 많은 중독이 우리 사회 전반에 만연합니까? 이런 악한 모습, 악한 세상, 악한 문화를 본받지 마시기 바랍니다. 하나님이 그렇게 말씀하십니다. "너희는 이 세대를 본받지 말라"고 하십니다. 그러나 이 세대를 본받지 말라고 하는 것은, 이 시대 유행과 풍속은 어떤 것이라도 절대로 본받아서는 안 된다는 말씀이 아닙니다.

제가 잘 아는 선배 목사님은 이미 천국에 가셨습니다만, 제가 그분 밑에서 전도사로 있었습니다. 그 목사님께서는 양복을 입을 때에 바짓단이 다 접혀져 있는 바지를 입으셨습니다. 그런데 유행을 따라 언제부턴가 단이 사라졌습니다. 그런데도 목사님은 단이 접혀지지 않은 양복은 입지를 않았습니다. 예전에는 양복 상의의 뒤트임이 없었습니다. 그런데 하나 트이더니 나중에는 양쪽이 다 트였습니다. 그런데 그 목사님은 트인 것은 입지를 않았습니다. 무엇을 말합니까? 목사님은 세상을 유행을 따라가지 않는 것입니까? 아니지요. 너무 고지식해서 그런 것입니다. 너무 보수적이어서 안 따라하는 것입니다.

그런데 하나님께서 오늘 말씀에 본받지 말라는 것은 그런 뜻의 말이 아닙니다. 바지의 단을 올리든 안 올리든, 양복 상의의 뒤트임이 있든지 없든지 상관없습니다. 그런 것은 별로 중요한 것이 아닙니다. 도덕적으로 악하거나 잘못된 행위가 아니지 않습니까? 예수 믿는 사람도 불신자들의 머리 모양이나 옷이나 신이나 유행을 따라 할 수 있습니다. 그러나 아무 생각 없이 무턱대고 따라가서는 안 된다는 것입니다. '세상 사람이 저렇게 하니까, 누구나 저렇게 하니까 나도 그렇게 한다'는 식이 되어서는 안 된다는 것입니다. 잘못된 가치관과 문화를 잘 분별해서 무조건 따라가서는 안 된다는 것입니다.

셋째는, 변화를 받으라고 말씀하십니다.

본 받는 것은 컨폼이라고 했습니다. 폼을 같이하는 것인데 변화를 받으라는 말씀은 트랜스폼입니다. 트랜스는 바꾼다는 말입니다. 폼을 바꾸는 것입니다. 그러면 어떻게 이 세대를 본받지 않고 거룩하게 살 수 있겠습니까? 변화를 받아야 됩니다. 폼을 바꿔야 한다는 것입니다. 유의할 것은 외적인 폼을 의미하는 것이 아닙니다. 내적 변화, 근본적인 변화를 말하는 것입니다.

우리 성도들 중에 혹시나 아직도 술을 끊지 못해서 한 번씩 술 냄새 풍기는 성도들이 없는지 모르겠습니다. 아직도 담배를 못 끊어서 옆에 가면 담배 냄새가 나는 사람이 없는지 모르겠습니다. 그것은 하나님께 영광이 안 되고 덕이 되지 않습니다. 예수 믿는 사람은 끊어야 합니다. 그런데 술이나 담배를 끊는 것은 내적 변화입니까, 외적 변화입니까? 외적 변화입니다. 바깥으로 보이는 것이 변하는 것이므로 외적 변화입니다.

그런데 신앙생활을 외적변화로만 여기면 안 됩니다. 내적 변화, 근본적인 변화가 중요합니다. 내적으로 변화가 되면 외적으로도 자동적으로 변화가 되도록 되어 있습니다. 생각해 보십시오. 모든 생각과 말, 행동이 다 어디에서 나옵니까? 마음에서, 안에서, 내부에서 나오는 것입니다. 근원이 마음입니다. 그러므로 겉이 아닌 마음으로 새롭게 함으로 내적 변화를 받아야 한다는 것입니다.

오늘 말씀에 보니 변화를 받으라고 했습니다.

스스로 변화하지 아니하고, 변화를 받으라고 수동태로 말씀하고 있습니다. 무슨 말씀입니까? 마음을 새롭게 함으로 변화를 받는 내적변화, 근본적인 변화는 자기 의지나 결심으로 되는 것이 아니라는 것입니다. 왜 사람들이 신년을 맞이하면 이런 결심, 저런 결심을 하다가 작심삼일이 됩니까? 그것은 내적 변화에서 나온 것이 아니라 그냥 겉으로 자기가 결심하는 자기 의지의 표현이기 때문입니다. 이 사람의 내적 변화, 근본적인 변화는 자기 의지나 힘으로 되는 것이 아닙니다. 성경을 보면 마음은 어떻게 변화가 됩니까? 성령의 역사로 변화됩니다.

여러분, 우리 마음은 성령으로, 즉 성령의 도구인 하나님의 말씀으로 새롭게 되고 변화됨을 믿고서 성령 하나님을 더욱 의지하고 기도하시기 바랍니다.

변화를 받으면 어떻게 되겠습니까?

오늘 2절 끝에 보면 하나님의 뜻을 분별하게 된다고 했습니다. 하나님의 뜻을 분별하게 된다는 것은, 어떤 상황을 판단할 때에 그 상황이 돌아가는 것을 보고 하나님의 뜻이 무엇인지 식별하게 된다는 것입니다. 어떤 사람은 예수를 믿어도, 어떤 일이 돌아가는 것을 보고도 무엇이 잘못된 건지, 하나님이 기뻐하시는 뜻인지 아닌지 모릅니다. 그냥 따라간다는 것입니다. 그런데 변화를 받으면 하나님의 뜻이 무엇인지를 분별하여 하나님의 뜻대로 살아간다는 것입니다.

하나님의 뜻의 3대 특징이 있습니다. 2절 셋째 줄을 보십시오. 하나님의 뜻의 특징이 세 가지가 나옵니다. 첫 번째는, 선하시고 두 번째는, 기뻐하시고 세 번째는, 온전하시다고 하셨습니다. 그러면 그런 하나님의 뜻대로 살면 어떤 삶이 되겠습니까? 선한 삶이 되고, 하나님이 기뻐하시는 삶이 되고, 또 온전한 삶이 되는 것입니다. 한마디로 산 제물, 하나님이 기뻐하시는 거룩한 살아 있는 제물이 되는 것입니다.

오늘 이 시간, 우리를 죄와 사망에서 영원한 형벌에서 구원하신 하나님께서 우리들을 향하여 말씀하십니다. 너희 몸을 하나님께 산 제물로, 살아 있는 제물로 드리라고 말씀하십니다. 삶의 예배를 드리라고 하십니다. 거룩하고 하나님이 기쁘게 받으실 만한 삶을 살아가라고 말씀하십니다.

그러려고 하면 이 시대를 본받지 말고 변화되어 하나님 뜻대로 살아가야 됩니다. 오늘 이 말씀이 저와 여러분의 삶에서 이루어지기를 바랍니다.

5

로마서 12:3-8

은사대로 봉사하라

"내게 주신 은혜로 말미암아 너희 각 사람에게 말하노니 마땅히 생각할 그 이상의 생각을 품지 말고 오직 하나님께서 각 사람에게 나누어 주신 믿음의 분량대로 지혜롭게 생각하라 우리가 한 몸에 많은 지체를 가졌으나 모든 지체가 같은 기능을 가진 것이 아니니 이와 같이 우리 많은 사람이 그리스도 안에서 한 몸이 되어 서로 지체가 되었느니라 우리에게 주신 은혜대로 받은 은사가 각각 다르니 혹 예언이면 믿음의 분수대로, 혹 섬기는 일이면 섬기는 일로, 혹 가르치는 자면 가르치는 일로, 혹 위로하는 자면 위로하는 일로, 구제하는 자는 성실함으로, 다스리는 자는 부지런함으로, 긍휼을 베푸는 자는 즐거움으로 할 것이니라"

지난주일 오후 예배를 기억하십니까? 추수감사절을 맞이해서 구역별 찬양대회를 가졌는데 얼마나 은혜롭고 웃음꽃이 만발했는지 모릅니다. 어떤 분은 일 년 웃을 것을 다 웃었다고 합니다. 더러 참석하지 못한 성도들도 있었지만 대부분의 성도들이 참석한 천국 잔치가 아니었나 생각합니다. 그 행사를 통해 저는 두 가지를 깨닫고 보았습니다.

하나는, 우리 성도들은 자기 목사가 설교 잘하는 것도 원하지만 망가지는 것을 더 원하는구나. 또 한 가지는 행복한 교회, 건강한 교회의 모습을 볼 수가 있었습니다.

어느 구역에서는 동부교회의 성도인 것이 하나님 앞에 참 감사하다고 고백했는데, 이 고백이 우리 모든 성도들의 고백이 되었으면 좋겠습니다.

이제 한 해가 저물고 있고 연말이 되었습니다. 앞으로 우리 교회를 더욱 아름답고 건강한 교회로 세워가기 위해서 교회가 무엇인지, 교회의 일원이 된 우리 신자들의 역할은 어떠해야 되는지, 오늘 본문 말씀을 통하여 생각할 때 은혜 받는 시간이 되시기를 바랍니다.

첫째로 생각할 것은, 교회는 그리스도의 몸이요, 성도들은 그 몸의 지체라는 것입니다.

일반적으로 교회란 무엇입니까? 잘 아시는 대로 교회는 절대로 건물이 아닙니다. 모임입니다. 어떤 모임이냐 하면 하나님의 부르심을 받은 성도들의 모임입니다. 성도들의 공동체를 가리켜서 교회라고 합니다. 헬라어 또는 라틴어로 에클레시아(ecclesia)라는 말입니다.

그런데 오늘 본문에 뭐라고 말씀을 하느냐 하면 본문 5절을 보시기 바랍니다. "이와 같이 우리 많은 사람이 그리스도 안에서 한 몸이 되어"라고 했습니다. 오늘 우리가 교독한 고린도전서 12장 27절에 보십시오. 뭐라고 했습니까? "너희는 그리스도의 몸이요"라고 말씀하고 계십니다. 골로새서 1장 18절에도 "그리스도는 몸인 교회의 머리시라"고 했습니다.

요컨대 교회는 그리스도를 머리로 하는 몸이라는 것입니다. 그리스도를 머리라고 한다는 것은 그리스도의 지배를 받는, 그리스도의 통치를 받는 몸이라는 말씀입니다.

그러면 우리 성도들은 무엇이겠습니까? 5절 끝을 보시기 바랍니다. 서로 지체가 되었다고 했습니다. 몸과 지체의 관계를 쉽게 설명하기 위해서 4절에 보면 몸의 비유가 나옵니다. 한 몸이 있으면 여기에 여러 지체가 있다는 말씀입니다.

제 몸을 보십시오. 이 몸에는 지체가 많습니다. 크게 나누면 머리가 있고, 두 팔, 몸뚱이, 그리고 두 다리가 있습니다. 그러나 그것만 지체가 아닙니다. 머리에 가서 보면 눈도 있고, 코도 있고, 입도 있고, 귀도 있고, 또 보이지 않는 곳, 즉 머리 안쪽에도 수많은 지체가 있습니다.

성인 한 사람의 뼈가 몇 개나 되는지 아십니까? 무려 207개입니다! 어린아이는 놀랍게도 뼈가 더 많다고 합니다. 그런데 어른이 되면서 작아지는 모양입니다. 인간의 구조가 얼마나 복잡합니까? 그래서 사람을 소우주라고 하지 않습니까? 수많은 지체가 한 몸을 이루고 있는 것입니다. 각 지체는 다른 지체에 속해 있습니다. 서로 연결되어 있습니다. 서로를 의존하고 있습니다. 몸에 한 지체라도 없으면, 예를 들어서 눈이 없고, 귀가 없고, 손이 없으면 그 사람은 어떤 사람이 됩니까? 장애인이 되고 맙니다. 몸의 한 지체라도 아프면 그 지체만 아픕니까? 그렇지 않습니다. 몸 전체가 영향을 받고 불편하고 아픔을 느끼는 것입니다.

교회도 그렇다는 것입니다. 모든 성도가 한 몸의 지체라는 것입니다. 그러고 보면 교회의 모든 신자 한 사람 한 사람이 얼마나 긴밀한 관계에 있는지 알 수 없습니다. 성도가 서로 간에 얼마나 소중한 존재인지 모릅니다.

한번 생각해 보시기 바랍니다. 세상에서 교회만큼 그 구성원이 다양한 단체나 공동체가 있습니까? 없습니다. 여러분이 속해 있는 어떤 단체나 공동체를 한 번 생각해 보십시오. 교회단큼 다양하게 이렇게 남녀노소가 빈부귀천이 함께 어우러진 공동체가 이 세상에는 없는 것입니다. 특히 이 편지를 받은 로마교회는 더 그랬을 것입니다. 왜냐하면 당시 세계의 수도는 로마였기 때문입니다. 로마는 한마디로 인종 전시장과 같았습니다. 그러므로 로마교회는 그 구성원이 어느 교회보다 다양했을 것입니다. 그래도 그들 모두는 한 몸을 이루는 지체였습니다.

1893년에 지금 서울에 있는 소공동은 백정촌이었습니다.

그 백정촌에 개신교의 여섯 번째 교회 곤당골 교회가 시작이 되었습니다. 참 이름도 이상하지요? 백정 열여섯 명으르 시작되었습니다. 그런데 그 백정 교회에 좀 있다가 왕손 이재형이라는 사람이 등록을 했습니다. 그리고 이 교회에 출석을 하기 시작합니다. 장로가 되었습니다. 양반 중에 최고의 양반이 무엇이겠습니까? 왕손입니다. 상놈 중에 제일 낮은 상놈이 뭡니까? 백정입니다. 그런데 그 당시 최고의 신분과 최저의 신분이 함께 같은 자리에 앉아서 동등한 입장에서 하나님 앞에 예배를 드리고 서로를 섬기고 교회를 이루어 갔다는 것입니다. 이것이 바로 교회입니다. 갈라디아서 3장

28절을 보십시오.

"너희는 유대인이나 헬라인이나 종이나 자유인이나 남자나 여자나 다 그리스도 예수 안에서 하나이니라."

이런 사람 저런 사람이 다 있어도 다 예수 안에서 하나라는 것입니다. 하나라는 뜻이 무엇이겠습니까? 서로 연합해서 한 몸을 이루었다는 뜻도 있고, 하나라는 것은 두 개가 없다는 것입니다. 이 계급에 속하는 사람, 이 신분에 속하는 사람, 또 두 번째 신분에 속하는 사람, 또 세 번째… 이런 게 없다는 것입니다. 하나라는 것입니다. 다 똑같은 것입니다. 다 동일하고 차별이 없다는 것입니다. 몸의 지체 중에 귀하지 않은 것이 없듯이 교회에는 모든 성도 한 사람 한 사람이 다 존귀합니다.

'나는 로마 시민권을 가지고 있는 자니까 시민권이 없는 당신들보다 훨씬 뛰어나! 나는 유대인이니까 이제 하나님을 알게 된 너희들보다 이방인 너희들보다 훨씬 더 나아! 나는 상전이니까, 자유인이니까 노예인 너희보다 나아! 나는 오래 믿었으니까, 나는 직분자니까, 나는 학력이 좋으니까, 나는 부자니까, 세상 직위가 높으니까 너희보다 낫다'는 생각을 하지 말아야 된다는 것입니다 .

신분에 따라 서로를 차별하는 것은 하나님의 교회에서 합당치 않습니다. 주 안에서는 다 하나라고 했습니다. 높고 낮음이 없는 것입니다. 그러므로 어느 누구에게나 겸손한 성도가 되시고 다른 모든 성도를 존귀하게 여기는 여러분들이 되시기 바랍니다.

둘째로 생각할 것은, 신자가 몸 된 교회에 지체라고 하면 각자가 감당해야 할 역할과 기능이 있습니다.

다시 말해 각 신자가 감당해야 될 봉사가 있다는 것입니다. 여러분, 우리 몸의 지체 중에 필요가 없는데 그냥 달려 있는 것, 그냥 몸에 붙어있는 것이 있습니까? 생각해 보시기 바랍니다. 있을까요? 없습니다. 다 필요합니다.

그런데 오늘 4절 끝에 보면 모든 지체가 같은 기능을 가진 것이 아니라고 했습니다. 그렇죠? 눈의 기능이 다릅니다. 코의 기능이 다릅니다. 입의 기능이 다르고 귀의 기능이 다른 것입니다. 몸의 지체는 각자 다른 기능을 가지고서 몸이 활동할 수 있도록 함께 작용해야 하는 것입니다. 모든 성도도 마찬가지입니다. 모든 성도는 나름의 기능을 가지고 있습니다. 성도가 가진 기능을 성경에서 뭐라고 말하는지 아십니까? 6절 전반부를 보십시오.

"우리에게 주신 은혜대로 받은 은사가 각각 다르니."

무엇이라고 했습니까?

은사라고 했습니다. 은사가 무슨 말입니까? 은사를 헬라어 원문에 보면 카리스마라고 했습니다. 지금 우리가 알고 있는 뜻하고는 조금 다릅니다. 지금은 카리스마가 있다고 하면 뭔가 권위가 있다는 뜻입니다. 카리스마라는 말의 원뜻은 은사라는 뜻입니다. 하나님이 주시는 선물이라는 뜻입니다. 그러니까 은사는 우리의 노력의 산물이 아닙니다. 하나님의 은혜의 선물인 것입니다. 하나님께서는 각 신자에게 그리스도의 몸 된 교회를 세울 수 있도록 각양의 은사를 내려주셨습니다. 어떤 은사를 주셨습니까?

고린도전서 12장을 은사장이라고 합니다.

그 은사장에 보면 지혜로부터 시작됩니다 지혜의 은사, 지식의 은사, 믿음의 은사, 병 고치는 은사, 능력의 은사, 예언하는 은사, 영들 분별하는 은사, 방언의 은사, 방언 통역의 은사 등이 나옵니다. 고린도전서 12장에 나오는 은사들은 조금 특별한 성령의 은사들입니다. 그런데 그것만 있는 것이 아닙니다. 에베소서 4장 12절에 보면, 하나님께서 교회에 사도와 선지자와 복음 전하는 자와 목사와 교사를 주셨다고 했습니다. 거기 나오는 은사가 무엇입니까? 직분의 은사를 말하고 있습니다.

그런데 오늘 본문 6-8절에 은사가 나오는데, 일곱 개의 은사가 나옵니다. 6절 끝에 보면 예언이 나옵니다. 7절에는 섬기는 일, 가르치는 일, 8절에는 위로하는 일, 또 구제하는 일, 다스리는 일, 또 권위를 베푸는 일 등 일곱 가지가 나옵니다. 여기서 알 수 있는 것은 오늘 본문에 나오는 은사는 무슨 특별한 은사들이 아닙니다. 예를 들어서 섬기는 일, 구제, 위로, 불쌍히 여기는 것이 나옵니다. 이런 것조차도 하나님의 은사라는 것입니다.

그렇다면 은사가 여기 나오는 일곱 개만 있겠습니까? 절대 그렇지 않을 겁니다. 셀 수 없이 많은 것입니다. 하나님께서 성도들에게 주신 좋은 성품, 또 하나님께서 주신 선한 마음 등 선한 선물은 전부다 하나님의 은사인 것입니다. 기억할 것은, 몸에 필요가 없는 지체가 없듯이 몸 된 교회에 은사가 없는 성도, 그래서 필요가 없는 성도는 아무도 없다는 것입니다. 늙어 은퇴하면 더 이상 교회에서 일할 것이 없다고 생각하면 그것은 절대로 성경적이 아닙니다.

나는 아직 어리기 때문에, 학생이기 때문에, 아직도 젊은 청년이기 때문에 이 교회에서 할 역할이 없다고 생각해도 성경적이 아닙니다. 나는 새 가족이기 때문에 아무 할 일이 없다고 생각하면 그것도 잘못입니다. 몸 된 교회에 은사가 없는 성도, 필요 없는 성도는 아무도 없습니다. 여러분 모두에게도 하나님이 주신 은사가 있음을 믿으시기 바랍니다.

그러므로 우리 성도들은 자기에게 주신 하나님의 은사를 발견하고 그 은사를 따라서 봉사하고 섬겨야 합니다. 몸의 편안함을 따라서 저 일은 편안하고, 저 일은 고생을 많이 하고 그렇게 판단하여 섬기면 안 됩니다. 찬양대를 보니 항상 성도들이 다 볼 수 있고 영광스럽게 보이니까, 그래서 찬양대를 택하면 안 되는 것입니다. 욕심과 허영에 따라 봉사를 택하면 안 되는 것입니다. '은사대로 봉사해야' 합니다. 그것이 바로 오늘 설교 제목이기도 합니다.

그러면 자신의 은사가 무엇인지 어떻게 알 수 있을까요?

네 가지만 간단히 말씀드리겠습니다.

첫 번째는, 내가 남들보다 조금 더 잘할 수 있는 것입니다.

내가 조금이라도 더 잘 할 수 있는 것, 그것이 바로 나의 은사입니다.

두 번째는, 자신에게 기쁨이 되어야 합니다.

만일에 지금 봉사를 하고 있는데 기쁨이 없고 힘들고 괴롭고 짜증이 나려고 한다면, 그것도 그 사람의 은사가 아닐 수 있습니다. 그런 사람은 다른 봉사를 생각해야 합니다.

세 번째는, 다른 사람에게 기쁨이 되어야 합니다.

나에게는 기쁨이 되는데 남에게는 슬픔과 괴로움이 된다면 그것도 은사가 아닐 수 있습니다. 음치가 찬양대에 앉아서 자기는 기쁘게 노래를 크게 하는데 다른 사람은 괴롭습니다. 그것은 은사가 아닐 수도 있습니다.

네 번째는, 열매가 있어야 합니다.

수년 동안 봉사를 했는데 아무 기쁨도, 열매도 없다면 그것은 은사에 따른 봉사라고 하기 어렵습니다. 하나님이 자신에게 주신 은사를 알고 발견하고 계발해서 하나님의 교회를 잘 섬기는 성도들이 됩시다.

여기서 몇 가지 명심해야 될 것이 있습니다. 교회 봉사는 기본적으로 자기 자신이 연말에 교회에 지원을 해서 임명을 받음으로 교회 봉사를 합니다. 그러나 꼭 임명된 직분자만 봉사를 하는 것이 아닙니다. 임명된 직분자만 무슨 일, 무슨 봉사를 할 수 있다고 생각하면 안 됩니다.

오늘 말씀에 보면 누가 봉사를 할 수 있습니까?

그 교회에 속한 지체, 즉 그 교회에 속한 일원이라고 하면 누구든지 자기의 재능과 은사를 따라서 어디에서든 지원하여 봉사할 수 있는 것입니다. 그리고 모든 성도가 나름의 역할을 감당하고 봉사를 해야 합니다. 그냥 예배만 드리고 가는 구경꾼 신자가 되어서는 안 된다는 것입니다.

몸의 움직이지 아니하는 지체가 많을수록, 우리 몸은 더욱 괴롭고 불편하고 잘할 수 없는 것입니다. 아무리 작은 지체인 성도들도 어느 부분에서 작은 봉사라도 하면 서로 잘 작동이 되어서 힘이 있고 잘 움직이게 되는 것입니다.

저는 우리 교회가 참 좋다고 생각합니다. 왜냐하면 천 명, 이천 명 넘어가는 교회가 있고 만 명, 이만 명 모이는 교회도 있지만 큰 교회일수록, 세월이 갈수록 봉사 없이 교회에 등록도 안 하고 살짝 왔다가 예배만 드리고 그냥 도망치는 성도들이 많이 있습니다. 그런 사람들이 갈수록 많아지고 있습니다. 그런 성도가 되어서는 안 됩니다.

어떤 사람은 자기 자식이 교회에서 봉사하는 게 너무 고생하는 거라고 생각하여, 그것 보기가 안쓰러워서 봉사를 안 했으면 하는 사람도 있습니다. 그러나 하나님의 교회에서 봉사할 때 하나님이 기뻐하시고, 그 사람을 자라게 하시고, 그 사람에게 복을 주시는 것입니다. 자식을 위한다고 봉사하지 말라고 하는 것은 자식을 죽이는 것입니다. 망하게 하는 것입니다. 소수의 지체만이 움직여서는 안 됩니다. 교회에서는 각자가 할 일을 안 하면 다른 지체가 엄청 힘이 듭니다. 제가 지난 설에 넘어져서 오른쪽 다리 인대가 끊어져 꼼짝을 못하니까 왼쪽 다리가 얼마나 고생을 했는지 모릅니다. 그리고 몸 전체가 고생을 했습니다.

하나님의 교회가 그렇습니다. 지체의 일부만 움직이고 나머지는 그냥 누워서 복지부동하고 있으면, 그 교회는 힘든 교회가 되는 것입니다. 그리고 내가 어떤 분야에서 봉사를 하고픈데 내게 그런 은사가 없다면 어떻게 하면 좋겠습니까? 그 필요한 은사를 사모하고 기도해야 합니다.

고린도전서 12장 31절을 보면 "더 큰 은사를 사모하라"고 말씀했습니다. 그러므로 우리가 태어날 때부터 가지고 있는 것, 그것만 은사라고 볼 수 없습니다. 우리가 "하나님, 제가 저 봉사를 하고 싶은데 그 분야에 도무지 재주가 없습니다. 은사가 없습니다. 하나님, 제가 그 봉사를 할 수 있도록 그 분야에 은사를 주세요"라고 기도하면 하나님께서 주신다는 것입니다. 그렇게 기도해서 은사를 받아 봉사하는 여러분이 되시기를 바랍니다.

마지막으로 생각할 것은 봉사의 자세입니다.

우리가 받은 은사로 봉사할 때 어떤 자세, 어떤 태도로 봉사해야 할 것인지 6-8절에 말씀에 기록되어 있습니다.

첫째는, 믿음의 분량대로 봉사해야 합니다.

6절 끝을 보시기 바랍니다. 6절 끝에 보면 "예언이면 믿음의 분수대로"라고 했습니다. 이 말씀은 예언에만 관련된다고 할 수 없습니다. 3절 끝을 한 번 보시기 바랍니다. 3절 끝에 보면 오직 하나님께서 각 사람에게 나누어 주신 "믿음의 분량대로 지혜롭게 생각하라"라고 했습니다. 반면에 자기를 너무 과대평가해서 교만하거나 '나는 이런 은사를 가졌는데 당신 그게 뭐야?' 하며 마음속으로 남의 은사를 무시하고 보잘것없는 것으로 평가절하해서도 안 되는 것입니다. 한 달란트든, 두 달란트든, 다섯 달란트든 상관없이, 은사의 크기나 종류에 관계없이 자기가 받은 것으로 자기에게 있는 것으로 봉사하면 된다는 것입니다.

둘째는, 성실함으로 봉사해야 합니다.

8절을 보시기 바랍니다. 8절에 "혹 위로하는 자는 위로하는 일로 구제하는 자는 성실함으로 하라"고 했습니다. 구제하는 자는 성실함으로, 다스리는 자는 부지런함으로 해야 합니다. 성실함이나 부지런함은 서로 비슷합니다. 봉사자에게 가장 필요한 요소가 바로 성실입니다.

63세로 하나님의 부르심을 받은 유명한 탤런트가 있습니다. 누굽니까? 김자옥 권사님입니다. 서울에 있는 사랑의 교회 권사님이십니다. 그 권사님에 대해서 읽어 보니, 권사님은 예수를 믿자마자 제자 훈련반에 들어가서 옥한흠 목사님에게 제자 훈련을 일 년 동안 받았습니다. 그리고 2년차에는 사역자 훈련이 있는데 그 훈련도 받았다고 합니다. 그 다음에 또 평신도 지도자 교육이 있는데 그것도 받았습니다.

3년 동안 교육을 받고 다락방에서 순장을 했습니다. 이분이 노는 사람입니까? 보통 직장을 가진 사람입니까? 인기 탤런트면 얼마나 바쁩니까? 그런데도 성실함으로 그렇게 했고, 나중에 호산나 찬양대를 자원해서 들어갔습니다. 중요한 것은 그 찬양대의 자기 자리를 한 번도 빠지지 않고 성실하게 감당했다는 것입니다. 그렇게 하기가 쉬운 일이 아닙니다.

수년 전에 옥한흠 목사님이 돌아가셔서 장례식을 하는 장면이 TV에 나왔습니다. CTS, CBS에서 실황을 보여주는데 참 감동적인 장면이었습니다. 그런데 설교하기 전에 찬양대가 일어나서 찬양을 하는데 가만히 보니 거기에 김자옥 씨가 앉아 있는 것입니다. 둘째 줄에 김자옥 씨가 앉아 계시는데 얼마나 간절하고 은혜롭게 찬양을 하는지요! 그 모습을 보고 참 감동을 받았습니다. 그래서 우리 교회도 한번 청하려고 했는데, 너무 바쁘고 너무 힘이 들어서 여기까지 올 수가 없다고 합니다. 성실한 모습이 얼마나 아름다운지요.

우리 교회 찬양대도 감사한 것이, 다른 해는 연말쯤 되면 자리에 펑크가 하나씩 나는데 올해는 가만히 지켜봐도 안 빠집니다. 항상 같은 모습으로 가고 있습니다. 성실한 모습입니다. 그리고 우리 교인들도 그렇습니다. 다른 해는 4월쯤 되면 빈자리가 생기기 시작하고 여름이 되면 좀 많이 빠지고 겨울에 되면 가득차고 그런 현상이 항상 일어났는데, 올해는 그런 현상이 거의 보이지 않았습니다. 신앙생활도 그렇고, 하나님 앞에 봉사하는 것도 그렇고, 이렇게 변함없이 항상 성실해야 하나님께서 기뻐하시는 것입니다.

셋째는, 즐거움으로 해야 합니다.

8절 끝에 보시면 "즐거움으로 할 것이니라"고 했습니다. 하나님은 직분 때문에, 사람의 눈 때문에, 체면 때문에 하는 것을 싫어하십니다. 하나님을 사랑함으로, 성도를 사랑함으로 하나님께서 나에게 베풀어 주신 구원의 은혜에 감사해서, 지금까지 인도해 주신 그 은혜에 감사해서 자원하여 하는 것을 하나님이 좋아하시고 기뻐하십니다.

고린도전서 16장에 보면 헌금도 그렇습니다. "인색함이나 억지로 하지 말지니 하나님은 즐겨 내는 자를 사랑하시느니라"고 했습니다. 봉사도 마찬가지입니다. 즐거움으로 해야 합니다. 우리 교회 모든 성도들은 나에게 주어진 봉사를 억지로 하는 사람이 되지 말고 언제나 자원하여 즐거움으로 하시는 성도들이 되시기 바랍니다.

오늘 우리는 세 가지를 생각해 보았습니다

첫째로, 교회는 그리스도의 몸이요 성도는 그 몸의 지체라고 했습니다.

따라서 모든 신자 한 사람 한 사람이 교회에 없어서는 안 되는 소중한 분들입니다. 그리스도의 지체입니다. 그러므로 서로를 존중하고 귀히 여기시기 바랍니다

둘째로, 신자는 몸의 지체로서 하나님께 받은 은사를 따라서 봉사해야 한다고 했습니다.

은사가 없는 성도는 한 사람도 없습니다. 자기 은사를 발견하고 또 계발하고 또 하나님께 기도로 구하여 이 몸 된 교회가 잘 움직여 갈 수 있도록 봉사하시는 여러분이 되시기 바랍니다.

셋째로, 봉사는 믿음의 분량대로 해야 한다고 했습니다.

성실함으로 해야 하고 즐거움으로 봉사해야 한다고 했습니다.

2014년이 저물어가고 이제 새해가 다가오고 있습니다. 한 번 가고 안 오는 빠른 광음이 지날 때 허송세월하지 않고, 세상일에만 힘쓰지 말고, 자기 일에만 힘쓰지 말고, 영원하신 하나님 나라를 위해서 주의 몸 된 교회를 위해서 작은 일 하나라도 은사를 따라서 아름답게 봉사하시는 여러분 모두가 되시기를 바랍니다.

6

로마서 12:3-8

받은 은사로 교회를 세우라

"내게 주신 은혜로 말미암아 너희 각 사람에게 말하노니 마땅히 생각할 그 이상의 생각을 품지 말고 오직 하나님께서 각 사람에게 나누어 주신 믿음의 분량대로 지혜롭게 생각하라 우리가 한 몸에 많은 지체를 가졌으나 모든 지체가 같은 기능을 가진 것이 아니니 이와 같이 우리 많은 사람이 그리스도 안에서 한 몸이 되어 서로 지체가 되었느니라 우리에게 주신 은혜대로 받은 은사가 각각 다르니 혹 예언이면 믿음의 분수대로, 혹 섬기는 일이면 섬기는 일로, 혹 가르치는 자면 가르치는 일로, 혹 위로하는 자면 위로하는 일로, 구제하는 자는 성실함으로, 다스리는 자는 부지런함으로, 긍휼을 베푸는 자는 즐거움으로 할 것이니라"

로마서 12장 1-2절은 기독교 윤리의 대헌장, 즉 우리 기독교인의 삶의 대헌장입니다. 요약해서 한마디로 말하면 "너희 몸을 하나님께 산 제물로 드리라"는 것입니다. 몸을 산 제물로 드리는 헌신은 성도의 삶 전체와 관련이 됩니다. 성도는 자기의 삶을 제물로 드려야 됩니다. 삶의 예배를 하나님 앞에 드려야 되는 것입니다. 날마다 매 순간마다 이 말씀을 되새김으로 여러분의 삶이 하나님이 기뻐하시는 거룩한 예배가 될 수 있도록 기도하고 힘쓰시는 성도가 되시기를 바랍니다.

오늘의 본문은 이 헌신의 폭을 많이 좁혀서 교회 안에서의 헌신에 대해 말씀하고 있습니다. 성도가 하나님께 헌신의 삶을 살아야 한다면, 먼저 하나님의 집, 즉 교회에서부터 출발해야 한다는 말씀입니다. 다시 말하면 헌신은 그리스도의 몸 된 교회 안에서 출발해야 한다는 것입니다. 어느 성도가 "나는 교회에서는 별다른 헌신을 하지 않지만, 엿새 동안의 삶 가운데서는, 나의 세상살이에서는 하나님께 헌신하며 살 거야"라고 말한다면, 그럴듯해 보이지만 문제가 있는 말입니다. 하나님의 집에서조차 헌신하지 못한다면, 어떻게 바깥세상에서 헌신의 삶을 살 수 있겠습니까? 그것은 어렵습니다. 헌신의 삶은 하나님의 교회에서부터 시작하시기 바랍니다.

사도 바울은 오늘 3절에 보면 "내게 주신 은혜로 말미암아 너희 각 사람에게 말하노니"라고 했습니다. 내게 주신 은혜가 무엇이겠습니까? 그것은 바울의 사도직을 말하는 것입니다. 하나님께서 사도 바울을 택하시고 부르시고 구원하시고, 뿐만 아니라 그에게 사도의 직분을 주시어서 성도들과 교회를 가르치고 권면하는 일을 할 수 있도록 하셨습니다. 그래서 사도바울은 오늘 본문에서도 우리 모든 성도들에게 이렇게 권하고 가르치고 있는 것입니다. 오늘 본문에 어떻게 하라고 가르치고 있습니까?

첫째로는, 교만하지 말라고 권면하고 있습니다.

3절 둘째 줄에 "마땅히 생각할 그 이상의 생각을 품지 말라"고 말씀합니다. 이 말씀은 자기 자신을 과대평가하지 말라는 말씀입니다. 다시 말하면 교만하지 말라는 말씀입니다. 우리는 우리의 믿음에 대해서도 교만해서는 안 됩니다.

고린도전서 10장에 보면, 출애굽 한 이스라엘 백성들이 모세에게 속하여 구름과 바다에서 세례를 받고 신령한 음식과 음료를 먹고 마셨다고 했습니다. 이것이 별거 아닌 거 같지만 엄청난 말씀입니다. 그때에 이스라엘 백성들 앞에 홍해가 갈라지지 않았습니까? 그 홍해를, 깊은 바다를 마른 땅같이 건너갔습니다. 물속을 지나갔으므로 이것은 영적으로 보면 세례를 받은 것과 같은 것입니다.

그리고 홍해를 건너간 다음에 하나님의 구름 기둥과 불기둥이 그들과 함께하고, 그들을 보호하고 안내하지 않았습니까? 아침마다 하나님께서 하늘에서 내려주신 만나를 먹고 보내주신 메추라기를 먹고, 목이 마를 때는 반석에서 물을 내서 거기에서 나오는 샘물을 마십니다. 그런데 물이 가장 나오기 어려운 곳이 어디입니까? 반석입니다.

여러분 중에 이런 영적인 체험을 가진 자가 있습니까?

우리 중에는 이런 특권을 가진 사람이 아무도 없습니다. 그렇기에 우리는 "야! 이런 은혜와 영적 체험을 가진 사람은 다 구원받고 하나님 나라에 들어갈 것이다"라고 생각하기 쉽습니다. 그렇지만 성경을 보면 그 출애굽 한 성도들 대다수가 광야에서 엎드려져 죽었다고 말씀합니다. 그러면서 끝에 하는 말씀이 "선 줄로 생각하는 자들은 넘어질까 조심하라"고 말씀합니다. 저 사람이라면 천국에 백 번이라도 들어갈 것 같다는 사람, 그런 사람은 없습니다. 이 세상에서 나는 이만해도 되겠다는 사람은 아무도 없다는 것입니다. 선줄로 생각하는 자는 넘어질까 조심하라고 하셨습니다. 그래서 언제나 하나님 앞에서 떨고 두려워하면서 겸손하게 신앙생활을 하셔야 된다는 것입니다.

신앙생활뿐만이 아닙니다.

교회 안에서의 헌신, 즉 봉사에서도 교만하면 안 됩니다. 같은 당회원이면서, 같은 안수집사, 권사이면서, 같은 봉사자이면서 "그래도 나는 저 사람보다 나아", "아무래도 내가 더 잘 알아. 다른 사람들은 형편없어"라는 생각들을 한 번도 해본 적이 없습니까? 그런데 그것은 교만한 생각이라는 것을 알아야 합니다.

어떤 사람은 자기가 안 하면 안 되고 자기가 하면 모든 것이 될 것처럼 말하고 생각합니다. 교회도 목사도 자기 뜻대로 될 것처럼 그렇게 합니다. 그러나 여러분, 교회는 누구의 교회입니까? 하나님의 교회입니다. 베드로가 신앙 고백을 한 후 예수님이 뭐라고 하셨습니까? "내가 내 교회를 이 반석 위에 세우리니"라고 하셨습니다. 여기서 내 교회는 누구의 교회입니까? 예수님의 교회입니다. 그래서 인간의 뜻대로 되는 것이 아닙니다. 따라서 인간이 자기 뜻대로 교회가 다 될 것처럼 생각한다는 것은 얼마나 교만한 생각인지 모른다는 것입니다.

교만은 교회의 연합과 하나 됨을 파괴합니다.

교만은 자기 소리를 크게 만듭니다. 자기주장을 굽히지 않게 하고, 자기 고집을 꺾지 않게 만듭니다. 자기 뜻대로 안 되면 불평하게 만듭니다. 그래서 하나 됨을 파괴하는 것입니다. 반면에 겸손은 성도와 교회를 하나 되게 만듭니다.

빌립보서 2장에 보면, 교회에 무슨 일이 있으면 "마음을 같이하여 같은 사랑을 가지고 뜻을 합하여 한 마음을 품으라"고 말씀합니다. 그러면서 "너희 안에 이 마음을 품으라 곧 그리스도 예수의 마음이니라"고 했습니다. 그리스도 예수의 마음이 어떤 마음입니까?

우리 주님께서는 "근본 하나님과 본체시고 하나님과 동등"이라고 했습니다. 그런데 동등됨을 취할 것으로 여기지 아니하시고, 자기를 비어 심히 낮추시고 종의 형체를 가져 사람이 되시고 십자가에 죽기까지 복종하셨다고 했습니다. 이렇게 겸손하신 예수님의 마음을 품으라는 것입니다. 그렇게 될 때에 어떻게 됩니까? 하나가 된다는 것입니다. 그러므로 교만하지 마시고 주 예수의 마음 그 겸손한 마음을 본받아서 늘 겸손한 성도가 되시기를 바랍니다.

둘째로, 신자는 한 몸의 지체임을 잊지 말라고 권면합니다.

한 몸의 지체라는 것을 잘 보여주기 위해서 사도 바울은 우리의 몸을 비유로 들고 있습니다. 4절에 보면 우리가 한 몸에 많은 지체를 가졌다는 것을 말씀합니다. 우리 몸은 하나지만 우리가 아는 대로 우리는 여러 지체를 가지고 있습니다. 크게 나누면 어떤 것이 있습니까? 머리가 있습니다. 그리고 몸통이 있습니다. 그리고 팔다리가 있습니다. 그러나 또 작게 세밀하게 나누면 엄청나게 많이 나눌 수 있습니다.

우리 인간에게 근육이 몇 개나 있는지 아십니까? 650개가 있다고 합니다. 너무 많지 않습니까? 사람에게 뼈가 몇 개나 있는지 아십니까? 사람에게 어린 아기 때에는 270~350여 개가 있는데, 나중에 성인이 되면 206개 정도가 된다고 합니다. 한 몸이지만 사실은 얼마나 많은 지체가 있는지 모릅니다. 지체가 서로 연합하고 영향을 주면서, 각자의 역할을 감당함으로써 우리 몸이 존재하고 우리가 살아가는 것입니다.

4절 둘째 줄에 보면 몸에는 많은 지체가 있는데, 모든 지체가 같은 기능을 가진 것이 아니라고 했습니다. 근육이 그렇게 많고 뼈가 그렇게 많아도 다 다른 기능을 가지고 있다는 것입니다. 여러분, 생각해 보십시오. 우리 몸에 필요 없는 지체가 있습니까? 아주 많은 지체가 우리 몸에 있는데 필요 없는 것이 있을까요?

영어에 'appendix'라는 말이 있습니다. 무슨 뜻이냐 하면 '부속물'이라는 뜻입니다. 또 책에도 보면 뒷쪽에 'appendix'가 있습니다. '부록'이란 말입니다. 부록이라는 것은 꼭 필요한 것은 아닌데 첨가해둔 것을 말합니다. 참고용으로 더한 것입니다. 사람 몸에서도 appendix가 있습니다. 충수, 곧 맹장을 말합니다.

그런데 왜 맹장을 'appendix'라고 했을까요? 생각해 보면 맹장은 아무 쓸모가 없는 거 같습니다. 맹장이 사람의 몸에 붙어 있으니까 '부속물, appendix'라고 했습니다. 현대 의학에서는 맹장도 기능이 있다고 합니다. 피 임파구를 만들어주는 역할을 한다고 밝혀냈습니다. 우리 몸을 전능하신 하나님께서 지으셨는데, 불필요하고 쓸데없는 것을 붙여놓았을까요? 아니지요. 그럴 리가 없습니다. 사람이 잘 모를 뿐입니다. 다 필요하고 다 기능을 가지고 있습니다.

교회도 그와 같습니다. 5절 말씀에 보시면 "이와 같이 많은 사람이 그리스도 안에서 한 몸이 되어 지체가 되었느니라"고 말씀합니다. 교회가 몸과 같다는 것입니다. 그래서 에베소서 1장 23절에 보면 "교회는 그의 몸이니"라고 말씀했습니다.

그가 누구입니까? 예수님입니다. 교회는 예수님의 몸이고 우리 성도들은 몸의 지체라는 말씀입니다. 그러고 보면 우리 성도들은 서로 밀접하게 의존이 되어 있습니다. 아픔과 기쁨을 함께 느끼고 나누는 관계입니다. 서로 얼마나 중요한 관계인지 모릅니다. 우리 몸의 모든 지체가 각각 기능을 가지고 있듯이, 교회의 지체 된 성도들도 각기 다른 은사, 즉 기능을 가지고 있다는 것입니다. 필요 없는 지체, 우리 교회 안에서 성도들 가운데 'appendix'는 없다는 것입니다. 다 필요한 기능, 즉 은사를 가지고 있다는 것입니다.

이 은사에 대해서 세 가지를 간단하게 정리를 해봅니다.

첫째, 은사의 출처가 어디냐는 것입니다.

6절 첫 줄에 보시면 "우리에게 주신 은혜대로"라고 했습니다. 그러니까 누가 주셨습니까? 하나님이 주셨습니다. 하나님이 우리 각자에게 은사를 주신 것입니다. 그래서 이 은사에는 선천적인 것도 있고 후천적인 것도 있습니다. 이 세상에서 내가 배우고 익혀서 나의 은사가 된 것도 있습니다. 중요한 것은 모든 재능은 선천적인 것이든 후천적인 것이든 다 하나님께서 주신 것입니다. 그렇기 때문에 내가 무엇을 잘한다고 자랑하거나 뽐내지 말아야 한다는 것입니다.

둘째, 은사의 다양성입니다.

오늘 본문 6절에서 8절까지 보면 일곱 개의 은사가 열거되어 있습니다. 그러면 은사는 이 일곱 개뿐입니까? 그렇지 않습니다. 은사는 아주 다양합니다. 그러므로 어떤 신자가 무엇인가를 잘 못하고 무지할지라도, 또 다른 은사를 가지고 있을 수 있습니다. 그것을 인정하고 알아야 합니다. 그러기에 누가 일을 잘하지 못하면 저 사람은 교회에 아무데도 쓸데없다고 생각해서는 안 됩니다.

"아, 하나님이 저분에게도 무언가 다른 은사를 주셨겠구나"라고 생각해야 합니다. 제 아내가 저에게 하는 말이 "당신은 목사 안 되었으면 굶어 죽었을 거"라고 합니다. 목회하고 설교하는 것 말고는 잘하는 게 별로 없습니다. 저는 그 말을 인정합니다.

우리 성도들 가운데도 다른 여러 가지 일은 잘해도 제가 하는 목회와 설교하는 일을 잘 못하실 분들이 많습니다. 그렇지요? 반면에 제가 못하는 일을 잘하실 분들도 많습니다. 무슨 말입니까?

은사는 다양하다는 것입니다.

셋째, 은사의 목적입니다.

오늘 본문에는 은사의 목적이 분명하게 나오지 않습니다.

고린도전서 12장 7절 말씀을 보십시오.

"각 사람에게 성령을 나타내심은 유익하게 하려 하심이라."

각 사람에게 성령을 나타내 주시는 것, 즉 은사를 주시는 것은 몸인 교회를 유익하게 하려 하심이라고 말씀합니다.

또 12장 25절을 살펴봅시다.

"몸 가운데서 분쟁이 없고 오직 여러 지체가 서로 같이 돌보게 하셨느니라."

여러 지체가 서로 돌보도록 하기 위해서입니다. 손은 손 자체를 위해서 있는 것이 아니지 않습니까? 제가 얼마 전에 어떤 사람이 축구선수들에 대해서 이야기를 해놓은 책을 보았습니다. 축구선수의 몸 중에 제일 고생하는 부분이 어디입니까? 발하고 다리입니다. 열심히 달리고 차고 하는데 나중에 상은 누가 받습니까? 손이 받거든요. 그것이 괘씸한 일입니까? 아니지요. 알고 보면 지체가 가진 기능, 곧 은사는 자기를 위한 것이 아니고 다 남을 위한 것입니다. 몸의 다른 지체를 위해서 존재한다는 것입니다.

은사가 없는 성도는 없습니다. 하나님께서 나 자신에게도 또 다른 성도들에게도 은사 주신 것을 인정하고 주의 몸 된 교회를 위해서 자기의 은사를 잘 알고 봉사하는 성도가 되시기를 바랍니다.

넷째로, 성도는 자기 은사를 합당하게 잘 사용해야 합니다.

모든 신자는 한 가지 이상의 은사와 재능을 가지고 있습니다. 문제는 무엇입니까? 내게 주어진 그 은사를 사용하고 있는가, 아니면 한 달란트 받은 사람처럼 그것을 묻어두고 있는가 하는 것입니다. 어떤 성도는 자기 기분에 따라서 마음이 내키면 봉사하고 기분이 나쁘면 봉사하지 않는 경우도 있습니다. 마치 그 은사가 자기에게 속한 것인 양, 본래부터 자기 것인 것처럼 하는데, 그것은 잘못된 태도입니다. 그 은사를 주신 것은 교회를 세우기 위해서입니다. 그러므로 내게 주신 은사는 교회를 세우는 데 사용해야 합니다. 은사는 바른 자세와 태도를 가지고 사용해야 합니다. 그것을 오늘 본문 6절 하반절에서 8절까지 말씀하고 있습니다.

하나씩 살펴보십시다. 6절 끝에 보면 맨 처음 나오는 은사가 있습니다. '예언'입니다. 예언이 무엇입니까? 신약에서 예언은 미래의 일을 점쟁이처럼 예언하는 것이 아닙니다. 하나님의 메시지를 전달하는 것입니다. 그런데 여러분, 저는 무엇을 가지고서 설교합니까? 성경을 가지고 말씀을 전달합니다.

그런데 초대교회 당시에는 성경이 완성되지 않았습니다.

그러면 설교자는 어떻게 설교할 수 있을까요? 그래서 하나님은 그때 특별한 하나님의 종들에게 예언의 은사를 주셨습니다. 그래서 그 예언의 은사를 가지고 하나님의 말씀을 받아 성도들에게 말씀을 전달했다는 것입니다. 이 예언의 은사를 받은 사람은 믿음의 분수대로 예언하라고 말씀합니다. 즉 기독교 믿음과 어떤 면에서도 모순되지 않도록 전달해야 한다는 말씀입니다.

다음 7절을 보십시오. 두 번째 은사가 무엇입니까?

섬기는 일입니다. "섬기는 일이면 섬기는 일로"라는 말은 도움이 필요한 사람을 도와야 한다는 말씀입니다.

세 번째는 "가르치는 자는 가르치는 일로"라는 말은 믿음에 관해서 성경에 관해서 다른 사람들에게 설명하고 가르치는 일을 말합니다. 다음 8절에 보면 "위로하는 자는 위로하는 일로"라고 말씀합니다. 이것은 위로하고 격려하는 것을 말합니다.

여러분, 위로하고 격려하는 것이 별거 아닌 것 같습니다. 그러나 하나님의 교회에서는 이 일이 얼마나 중요한지 모릅니다. 하나님의 교회는 격려로 세워지는 곳입니다. 사도들 중에는 특별히 격려의 은사가 있으신 분이 있습니다. 누구입니까? 바나바입니다. 바나바는 본명이 아니고 별명입니다. 본명은 요셉입니다. 바나바 이름 뜻이 무엇입니까? 위로의 아들, 격려의 아들, 'Son of Encouragement' 입니다. 격려를 얼마나 잘하기에 사도들이 요셉을 보고 바나바로 불렀겠습니까! 그리고는 본명은 부르지 않고 계속 별명으로 불러서 성경에 보면 바나바로만 계속 나오고 있습니다.

바나바가 많은 사람을 격려했는데, 특별히 그의 격려로 귀한 종이 된 사람이 있습니다. 바울입니다. 바울은 기독교를 대적하고 핍박하는 일에 앞장서다 돌아섰기 때문에 예수님의 제자들과 사람들이 바울을 상대해 주지 않았습니다. 그래서 나중에 자기 고향 다소로 돌아가는데, 그곳에 있을 때에 바나바가 그곳까지 찾아가서 바울을 격려하고 데려와서 안디옥에서 두 사람이 가르치지 않습니까? 그때부터 사도 바울의 사역이 시작된 것입니다.

여기서 우리가 알아야 할 것은, 영적으로 보면 하나님이 사도 바울을 택하셔서 그렇게 세우셨지만, 인간적으로 보면 바나바의 도움이 컸다는 것입니다. 바나바의 격려 때문입니다. 여러분도 다른 사람 상처주지 말고, 낙심시키지 말고, 격려를 잘하는 사람이 되어 다른 사람을 살리고 세우는 일에 쓰임 받게 되기를 바랍니다.

그 다음에 구제하는 자는 어떻게 하라고 했습니까?

성실하게 하라고 했습니다. 이 말은 다른 동기를 가지지 말고 성실하게 구제하라는 뜻입니다. 그리고 다스리는 자는 어떻게 다스리라고 했습니까? 부지런함으로 해야 합니다. 남을 지도하는 위치에 있는 사람은 솔선수범하라는 것입니다. 일 잘하고 있는 사람 불러서 괜히 낙심시키고, 격려는 못할망정 책망하고 잔소리해서는 안 된다는 것입니다. 자기부터 부지런하여 본이 되라는 말씀입니다. 마지막으로 긍휼을 베푸는 자는 즐거움으로 하라고 했습니다. 마지못해서 생색을 내는 것이 아니라 기쁜 마음으로 기꺼이 하라는 것입니다. 요약하면 은사를 사용하면서 순수하게, 부지런하게, 즐겁게 하라는 것입니다.

봉사를 할 때는 순수하게, 부지런하게, 즐겁게 해야 하는데, 성도들 가운데 "아이고 목사님, 부담이 되서 못하겠습니다"라고 하는 분들이 있습니다. 부담이 되어 못하겠다는 것은 하나님이 기뻐하시지 않는 모습입니다. 주님께서 우리를 구원하시기 위해 하신 일을 생각해 보십시오. 어떤 일을 하셨습니까? 예수님은 하나님의 아들이시면서 하나님의 아들 됨을 포기하고 이 세상에 인간이 되어 오셨습니다. 그리고 우리 죄인들을 위해 십자가에서 죽어주셨습니다. 그 예수님의 공로를 믿고 구원받은 사람이 주의 일을 할 때에 "아이고 부담이 되어 못하겠네" 하면 하나님이 보시고서 얼마나 실망스럽겠습니까?

그래서 하나님의 은혜로, 예수 그리스도의 구원 사역으로 구원받은 성도는 그 구원의 은혜를 기억하면서 감사하는 마음으로, 자원하는 마음으로 일해야 된다는 것입니다. 여러분 중에 다시는 "부담이 되어 못하겠습니다" 하는 소리는 아무도 하지 않기를 바랍니다. 정말 좋지 않은 말입니다. 하나님이 아주 듣기 싫어하시는 말입니다.

이 일곱 가지 은사 외에도 많은 은사들이 있습니다. 그런데 이런 은사들을 보면서 알 수 있는 것이 두 가지가 있습니다. 마지막으로 간단하게 생각해 봅시다.

첫 번째로, 은사는 특별한 성도들만 받는 대단한 무언가가 아니라는 것입니다.

오늘 본문에 일곱 가지 은사가 나왔는데, 이중에서 특별한 은사가 하나 있습니다. 무엇인지 아시겠습니까? 예언입니다. 병고침, 방언 같은 특별한 은사가 있기도 하지만 오늘 성경에 나온 것을 보면, 다른 여섯 가지 은사들은 전부다 아주 평범한 은사입니다. 일반적인 은사입니다. 누구나 가질 수 있고, 누구나 할 수 있는 은사라는 것입니다.

두 번째는, 은사가 반드시 직분과 관련되는 것은 아닙니다.

어떤 것은 직분과 관련되는 것도 있지만 어떤 것은 직분과 관련되지 않는 것도 있습니다. 오늘 일곱 가지 은사 중에 직분과 관련된 것은 어떤 것을 들 수 있을까요? 제가 볼 때는 예언, 가르침, 다스림이 직분과 관련이 된다고 할 수 있습니다. 나머지는 직분과 관련이 없습니다.

따라서 우리 성도들이 직분이 없다고 해서, 혹은 나이가 많이 들어 은퇴했다고 해서 아무것도 하지 않는 것은 잘못된 일입니다. 우리 성도가 살아서 그 교회에 속해 있는 동안에는 자기 은사로 교회를 섬겨야 한다는 것입니다.

우리를 구원하신 하나님께서 말씀하시기를 "너희 몸을 산 제물로 드리라"고 하셨습니다. 삶의 제사, 삶의 예배를 드리라는 것입니다. 이 삶의 제사는 교회 안에서부터 시작해야 한다고 하셨습니다.

이를 위해서 사도 바울은 오늘 세 가지를 우리에게 말씀하셨습니다.

첫 번째는, 교만하지 말라고 하셨습니다.

두 번째는, 모든 신자가 한 몸의 지체로서 각각의 은사를 가졌음을 알아야 한다고 했습니다.

세 번째는, 은사를 가지고만 있지 말고 합당하게 잘 사용하라고 말씀했습니다.

우리 신자의 참된 행복은 그리스도 안에서 자기의 역할과 기능을 잘 알아서 인식하고 그 역할에 충실한 삶을 살 때에 주어지는 것입니다. 각자 받은 은사대로 주의 몸 된 교회를 잘 세워가는 성도 여러분들이 되시기를 바랍니다.

7

로마서 12:9-13

진실한 사랑

"사랑에는 거짓이 없나니 악을 미워하고 선에 속하라 형제를 사랑하여 서로 우애하고 존경하기를 서로 먼저 하며 부지런하여 게으르지 말고 열심을 품고 주를 섬기라 소망 중에 즐거워하며 환난 중에 참으며 기도에 항상 힘쓰며 성도들의 쓸 것을 공급하며 손 대접하기를 힘쓰라"

이 시간에도 진리의 말씀, 하나님의 말씀으로 여러분의 심령과 삶이 새롭게 회복되는 역사가 있기를 바랍니다.

오늘 본문 말씀은 5절밖에 안 되는데, 그 안에 10여 가지가 넘는 아주 작은 보석과 같은 명령들이 가득 차 있습니다. 이 명령들은 신자가 다른 신자에 대해서 동료 신자에 대해서 어떤 자세를 가지고 살아야 될 것인가를 보여줍니다. 얼핏 보면 서로 관계가 없는 것들이 잡다하게 나열된 것 같아 보이지만, 자세히 보면 여기에도 주제가 있습니다. 무엇이냐 하면 사랑입니다. 진실한 사랑, 그것이 주제입니다. 9절 첫 부분의 말씀을 보면 "사랑에는 거짓이 없나니"라는 말씀이 있는데, 첫 부분의 말씀이 오늘 전체의 말씀을 아우르고 있는 주제가 되는 말씀입니다.

그리스도인을 특징짓는 것이 여러 가지가 있지만 가장 중요한 덕목이 무엇이겠습니까? 사랑입니다.

요한복음에 보면 예수께서 말씀하시기를 "너희가 서로 사랑하면 모든 사람이 너희가 내 제자인 줄 알리라"고 말씀했습니다. 우리가 사랑하는 것을 보면 불신자들이 우리를 보고 '아! 예수님의 제자이구나' 하고 안다는 것입니다. 그런 점에서 사랑은 우리 그리스도인의 배지라고 할 수 있습니다.

그리고 고린도전서 13장 사랑장을 보면, "믿음과 소망과 사랑 그중에 제일은 사랑이라"고 말씀했습니다. 갈라디아서 5장을 보면, 성령의 9가지 열매가 나오는데 맨 처음에 나오는 것이 사랑입니다. 그래서 이 모든 것을 보면, 우리 크리스천에게 나타나야 될 덕 중에 사랑보다 앞서는 것이 없습니다. 그러므로 여러분들은 사랑의 사람이 되기를 사모하고, 위해서 기도하고, 노력해서 사랑의 사람이 되시기를 바랍니다.

우리 여성들이 좋아하는 명품 백(bag)이나 옷에는 짝퉁이 많습니다. 오늘 짝퉁 입고 있는 분들 안 계십니까? 네 가짜가 많습니다. 그런데 사랑에도 짝퉁이 있습니다. 그래서 오늘 본문에 보면 "사랑에는 거짓이 없나니"라고 했는데, 이 말씀은 '사랑에는 거짓이 있어서는 안 된다, 짝퉁이 있어서는 안 된다, 진짜배기가 되어야 한다, 진실해야 한다'는 것입니다.

그런데 어떤 사람이 짝퉁이겠습니까? 유진 피터슨이라는 분은 이 구절을 번역하기를 "사랑하는 척하지 마십시오"라고 했습니다. 그것이 바로 짝퉁 사랑입니다.

생각해 보면, 우리는 사랑하지 않으면서 어떤 사람을 사랑하는 척하고, 진정으로 위하지 않으면서 위하는 척할 때가 있습니다. 그게 바로 가짜 사랑, 거짓 사랑입니다. 그리고 짝퉁 시계는 도금이 잘되어 번쩍번쩍 빛이 나지만, 얼마 안가서 그 도금이 떨어지고 변색이 됩니다. 그와 같이 사랑이 감정에 따라 좋았다가 말았다가 하는 변덕스러운 사랑, 감정적인 사랑 역시 진실한 사랑이라고 할 수 없습니다.

주님의 사랑을 생각해 보십시오. 예수님은 자기 사람을 사랑하시되 "끝까지 사랑하시느니라"고 했습니다. 그 말씀이 얼마나 감동적인 말씀입니까? 제자들이 자기를 부인하고 자기를 팔아버리고 자기를 놔두고 도망갈 것을 알면서도 예수님께서는 끝까지, 변함없이 사랑하시는 것입니다. 이것이 바로 참된 사랑 아니겠습니까? 여러분도 진실한 사랑으로 주님을 사랑하고 성도를 사랑하시기 바랍니다.

오늘 본문에는 10여 가지가 넘는 사랑의 명령이 나오는데 다 참된 사랑, 진실한 사랑의 모습을 우리에게 보여줍니다. 그런데 그 사랑을 하나씩 다 생각할 수 없어서 비슷한 것들을 묶어서 다섯 가지로 생각해 보려고 합니다.

첫째로, 진실한 사랑은 악을 미워하고 선에 속한다는 것입니다.

9절을 보십시오. 9절 후반부에 보면, "악을 미워하고 선에 속하라"고 말씀합니다. 세상 사람들은 사랑과 선악이 무슨 관계가 있느냐고 합니다. 사랑과 선악은 서로 관계가 없는 것처럼 생각하고 살아갑니다. 그래서 사랑을 위해서 죄를 짓기도 하고 악을 행하기도 한다는 것입니다.

그러나 성경적으로 볼 때 그 사랑은 진실한 사랑이 아닙니다. 하나님은 '참된 사랑은 악을 용납하지 않는다'고 말씀합니다. 그래서 고린도전서 13장 사랑장을 보면, "사랑은 불의를 기뻐하지 아니하고"라고 했습니다. 의롭지 아니한 것을 기뻐하지 않는다는 것입니다.

진실한 사랑은 그냥 끌리는 것이 아니라 엄숙한 윤리적인 원리가 그 안에 잠재해서, 선은 받아들이거니와 악에 대해서는 거부하는 것, 이것이 진실한 사랑인 것입니다. 그러므로 죄와 맞서지 못하는 사랑이라면, 그것이 아무리 가슴 뜨거운 사랑이라고 할지라도 참된 사랑이 아닙니다. 거짓말을 하면서 상대방을 보호하고, 악을 용납하면서 위하는 것은 진실한 사랑이 아니라는 것입니다.

둘째로, 진실한 사랑은 가족의 사랑으로 사랑하는 것입니다.

10절을 보십시오. "형제를 사랑하여 서로 우애하고 존경하기를 서로 먼저하며!" 우리나라 이름은 그런 것이 없지만 미국의 도시 이름들은 기독교적인 것이 참 많습니다. 로스앤젤레스(Los Angeles)는 천사라는 말입니다. 샌프란시스코(San Francisco)는 성 프란시스라는 말입니다. 필라델피아(Philadelphia)는 형제사랑이라는 말입니다.

필라델피아가 어디서 나온 말인지 아십니까? 바로 성경에서 나왔습니다. 원래 헬라어입니다. 오늘 본문 10절에 "형제를 사랑하여"

라는 말씀이 있지 않습니까? 이 말씀을 원문성경에 보면 필라델피아(Philadelphia)라고 나옵니다. 참 멋있는 말씀이죠. '우애한다'라는 말도 사랑이라는 말입니다. 우애한다는 이 말은 원어적으로 가족 간의 사랑을 말합니다. 종합하면 무슨 말입니까? 성도들이 서로 사랑할 때에 혈연관계에 있는 것처럼, 가족관계에 있는 것처럼 서로를 사랑하라는 말씀입니다.

사실 모든 신자는 영적인 가족입니다. 그래서 에베소서 2장 19절을 보면, 신자들을 가리켜서 하나님의 권속, 즉 하나님의 가족이라고 말씀하고 있습니다. 신자들은 하나님을 다 아버지라고 부릅니다. 그러므로 서로 간에 형제요 자매입니다. "사랑하는 주님 앞에 형제자매 한자리에"라는 찬송가 가사도 있지 않습니까?

"한 피 받아 한 몸 이룬 형제여 친구들이여!"

"우리가 남이가." 이런 말도 있지 않습니까? 우리 성도들이 바로 이렇게 해야 합니다. 우리가 남이 아니고 무엇이란 말입니까? 가족이란 말입니다. 영적인 가족, 하나님의 가족입니다. 가족은 이것저것 따지지 않고, 조건 없이 그냥 사랑합니다. 그러나 이성적인 사랑은 그렇지 않습니다. 예를 들어서 상대방에게 아주 치명적인 약점이 있거나 장애가 있거나 하면 마음을 닫아버리고 사랑하지 않습니다. 자기가 평생 고생할까 싶어서 그렇게 하지 않습니다.

그러나 가족은 장애가 있거나 약점이 있거나 문제가 있다고 해서 미워하고 관계를 끊지 않습니다. 부족한 점이 있어도 다 용납해 주는 것입니다. 오히려 장애가 있거나 어려움이 있을 때 더 짠

하고 더 사랑하는 게 가족입니다. 잘못한 것도 마음에 품지 않습니다. 우리가 한 교회에서 신앙생활을 하다 보면 부딪칠 때도 있고 상대방의 마음에 상처를 줄 때가 있습니다. 그러나 그게 오래가면 안 됩니다. 왜 그렇습니까? 우리는 가족이기 때문입니다. 가족끼리 마음 상한 일이 있다고 그것을 오래 품고 있습니까? 그렇지 않습니다. 그런데 만일에 어떤 상처받은 일이 있어서 그게 오래오래 간다면 그 사람은 잘못된 사람이죠. 그 사람은 하나님의 가족이라고 할 수 없습니다. 가족의 사랑이 그 마음속에 없는 것입니다.

우리가 한 가족인 것을 잊지 말고 언제나 가족의 사랑으로 다른 성도를 사랑하는 성도가 되시기 바랍니다. 또 존경하기를 먼저 하라고 했습니다. 존경하라는 정도가 아니고 남을 존경하는 일에 있어서는 양보하지 말고 앞서서 하라는 것입니다. 성경을 보면 양보하라는 말씀을 많이 합니다. 그러나 남을 존경하는 일에는 양보하지 말고 앞장서서 남보다 먼저 해버리라는 것입니다.

셋째로, 진실한 사랑은 열심으로 주를 섬깁니다.

11절을 보십시오.

"부지런하여 게으르지 말고 열심을 품고 주를 섬기라."

참된 사랑은 게으르지 않습니다. 원하는 것을 이루기까지 쉬지 않습니다. 만일에 우리 청년들 중에 연애하는 분이 있다면, 저 사람이 나를 사랑하나 안 하나를 알 수 있는 것이 나로 인해서 열심이 있나 없나를 보면 알 수 있습니다. 열심이 하나도 없다면 사랑하지 않는 것입니다. 또한 참된 사랑은 뜨겁습니다.

여기서 "열심을 품고"라는 말의 의미는 "영적으로 펄펄 끓어서"라는 말입니다. 펄펄 끓는 것은 뜨겁습니다. 참된 사랑은 미지근하지 않습니다. 뜨겁습니다. 그래서 주님께서는 미지근한 것을 싫어하시는데, 요한계시록 3장에 보면 라오디게아 교회가 나오지 않습니까? 라오디게아 교회를 향하여 예수님이 뭐라고 말씀하셨습니까?

"너희가 미지근하여 차지도 않고 뜨겁지도 않으니 내가 내 입에서 너희를 토하여 내치겠다."

우리가 어쩌다가 미지근한 물을 마시다 보면 욕지기가 난단 말입니다. 그렇죠? 마치 그와 같이 라오디게아 교회 성도들이 계속적으로 미지근한 신앙 상태를 가지고 살아간다면, 내가 그냥 물을 토하듯이 입에서 토해 버리겠다고 예수님께서 말씀하셨습니다. 그리고 마지막에 무엇이라고 합니까? '열심을 내라, 회개하라'고 하셨습니다. 미지근한 상태가 아니라 열심을 내라고 하셨습니다. 생각해 보면 신앙에도 미지근한 성도들이 많습니다. 심심하면 주일예배에 빠지거나 지각하거나 하나님의 말씀을 사모하는 모습을 조금도 보이지 않는 이들이 있습니다.

저는 성도들을 보면 그것을 느낍니다. '저 성도에게는 하나님을 향한 열심이 보이지 않아! 예배의 대한 열심이 안 보여. 말씀에 대한 사모함이 없어. 저분에게 믿음이 있는 것인지. 왜 교회를 나오는지' 의구심이 생길 때가 있습니다. 봉사하는 일에도 이런저런 이유로 잘 빠져버리고, 성실하지 않고 안 하려고 어쩌든지 뒤로 빼는 그런 분들이 있습니다. 그렇게 소극적인 모습을 보이는 분들이 바로 미지근한 성도입니다.

여러분은 어떤 성도입니까?

수년 전 자신의 신앙생활과 지금의 모습을 한 번 비교해 보시기 바랍니다. 봉사하는 일이 많이 게을러지지 않았습니까? 기도생활이 식어져 있지는 않습니까? 아니 처음부터 늘 미지근하지는 않았습니까? 신앙생활하면서 한 번도 뜨거워 본 적이 없는 신자는 아닌지 모르겠습니다. 우리가 알아야 될 것은 진실한 사랑은 미지근하지 않다는 것입니다. 뜨겁습니다.

여러분, 열심으로 뜨거운 마음으로 주님을 사랑하고 성도를 사랑하기를 바랍니다.

넷째로, 참된 사랑은 낙심치 않고 인내합니다.

12절을 보십시오.

"소망 중에 즐거워하며 환난 중에 참으며 기도에 항상 힘쓰며."

세 가지가 나오는데, 참된 사랑에는 항상 소망이 있습니다. 때로 어려운 일이 닥치기도 하지만, 모든 일이 하나님의 손 안에 있고 하나님의 뜻 안에 있고 모든 것이 합력하여 선을 이룰 것을 믿기 때문에, 그리고 장차 나타날 하나님의 영광과 천국을 믿기 대문에, 아무리 어려운 처지에 있어도 소망 중에 즐거워한다는 것입니다.

또 참된 사랑에는 인내가 있습니다.

고린도전서 13장을 보면, 처음 나오는 말씀이 "사랑은 오래 참고"입니다. 사랑은 오래 참는 것입니다. 최후 승리를 믿기 때문에, 주님의 사랑을 믿기 때문에 낙심하지 않습니다.

또 참된 사랑에는 기도가 있습니다.

주님만 의지하는 것입니다. 오늘 말씀 "기도에 항상 힘쓰며"에서 항상 힘쓴다는 것은 기도를 꾸준히 한다는 것입니다. 꾸준히 쉬지 않고 한다는 것입니다. 중직자일 때는 하고 또 안 할 때는 안 하고, 어려운 일이 있을 때는 하고 어려운 일이 없을 때는 하지 않고, 기분이 내키면 하고 내키지 않으면 안 하는 것이 아니라, 언제나 계속 하는 것입니다. 마치 우리가 하는 호흡처럼 말입니다.

호흡하기 싫다고 안 하는 사람 있습니까?

살아 있는 한 계속 호흡하지 않습니까? 심장이 식어버리면 어떻게 됩니까? 죽어 버리는 것입니다. 심장은 계속 뛥니다. 이처럼 끊임없이 계속 기도하라고 말씀합니다. 방금 말한 소망과 인내와 기도는 세 가지가 사슬처럼 연결이 되어 있습니다.

요즘 자전거가 인기가 많습니다. 여기 자전거가 한 대 있다고 합시다. 자전거에는 바퀴가 두 개가 있습니다. 인내라는 자전거가 있는데 자전거 앞바퀴가 소망이고, 뒷바퀴는 기도입니다. 소망과 기도라는 바퀴가 하나라도 없으면 이 자전거는 굴러가지 않습니다. 소망이 없이 인내가 있을 수가 없고, 기도가 없이 인내가 있을 수가 없습니다. 소망과 기도 중에 낙심하지 않고 인내하는 성도가 되시기를 바랍니다.

다섯째로, 진실한 사랑은 성도의 필요를 채워주는 것입니다.

13절을 보십시오.

"성도들의 쓸 것을 공급하며 손 대접하기를 힘쓰라."

성도들의 쓸 것을 공급하라는 이 말씀은 도움이 필요한 성도들을 도와주라는 말씀입니다. 성도들 중에 보면 조금도 손해를 안 보려고 하는 이들이 간혹 있습니다. 너무 인색한 성도들이 있습니다.

인색한 성도들은 하나님의 너그러우심, 하나님의 자비로우심, 하나님의 은혜로우심을 다른 사람에게 나타내 보여주지 못합니다. 그리고 좋은 친구를 가지기도 어렵습니다.

이 세상의 모든 일들은 심은 대로 거두게 되어 있습니다. 내가 안 심는데 어떻게 하나님의 자비가 나에게 나타나고 좋은 친구가 생기겠습니까? 도움이 필요한 이들, 어려움 중에 있는 이들을 돌아보고 내 것을 기꺼이 나누어 줄 수 있는 사람이 되어야 하겠습니다.

사도행전 2장을 보면, 성령 충만한 예루살렘 교회가 나옵니다. 오순절 성령이 강림해서 성령 충만해지자 성령의 첫 번째 열매인 사랑도 충만해졌습니다. 그 사랑이 어떻게 증거가 되었습니까? 성도들이 자기의 재산과 소유를 팔아서 다른 가난한 이들에게 나누어 줄 정도였습니다. 그 사랑이 얼마나 수준이 높고 뜨거웠는지 모릅니다.

요즘에는 그런 성도들을 보기가 쉽지 않은데, 다른 성도를 사랑함으로 내가 가진 것을 나누어 줄 수 있는 성도가 되어야 합니다. 내가 내 가정을 위해서 열 가지 정도의 카드를 가지고 있고 통장을 가지고 있다면, 하나 정도는 구제가 필요한 다른 성도들을 위해서 선한 일을 위해서 가지고 있어야 합니다.

그리고 오늘 말씀을 보니까 "손 대접하기를 힘쓰라"고 하였습니다. 무슨 말입니까? 성도들을, 특별히 나그네 된 성도들을 잘 영접하고 환대하라는 말씀입니다.

당시에는 나그네가 참 많았습니다. 왜 나그네가 많았겠습니까?

고속도로가 없고 차가 없으니 몇날 며칠이고 걸어가는 것입니다. 그래서 나그네가 많았습니다. 특히 예수 믿는 나그네가 많았습니다. 왜 그런지 아십니까? 당시에는 가슴이 뜨거워서 복음을 전하지 않고는 견딜 수 없어서, 선교사도 목사도 아닌데 사례도 받지 않으면서 보따리 하나 들고 이 동네 저 동네 다니면서 복음을 전하는 성도들이 많았습니다. 그 사람들을 신자들이 자기 집에 잘 영접해 주어야 합니다.

그리고 예수 믿는다고 핍박이 자주 있었는데, 핍박이 오면 예수 믿는 사람들은 짐을 싸서 다른 동네로 흩어져 유랑을 하게 됩니다. 그러면 예수 믿는 사람들이 자기 집을 열어 주어 이 나그네 된 사람들을 따뜻하게 영접하고, 먹여주고, 입혀주고, 재워주는 일들이 필요했다는 것입니다. 이것이 아주 중요한 일이었습니다. 그래서 신약성경을 보면 목사, 장로의 자격 중의 하나가 무엇인지 아십니까? 나그네를 대접하는 것이었습니다. 우리 평신도도 마찬가지입니다. 히브리서 13장 2절을 보십시오.

> "손님 대접하기를 잊지 말라 이로써 부지중에 천사들을 대접한 이들이 있었느니라."

구약성경에 자기도 모르게 천사들을 대접을 사람이 나옵니다. 누굽니까? 아브라함입니다.

어느 날, 뜨거운 뙤약볕이 내리쬐는데 나그네 세 사람이 집 앞을 지나가는 것을 아브라함이 보았습니다. 이에 아브라함이 그들을 자기 집에 모셔와 쉬게 하고 원기를 차려서 가시라고 했는데, 알고 보니 그중의 한 분은 하나님이고 두 분은 천사였습니다. 소돔성에 두 천사가 갔지 않습니까? 그런데 천사의 모습으로 간 게 아닙니다. 사람의 모습으로 갔습니다. 아브라함의 조카 룻이 그들을 자기 집에 영접했는데 뒤에 알고 보니까 천사였습니다.

우리의 삶에도 얼마든지 그럴 수 있습니다.

예수님께서 마태복음 25장에서 양과 염소의 비유를 통해 최후 종말에 있을 일을 말씀하셨습니다. 마지막 날에 예수님께서 심판하실 때 오른쪽에 있는 양들을 구원받는 성도들이라고 하시면서 그들에게 말씀하시기를 "내가 주릴 때에 너희가 먹을 것을 주었고 목마를 때에 너희가 마시게 하였고 내가 나그네 되었을 때에 영접해 주었다"라고 하십니다. 그러자 그들이 "아니 언제 우리가 주님께 그렇게 했단 말입니까?" 하니까 "이 지극히 작은 자 하나에게 한 것이 내게 한 것이니라"고 했습니다.

어려움에 처한 동료 신자에게 하는 것이 바로 주님께 하는 것입니다. 성도들에게 내 집을 오픈하는 것이 바로 주님께 오픈하는 것입니다. 요즘 하도 이기적인 세대가 되다 보니까 구역예배 드리는 것도 싫어해서 자기 집에서는 안 드린다고 한답니다. 문 열어주기가 싫은 것입니다. 참으로 유감스러운 일입니다. 주님을 쫓아내는 것과 똑같습니다.

우리는 참으로 이기적인 시대를 살고 있습니다. 그러나 내가 가진 재물, 내가 가진 것이 다 주님이 주신 것이니 내 것이라고 고집하지 말고 하나님 것이라고 고백하면서 도움이 필요한 자들에게 도움을 줄 수 있기를 바랍니다.

8

로마서 12:14-16

신자의 대인관계

"너희를 박해하는 자를 축복하라 축복하고 저주하지 말라 즐거워하는 자들과 함께 즐거워하고 우는 자들과 함께 울라 서로 마음을 같이하며 높은 데 마음을 두지 말고 도리어 낮은 데 처하며 스스로 지혜 있는 체 하지 말라"

로마서 12장부터는 로마서의 후반부입니다. 그런데 여러분은 로마서 후반부의 주제가 되는 말씀이 무엇인지 혹시 알고 계십니까?

"너희 몸을 하나님께 살아 있는 제사로 드려라."

즉 헌신하라는 말씀입니다. 말을 바꾸면 모든 삶이 예배되게 하라는 말씀입니다. 여러분의 하루하루의 삶, 매일의 삶을 우리 하나님께서 기쁘게 받으시는 향기로운 예배가 되고 제사가 되게 하시기를 바랍니다.

이 삶의 예배는 먼저 어디에서 출발한다고 했습니까?

하나님의 집에서, 교회에서 출발한다고 말씀드렸습니다. 그래서 교회에서 받은 은사대로 봉사함으로써 자신의 삶의 예배를 드려야 된다고 3절에서 8절에 말씀을 했습니다. 그리고 다른 성도들을 거짓이 없는 진실한 사랑으로 사랑함으로써 자기를 산 제물로 하나님께 드려야 된다고 9절에서 13절에 말씀했습니다.

오늘 본문에는 이 진실한 사랑의 구체적인 모습 세 가지를 대인관계적인 관점에서 기록하고 있습니다.

그래서 오늘 설교 제목이 '신자의 대인관계'입니다.

첫째는, 박해하는 자를 축복하라고 했습니다.

14절을 보십시오.

"너희를 박해하는 자를 축복하라 축복하고 저주하지 말라."

여기에 나오는 "박해하는 자"라는 말이 개역개정에는 '핍박하는 자'라고 되어 있습니다. '박해한다', '핍박한다'라는 이 말은 '뒤쫓다', '추격하다'라는 의미가 있습니다. 마치 사냥개가 사냥감을 뒤쫓아 추격하듯이 말입니다. 잘못한 것이 없는데도 끈질기게 계속해서 괴롭히는 것을 의미합니다.

하나님을 믿는 성도는 남을 박해하는 자가 되어서는 안 됩니다. 자기 권세나 지위를 이용해서 자기보다 낮은 사람을 무시하고 억울하게 하고 억눌려서는 안 된다는 것입니다. 우리나라 사람만큼 갑질하는 사람이 많은 나라가 아마 없을 것입니다.

며칠 전에 방송을 보니 우리나라 회사를 다니시는 분들의 90%가 갑질을 다 경험했다고 나오는 것을 보았습니다. 우리 성도는 절대로 갑질해서는 안 됩니다. 갑질은 성경적인 사상이 아닙니다. 그리고 어떤 사람의 잘못을 잊지 않고 그것을 기억해서 오랫동안 되씹고 비판하고 갚아주는 사람이 되어서는 안 됩니다. 어떤 사람은 남이 자기에게 잘못한 것을 날짜까지 기록을 해놓는 사람이 있습니다. 그것은 그 사람이 머리가 좋거나 철저한 사람이라기보다 악한 자임을 보여줍니다. 잘못된 것입니다.

그런데 성경에 나오는 하나님은 어떤 분입니까?

미가서 7장 끝에 보면 "우리의 모든 죄를 깊은 바다에 던지시리로다"라고 했습니다. 하나님께서 우리의 모든 죄를 어디에 던지신다구요? 깊은 바다에 던지신다고 했습니다. 얕은 바다에 던지신다고 했으면 어떻겠습니까?

때론 기분 나쁘면 한 번씩 건져내어서 '야, 이놈아!' 하면서 '이거 봐라' 하면 참 골치 아픈데, 하나님께서는 그렇지 아니하시고 우리의 모든 죄를 깊은 바다에 던지셨다는 것입니다. 이 말은 '끝'이라는 것입니다. 완전히 잊으셨다는 것입니다. 하나님은 그런 분이십니다.

오늘 우리가 부른 찬송에도 제일 끝에 "너희 죄 사해 주사 기억도 아니하시네"라고 했습니다. 우리 하나님이 이런 분이십니다. 얼마나 좋은 분입니까!

성경에 보면 우리 죄가 머리카락처럼 셀 수가 없다고 했는데, 셀 수가 없는 그 죄를 다 하나님께서 기억하고 계시고 한 번씩 끄집어내시면 우리가 살 수가 없을 것입니다. 그런데 하나님께서는 우리의 모든 악한 죄악을 다 깊은 바다에 던져 버리시고 용서하시고 잊어버리신다는 것입니다. 얼마나 감사한 일인지 모릅니다.

고린도전서 13장 사랑장에 보면 "사랑은 악한 것을 생각지 아니하며"라고 했는데, 이것이 무슨 말씀이겠습니까? 나쁜 생각을 안 한다는 그런 말이 아닙니다. 다른 사람이 내게 악한 일을 한 것을 내가 마음에 두지 않고 기억지 않고 생각하지 않는다는 것입니다. 그것이 진실한 사랑입니다. 성도는 박해자가 되지 말고 어떤 사람이 되라고 말씀하십니까? "박해하는 자를 축복하라"고 말씀하십니다.

내가 잘못한 것도 없는데, 그에게 나쁜 일도 안 했는데 나를 못살게 굴면 나는 당연히 그 일에 대하여 분노하게 될 것입니다. 비판하게 되고 마음속에 적개심을 갖게 되고 어찌 하든지 대항하고 싶고 보복하고 싶은 마음이 생기게 됩니다.

그런데 하나님은 분노도 저주도 보복도 하지 말고 축복하라고 말씀하십니다. 마태복음 5장 44절을 보면 "너희를 핍박하는 자를 위하여 기도하라"고 말씀하십니다. 누가복음 6장 28절에서는 "너희를 저주하는 자를 위하여 축복하라"고 말씀하십니다. 날 괴롭히는 사람을 위해서 하나님께 복을 빌라는 것입니다. "하나님, 저 사람이 나를 괴롭히지만 하나님께서 저 사람에게 복을 내려 주시옵소서" 그렇게 기도하라는 것입니다.

예수님께서 십자가에 달리셨을 때에 얼마나 고통스럽고 억울했겠습니까? 그렇지만 주님께서 십자가에 달리셨을 때 처음 하신 말씀이 무엇입니까? 자기를 십자가에 못 박고 모욕하는 자를 위하여 기도했습니다.

"아버지여, 저들을 용서해 주옵소서."

구약에 나오는 욥을 우리가 잘 알고 있습니다. 욥은 인간이 상상할 수 없는 고통을 당했습니다. 그 고난 가운데 있는 욥을 위로하러 온 세 친구가 있었습니다. 세 친구가 위로하러 와서는 위로는 안

하고 어떻게 했습니까? 네가 죄를 많이 지어서 이렇게 됐다고 공격하고 비방하고 회개하라고 마구 악담을 퍼부었습니다.

나중에 하나님께서 세 친구를 책망하시고 말씀하시기를 "재물을 가지고 욥에게 가서 너희를 위하여 번제를 드려라. 나의 종 욥이 너희를 위하여 기도를 할 것인즉 그것을 내가 받으리라"고 하셨습니다. 이 세 친구가 하나님의 말씀에 순종했습니다. 재물을 가지고 욥에게 갔습니다. 그 다음에 일어난 일을 한번 봅시다.

욥기 42장 10절에 보면 "욥이 그의 친구들을 위하여 기도할 때에 여호와께서 욥의 곤경을 돌이키시고 여호와께서 욥에게 이전 모든 소유보다 갑절이나 주신지라"라고 말씀하고 있습니다.

여러분, 욥의 고난이 끝이 나고 욥이 이전보다 갑절이나 복을 받는 계기가 무엇인지 보십시오. 무엇 때문입니까? 그를 공격한 친구들을 위해서 하나님 앞에 용서해 달라고 기도할 때에, 하나님께서 그의 고난도 끝이 나게 하시고 이전보다 갑절의 복을 받을 수 있도록 은혜를 베풀어 주셨다는 것입니다.

오늘날도 하나님께서는 우리의 삶에도 그리하시지 않겠습니까? 나에게 잘못한 사람, 나를 괴롭히는 그 사람에게 대항하거나 저주하지 말고, 오늘 욥처럼 그 사람을 위해서 하나님께 기도하고 그 사람에게 복 주시기를 비는 사람이 되시기를 바랍니다. 이럴 때 하나님께서 그 사람도 복 주시고 나도 복 주실 것입니다.

둘째는, 공감하는 삶을 살라는 것입니다.

15절을 보십시오.

"즐거워하는 자들과 함께 즐거워하고 우는 자들과 함께 울라."

TV를 보면 저 깊은 산에 가서 움막같이 지어놓고 그곳에서 홀로 사시는 분들이 나옵니다. 그런 사람을 뭐라고 합니까? 자연인이라고 합니다. 자연 속에서 산다고 해서 자연인인데, 신학적으로 자연인이라고 하면 그 뜻이 다릅니다. 신학적으로 자연인은 '타락한 사람', '죄 아래 있는 사람'을 가리켜서 자연인이라고 합니다.

하나님께서 처음 우리 인생을 당신의 형상대로 지으셨을 때는 얼마나 아름다웠습니까? 얼마나 선하고 거룩하고 좋았는지 모릅니다. 그런데 타락해서 자연인이 되었을 때 인간의 심사가 뒤틀려 버렸습니다. 병들고 꼬였습니다. 그래서 뭔가 잘되고 즐거워하는 사람을 보면 함께 즐거워해야 하는데, 그럴 때도 있지만 그렇지 못하고 어떻게 합니까? 괜히 배가 아프고 시기하는 마음이 생길 때가 있습니다. 입으로는 축하한다고 하면서 속으로는 못마땅한 때가 있습니다. 슬픔을 당하는 사람을 보면 까불더니 잘됐다, 속이 시원하다고 생각할 때가 있지요? 여러분 중에는 그런 일이 한 번도 없었습니까? 아마 모두가 다 경험했을 것입니다.

그러나 하나님의 뜻은 무엇입니까?

오늘 말씀을 보니 같은 마음을 가지라는 것입니다. 같은 마음을 가지고 즐거워하는 자들과 함께 즐거워하고 우는 자들과 함께 울라고 말씀합니다. 그것이 바로 진실한 사랑의 모습입니다. 영적으로 가족 된 모습이고 한 몸의 지체가 된 모습입니다.

그런데 예수님께서 어떻게 하셨습니까?

마태복음 9장 36절 말씀을 보십시오.

"무리를 보시고 불쌍히 여기시니 이는 그들이 목자 없는 양과 같이 고생하며 기진함이라."

예수님께 얼마나 많은 사람들이 몰려왔습니까! 틈만 있으면 쉴 새 없이 몰려왔습니다. 그런데 예수님께서 그들을 보실 때 마음이 어떠했습니까? 이 사람들은 나에게 쉴 시간도 안주고, 밥 먹을 시간도 안주고, 그냥 자기들만 생각하고 시도 때도 없이 몰려온다고 짜증을 내셨습니까? 목자 없는 양과 같은 그들의 모습을 보시고 불쌍히 여기셨다고 했습니다. '불쌍히 여겼다'는 말을 영어성경에 찾아보면 'compassion'인데 'com'은 '같이', 'passion'은 '감정'입니다. 같은 감정을 가지는 것입니다. 동감을 하는 겁니다.

사람들을 볼 때에 불쌍히 여기셨기 때문에, 예수님께서 귀신을 쫓아내 주시고, 병든 자들이 있을 때 병을 고쳐 주시고, 나사로가 죽었을 때 눈물을 흘리시고 죽은 나사로를 살려 주신 것입니다. 그 당시에는 따돌림 당하는 사람들이 많았습니다. 창녀나 세리나 죄인들은 천국에 들어가지 못한다고 아예 상대도 안 했는데, 예수님께서는 그들에게 가까이 가셔서 그들의 친구가 되어 주시고, 그들과 함께 식사도 하셨습니다. 그래서 예수님의 별명 중 하나가 '세리와 죄인들의 친구'였습니다.

그 사람들과 공감하는 마음을 가지신 예수님의 모습을 성경 곳곳에서 볼 수 있습니다. 누가복음 10장에 보면 선한 사마리아인 비유가 있는데, 한 사람이 여리고로 가다가 강도를 만나서 죽어가는데, 처음에는 제사장이 지나가고 그다음엔 레위인이 지나갑니다. 모두 종교인입니다. 그들은 그 모습을 보고는 자기도 강도당할까봐 두려워서 도망가 버렸습니다. 그런데 이 강도 만난 유대인과 원수 관계에 있는 사마리아 사람이 지나가다가 그 모습을 보고 도와주게 되는데, 도와주게 된 이유가 무엇입니까? 성경에 보면 "보고 불쌍히 여겨"라고 했습니다. 보고서 불쌍히 여기는 마음이 있었기 때문에 가서 상처를 치유해주고 돌보아 주었던 것입니다. 하나님께서 이 마음을 저와 여러분에게 원하십니다.

우리 교회에는 경조사가 많은데, 교회는 세상 단체와 같이 이해가 걸려 있는 곳이 아닙니다. 교회는 계나 동창회가 아닙니다. 그런데 경조사와 경조비와 연결시켜서 참석하고 참석하지 않고 하는 것은 참으로 서글픈 일입니다. '아, 그 집! 우리 자식 결혼 때는 부조 안 했으니까, 나는 안 가도 돼' 하거나, 장부를 찾아본 후 왔을 때는 그 집에 봉투를 들고 갑니다. 그런가 하면 어떤 사람은 다른 사람의 경조사에는 안 가면서 자신의 경조사에는 성도들이 많이 와서 경조비를 많이 내주었으면 하는 마음을 가지고 있는 분들도 있습니다. 이 얼마나 부끄러운 일입니까? 성도들은 이런 이해관계를 초월해야 합니다.

성도는 하나님의 권속이라고 했습니다. 가족이라고 하면, 가족의 사랑으로, 형제 사랑으로 좋은 일에는 진심으로 함께 좋아하고 슬픈 일에는 진심으로 함께 슬퍼할 수 있는 사람이 되어야 합니다. 성도에게만 꼭 그렇게 하라는 것이 아닙니다. 외인에게도, 불신자들에게도 그와 같이 불쌍히 여기는 공감하는 마음을 가지고 대해야 합니다.

오늘날에는 참 전도가 안 되고 예수 믿는 사람을 찾기 힘듭니다. 그런데 초대교회 때는 복음이 잘 전파되었습니다. 로마제국이 기독교를 핍박했음에도 불구하고 복음이 널리 널리 전파되어 갔습니다. 왜 그런지 아십니까? 기독교인들이 입으로만 전도를 한 것이 아니라 몸으로 전도를 했기 때문이다. 마음으로 전도를 했기 때문입니다.

모든 주변 사람들을 예수님의 마음, 즉 'Compassion, 동정하는 마음'을 가지고 보았기 때문에, 지나가는 나그네가 있으면 자기 집으로 기쁘게 영접해서 그 사람들의 숙식을 제공하고, 초상난 집이 있으면 불쌍히 여기고 가서 초상을 치러 주고, 가난한 사람이 있으면 도와주니까 예수 믿는 사람의 평판이 얼마나 좋았겠습니까? 예수 믿는 사람을 향하여 마음이 열리는 겁니다. 그러니 그 사람들이 전하는 복음을 받아들이지 않겠습니까? 그래서 박해 가운데서도 복음이 가장 힘있게 확산되었다는 말입니다.

현대인들은 심히 이기적이고 각박하고 냉정합니다.

디모데후서 3장을 보면, 말세의 여러 가지 징조들이 나타나는데 그중에 하나가 사람들이 무정하다고 했습니다. 그런데 다 무정한 것이 아닙니다. 생각해 보면 자기나 자기 가족에 대해서는 절대 무정하지 않습니다. 그러나 남에게는 무관심합니다. 우리의 냉랭하고 무정한 마음을 하나님께서 감동시켜 주셔서, 남의 즐거움과 슬픔에 공감하며 그 아픔과 즐거움을 자신의 것으로 여기면서 살아가는 저와 여러분이 되기를 바랍니다.

세 번째는, 서로 마음을 같이하라고 했습니다.

16절을 보십시오.

"서로 마음을 같이하며 높은 데 마음을 두지 말고 도리어 낮은 데 처하며 스스로 지혜 있는 체하지 말라."

세상에 교회만큼 그 구성원이 다양한 데가 어디 있습니까? 한 번 생각해 보십시오. 교회만큼 남녀노소가 빈부귀천이 아무 구별 없이 모여 있는 곳이 이 세상에 있습니까? 없습니다. 그런데 한 마음을 품으라고 했는데 같은 마음을 품을 수가 있겠습니까?

이건 너무 어려운 일입니다. 서로 마음을 같이하라는 이 말씀의 진정한 의미는 '사람마다 생각이 다르더라도 서로 충돌하지 말고 조화를 이루어라'는 말씀입니다. 그래서 NIV라는 영어성경은 "서로 마음을 같이하여"란 이 말씀을 "서로 하모니를 이루어서 살아라" "서로 조화를 이루어서 살아라"고 번역했습니다.

하모니란 말은 어디서 주로 사용합니까? 음악에서 많이 사용합니다. 우리 교회에도 찬양대가 있습니다. 중창이나 합창에서는 소프라노, 알토, 테너, 베이스 4파트가 있습니다. 모두 서로 다른 소리를 냅니다. 우리가 상식적으로 생각하면 같은 소리를 내는 것이 아니므로 소리가 안 맞아야 될 텐데, 4파트로 소리를 내는데도 불구하고 멜로디만 부르는 것보다 훨씬 아름답습니다. 감동적입니다. 이것이 바로 하모니를 이루는 것입니다.

트윈폴리오를 잘 아실 것입니다. 송창식, 윤형주 씨가 1968년도에 결성한 듀엣 이름입니다. 그런데 이 사람들이 일 년밖에 활동을 안 했음에도 불구하고 이 사람들은 우리나라에서 듀엣의 전설이 되었습니다. 정말 기가 막히게 잘 부릅니다. 생각해 보면 이 두 사람은 완전히 의외의 조합입니다. 목소리의 성격이 전혀 다르다는 것입니다. 윤형주 씨는 목소리가 정말 부드럽고 곱고 소년과도 같고 여성적입니다.

그에 비해서 송창식 씨는 목소리가 바람과 파도 소리 같습니다. 아주 야성적인데도 그 두 목소리가 합해졌을 때는 놀랍도록 하모니를 이루어서 아름다운 화음을 통하여 사람들에게 감동을 줍니다. 1968년이니까 지금으로부터 약 50년 전 아닙니까? 그런데 그때 불렀던 그들의 노래가 지금도 계속해서 인기를 누리고 있습니다.

우리 교회에 신혼부부들이 많은데, 신혼부부는 자라온 환경도 다르고 성격도 다르지만, 그 다른 게 잘못이거나 같이 사는 데 문제가 되는 것이 아닙니다. 도리어 다른 것이 조화를 이룰 때 훨씬 아름다운 것입니다. 신혼부부들께서는 서로 다름으로 하모니를 이루어서 아름답게 살아가시기를 바랍니다.

우리 성도들도 마찬가지입니다. 성격도, 자라온 환경도, 사회적인 신분도, 경제적 여건도 다 다르고 다양하지만, 주 안에서 아름다운 하모니를 이루어서 살아가라는 말씀입니다. 생각해 보면 나와 생각이나 가치관, 사는 방법이나 사는 수준, 배움의 수준이 다른 사람들과 어울리는 것은 결코 쉬운 일이 아닙니다. 그래서 우리 성도들 중에서 어쩌다 이런 사람들이 있습니다.

"내가 이 교회에 와 보니까 나와 학식 수준이 비슷한 사람이 별로 없어서 신앙생활을 같이하기가 힘드니 다른 교회로 가야겠다" 하시면서 교회를 떠나시는 분들도 있더라는 것입니다. 그러나 그것은 자기중심적인 생각입니다. 신앙인의 올바른 모습이 아닙니다. 진정한 신앙인이라면, 정말 성숙한 신앙인이라면 대학 나온 사람이나 초등학교도 나오지 않은 사람이나 얼마든지 어울릴 수 있어야 된다는 것입니다. 그것이 영적 가족 아니겠습니까? 예수 안에서 조화를 이루어야 합니다. 성격이나 생각이나 취미나 수준이 꼭 비슷한 사람끼리 만나야 통할 수 있는 것이 아닙니다. 다양성 중에 조화를 이루어 가야 합니다. 그것이 주님께서 기뻐하시는 뜻입니다.

그러기 위해서는 두 가지를 주의해야 합니다.

16절에 보십시오. 16절에 보면 "높은 데 마음을 두지 말고 도리어 낮은 데 처하라"고 했습니다. 간단하게 말하면 교만하지 말고 겸손하라는 것입니다. 또 한 가지는 16절 끝에 보십시오.

"스스로 지혜 있는 체하지 마라."

말은 안 해도 저도 그럴 때가 많습니다. 자기 스스로 마음속에 남보다 지혜롭다고 생각하는 경우가 많습니다. '내가 저 사람보다 더 똑똑하지, 저 사람보다 더 잘 알지.' 이런 교만한 생각, 스스로 지혜 있는 체하는 모습이 더러 있습니다. 교만한 거죠. 이런 사람은 말이 많습니다. 자기주장을 굽히지 않습니다. 자기주장을 굽히지 않으니까 하나가 되기 어려운 것입니다. 요컨대 하나 됨의 비결이 무엇입니까? 조화를 이루는 비결이 무엇입니까? 그것은 교만하지 않고 겸손한 것입니다.

하나님은 오늘 말씀을 통하여 우리 신자의 대인 관계가 어떠해야 할 것인가를 우리에게 말씀합니다.

첫째는, 박해하는 자를 축복하라고 했습니다. 하나님이 그에게 복 주시도록 기도하라고 했습니다.

둘째는, 서로 공감하며 불쌍히 여기면서 살라고 했습니다. 즐거운 자와 함께 즐거워하고 우는 자와 함께 울라고 했습니다.

셋째는, 서로 마음을 같이하라고 했습니다. 서로 하모니를 이루면서 살라는 것입니다.

이 세 가지를 생각해 보면, 이 세 가지는 인간의 본능과 맞지 않는 일입니다. 인간의 본능을 초월해야 행할 수 있는 일입니다.

어떻게 그럴 수 있겠습니까? 내게 베풀어 주신 하나님의 놀라우신 은혜와 사랑을 우리가 늘 생각하고 잊지 않고 살면 그렇게 될 수 있습니다. 그리고 우리와 함께하시는 성령님께서 우리의 마음을 새롭게 해주시고, 우리로 하여금 그렇게 할 수 있는 능력을 주시면 우리가 그렇게 할 수가 있는 것입니다.

오늘 이 말씀을 들은 여러분들은 자신을 괴롭히는 자, 자기에게 못마땅한 자를 위하여 기도하시고, 다른 이의 즐거움과 슬픔에 동참하시고, 겸손히 모든 사람과 더불어 조화를 이루며 살아가심으로써 이 진실한 사랑을 나타내시기 바랍니다. 이로써 날마다 하나님 앞에 살아있는 예배의 삶을 사는 여러분 모두가 되시기를 바랍니다.

9

로마서 12:17-21

선으로 악을 이기라

"아무에게도 악을 악으로 갚지 말고 모든 사람 앞에서 선한 일을 도모하라 할 수 있거든 너희로서는 모든 사람과 더불어 화목하라 내 사랑하는 자들아 너희가 친히 원수를 갚지 말고 하나님의 진노하심에 맡기라 기록되었으되 원수 갚는 것이 내게 있으니 내가 갚으리라고 주께서 말씀하시니라 네 원수가 주리거든 먹이고 목마르거든 마시게 하라 그리함으로 네가 숯불을 그 머리에 쌓아 놓으리라 악에게 지지 말고 선으로 악을 이기라"

우리가 세상을 살 때에 가장 힘든 문제가 므엇이겠습니까? 어떤 사람은 직장문제, 일 문제, 또 어떤 사람은 경제 문제, 또 어떤 사람은 질병문제, 어떤 사람은 가족 문제 등등 사람들마다 조금씩 다를 수는 있겠습니다만, 제가 생각할 때는 우리 인간에게 가장 많은 기쁨과 행복을 주는 동시에 또 우리에게 많은 스트레스와 아픔과 갈등을 주는 것은 '인간관계'의 문제가 아닌가 생각을 해봅니다.

그러면 어떻게 인간관계를 가져야겠습니까?

여기에 대해서 로마서 12장이 우리에게 답을 주고 있습니다.

14절에서 16절은 교회에서 다른 성도들과의 관계에 대해 말씀하고 있고, 오늘 본문 17절에서 21절 말씀은 좀 더 폭을 넓혀서 원수를 포함한 모든 사람에 대해서 우리가 어떤 자세로 대해야 될 것인가를 말씀해 주고 계십니다. 그러기에 오늘 말씀은 대인 관계의 대원칙이라고 할 수 있습니다.

대인관계의 대원칙을 한마디로 요약하면 오늘 설교 말씀 '선으로 악을 이기라'라고 요약할 수 있습니다.

'선으로 악을 이기라.'

그러면 구체적으로 어떻게 하는 것이 선으로 악을 이기는 것이 되겠습니까?

첫째는, 악을 악으로 갚지 않는 것입니다.

17절 첫줄을 보십시오.

"아무에게도 악을 악으로 갚지 말고."

저는 학생 때에 남달리 책을 많이 읽었는데, 부끄럽게도 중국 무협 소설도 엄청 많이 읽었습니다. 그래서 한창때는 저도 김용처럼 무협소설을 쓸 수 있겠다는 생각을 가졌습니다.

무협소설의 가장 많은 주제는 원수를 갚는 겁니다. 어떤 사람이 어릴 때에 멸문지화를 당해 부모를 잃고 구사일생으로 살아나서 아주 우연히 절세고수를 만나거나 무림 기서를 발견해서 젊은 나이에 엄청난 무공을 쌓아 원수를 갚고 은거한다는 내용이 많이 있습니다.

그러나 한 사람의 평생소원이 부모의 원수 갚는 일이 되어서야 되겠습니까? 원수를 갚고 나면 할 일 다한 것처럼 물러나면 되겠습니까? 그렇게 하면 그 삶이 의미가 있고 보람이 있겠습니까? 없습니다. 그래서 대부분의 소설을 보면 원수를 갚고 나서 마음의 허무함을 많이 느낀다고 합니다. 원수를 갚으면 또 그쪽의 자녀들이 나에게 원수를 갚으려고 하고, 이렇게 해서 원수 갚음이 대물림이 되어서 끝이 없게 되는 것입니다.

오늘날도 이런 모습이 계속됩니다. 악을 악으로 갚으려고 하는 모습입니다. 아니 예전보다도 오늘날 사람들의 마음이 더 완악해지고 더 악독해져서 이전에는 그냥 넘어갈 수도 있는 것을 요즘에는 넘어가지 못하고 꼭 갚아 주어야만 되는 시대가 되었습니다. 갚지 않으면 힘도 없고 용기도 없는 바보라고 스스로 생각하고, 또 남도 그렇게 생각할 때가 있는 것입니다. 그래서 싸우고 보복 운전도 하고 층간 소음 문제로 혹은 주차 문제로 인해서 이웃과 싸우고 칼부림도 나는 시대가 되었습니다. 바로 보복하지 않고 바로 갚지는 않을지라도 앙심을 품고 있다가 기회를 봐서 보복하는 일도 더러 있습니다. 우리 성도들 중에서도 억울한 일 당하거나 안 좋은 말을 들으면 참지 못하고 그냥 분노하고 대들고 자기도 똑같이 퍼부어야 직성이 풀리는 경우도 있지 않습니까? 그러나 여러분 하나님께서 뭐라고 말씀하십니까? "악을 악으로 갚지 말라"고 하십니다.

요즘 우리 교회 성도들이 '복있는 사람'을 가지고 QT를 하고 있는데, 다윗에 대한 이야기가 나오고 있습니다. 다윗은 정말로 위대한 신앙인입니다. 그의 성품이나 신앙, 삶의 면면이 본받을 점이 많습니다. 그가 왕이 되기 전에 사울 왕이 그를 죽이기 위해서 수색

대를 조직해 추적합니다. 그때마다 목숨이 경각에 달려 있을 때가 많았습니다. 그러한 중에도 다윗이 사울을 죽일 수 있는 기회가 몇 번 있었습니다. 그때에 그의 부하들이 다윗에게 말합니다.

"하나님이 주시는 기회입니다. 죽이십시오. 죽여도 정당방위입니다."

그런데도 하나님이 기름 부으신 자라고 손을 대지 않았습니다. 보복하지 않았습니다. 우리 같으면 날 죽이려고 쫓아다니는데 죽이지 않겠습니까? 하나님이 주신 기회라고 하고 죽이지 않겠습니까? 그런데 보복하지 않았습니다.

나중에 왕이 되고 나서도 그 모습은 변함이 없었습니다. 자기 아들 압살롬이 반역을 하여 군사를 이끌고 예루살렘 성으로 쳐들어올 때, 밤에 얼마나 다급했던지 신발도 신지 못하고 도망쳐야 했습니다. 요단강 동편 쪽으로 피신을 할 때에 중간 중간 그를 찾아오는 사람들이 있었습니다. 찾아오는 사람 중에 한 사람이 사울의 친척 시므이였습니다. 그는 사울의 친척이기 때문에 평소에 다윗에 대해서 감정이 좋지 않았습니다. 그래서 피신을 하는 다윗을 보고서 저주를 하고 욕을 퍼부었습니다.

"피를 흘린 자여, 사악한 자여, 가거라 가거라" 하면서 흙이랑 돌멩이를 집어서 던졌습니다. 아무리 도망가는 사람이라 해도 왕인데 그렇게 해서는 안 되는 것입니다. 이를 보다 못한 경호대장 아비새 장군이 화가 나서 "왕이여 내가 건너가서 죽은 개 같은 저놈의 목을 베어 버릴까요?" 합니다. 그런데 다윗은 "내 몸에서 난 아들도 내 생명을 해하려 하거든 하물며 이 베냐민 사람이랴. 여호와께서 저에게 명하신 것이니 저로 저주하게 버려두라"라고 합니다. 얼마든지 죽일 수 있는 권한이 있고, 죽여도 되는데 보복하지 않았다는 것입니다.

창세기에 나오는 요셉도 같은 상황에 처했습니다. 자기를 밉다고 팔아 버린 형들을 나중에 국무총리가 되어서 만나는데, 얼마든지 보복을 할 수 있었지만 보복하지 아니하고 "당신들이 나를 보낸 것이 아니라 하나님이 나를 보냈습니다. 그래서 이 어려운 흉년의 때에 우리를 다 구원해 주시려고 하나님이 하신 것입니다" 하고 형들을 원망하지도 않고 보복하지도 않았습니다.

얼마나 귀한 모습입니까? 요셉이나 다윗이 그렇게 보복하지 않을 수 있었던 이유는 그 악한 일에 다 하나님의 뜻이 있었다고 생각했기 때문입니다. 그냥 내 눈에 보이는 저 사람이 나에게 악한 일을 했다고 생각지 않고, 그들이 그렇게 한 것은 나를 향한 하나님의 무슨 뜻이 있기 때문에, 그 사람을 시켜서 그렇게 한 것이라고 생각하여 악을 악으로 갚지 않았던 것입니다.

오늘 말씀 19절을 보십시오.

> "사랑하는 자들아 너희가 친히 원수를 갚지 말고 하나님의 진노하심에 맡기라."

친히 원수를 갚지 말라고 했습니다. 얼마 전에 제가 폭력에 대해서 설교를 하면서 창세기 49장에 있는 야곱의 두 아들에 대해서 말씀을 드렸습니다. 시므온과 레위가 여동생 디나의 보복을 했습니다. 그런데 이들이 공정하고 정당하게 보복을 했습니까? 아니지요. 여동생이 강간을 당했다고 해서 그 세겜 성에 있는 모든 남자들을 다 죽였습니다. 엄청나게 죄를 지은 것입니다.

악을 악으로 갚았는데 너무 심했다는 것입니다.

사람이 직접 원수를 갚고자 하면 공정하게 갚지를 못합니다. 왜 그럴까요? 감정이 앞서기 때문입니다. 훨씬 더 심하게 갚게 되어 있습니다. 죄를 짓게 되어 있습니다. 그것을 하나님이 아시기 때문에 "친히 원수를 갚지 말라"고 말씀하신 것입니다. "너희가 친히 원수를 갚지 말고 하나님의 진노하심에 맡겨라"라고 했습니다.

그러면 하나님의 진노하심에 맡기라는 말은 무슨 뜻입니까?

하나님이 원수를 갚도록 내버려두라는 얘기입니다. 성경에 보면 하나님께서 "원수 갚는 것은 나의 것이다 내가 갚으리라"고 말씀했습니다. 원수 갚는 것은 누구의 것이라구요? 나의 것, 즉 하나님의 것이라는 것입니다. 인간의 것이 아니라는 것입니다. 하나님이 그렇게 말씀하십니다. 그렇기 때문에 어떤 사람이 자기에게 악을 행한다고 그 사람에게 갚으려고 한다면 그것은 하나님의 권리를 자기가 취하는 월권행위가 되는 것입니다.

악을 악으로 갚으려면 그 사람 이상으로 악한 마음을 먹어야 합니다. 그리고 악을 악으로 갚아 버리면 자기도 이미 악한 자가 되어 있는 것입니다. 여러분 악을 악으로 갚는 옹졸한 자가 되지 말고 너그럽게 용서하고 사랑하는 성도가 되시기를 바랍니다.

둘째는, 화목하라는 것입니다.

18절을 보십시오.

"할 수 있거든 너희로서는 모든 사람과 더불어 화목하라."

악을 악으로 갚지 않는 것, 보복하는 것과 원수 갚는 것을 포기하는 것은 정말로 위대한 일입니다. 그렇지만 이것은 좀 소극적인 일입니다. 악을 악으로 갚지 않은 정도로 그치기 때문입니다. 그런데 화목하라는 것은 내가 먼저 손을 내밀어서 평화를 이루도록 하는 것이므로 보다 적극적인 자세입니다.

그런데 누구와 화목라고 말씀합니까? "모든 사람과 더불어 화목하라"고 합니다. 여기에는 내 친구도 들어갈 수가 있습니다. 친구와도 때로 마음이 맞지 않고 다툴 수 있는데 화목해야 된다는 것입니다. 성도들 간에도 갈등이 있을 수 있습니다. 그러나 성도 간에도 서로 화목해야 합니다.

그런데 이 모든 사람들 속에는 원수도 들어갈 수 있고 나를 해하려 하는 사람도 들어갈 수 있습니다. 그런 사람과도 어떻게 하라고 말씀하십니까? 우리는 모든 사람과 더불어 화목해야 합니다.

그런데 모든 사람과 화목하기 위해서는 조건이 하나 있습니다. 본문에 보니 모든 사람과 더불어 화목하라 앞에 어떤 조건이 하나 있습니까? "할 수 있거든"이라고 했습니다. 무슨 말입니까? 내 마음이 동하면, 내 마음이 허락이 되면 그렇게 하라는 것입니까? 그런 말이 아닙니다.

이 "할 수 있거든"이라는 말은 두 가지로 생각할 수 있습니다.

첫째는, 의와 진리와 거룩을 범하지 않는 한도 내에서 모든 사람과 화목하라는 것입니다.

상대방과 화목하기 위하여 내가 나의 믿음을 저버리거나 하나님 앞에서 죄악된 일을 하거나 그러면서까지 화목을 해야겠습니까?

그런 것은 아니라는 것입니다. 그래서 그런 의미에서 "할 수 있거든" 입니다.

둘째는, 화목하는 것이 '너에게 달려 있다면'이라는 말입니다.

'If it depends on you!', 즉 '그것이 너에게 달려 있다면'이라는 뜻입니다. 화목한 것이 상대방에게 달린 게 아니라 내가 먼저 마음을 열고 다가가기만 하면, 손을 내밀기만 하면 되는 것이라면 그렇게 하라는 것입니다. 어떤 경우는 내가 아무리 애를 써도 상대방이 마음을 열지 않고 마음을 풀지 않는 경우가 있습니다. 그런 경우는 어쩔 수가 없습니다. 화목 할 수가 없는 것입니다. 그러나 나만 마음을 열면 되는 것이라면 그렇게 하라는 말씀입니다.

하나님께서 우리에게 하신 일을 한번 생각해 보시기 바랍니다. 하나님에 대해서 인간이 반역하고 인간이 하나님을 떠나왔습니다. 하나님의 원수가 되었습니다. 그런데 누가 먼저 화해의 손길을 내밀었습니까? 하나님이십니다. 하나님이 세상을 이처럼 사랑하사 독생자를 주셨습니다. 그래서 고린도후서 5장 18절을 보면 "그가 그리스도로 말미암아 우리를 자기와 화목하게 하시고"라고 했습니다.

고난주간에 예수님이 제자들을 버리셨습니까, 제자들이 예수님을 버렸습니까? 제자들이 예수님을 버리고 배신하고 부인하고 도망가지 않았습니까? 그런데 예수님이 부활하셨다면 누가 누구를 찾아가야 하겠습니까? 한번 생각해 보십시오. 제자들이 예수님을 찾아가서 용서를 빌고 "죄송합니다, 저희가 너무 겁이 많고 연약하여 이렇게 선생님께 잘못했습니다. 잘못했습니다"라고 해야 되지 않겠습니까?

그런데 부활하신 날 저녁 제자들이 모인 곳에 우리 예수님께서 찾아가셨습니다. '이놈들이!' 하면서 가서 따질 생각으로 찾아가신 것이 아니고 가서 뭐라고 했습니까? "평강이 너희에게 있을지어다" 하고서 그들의 불안한 마음에 평강을 기원해 주셨습니다. 그런데 제자들이 예수님을 또 떠났습니다. 제자들이 생각해 보니 자기들은 도무지 예수님의 제자가 될 자격이 없는 것입니다. 사도 자격이 없었습니다. 어떻게 다시 뻔뻔스럽게 예수님의 제자라고 하며 예수님의 일을 할 수 있겠습니까? 그래서 '우리 옛날처럼 갈릴리 바다에 가서 물고기나 잡으러 가자' 하고 물고기를 잡으러 가지 않았습니까? 갈릴리 바다에 가서 물고기 잡고 있을 때에 예수님께서 또 찾아오셨습니다. 또 그들을 찾아오시고, 그들에게 먹을 것을 대접해 주시고, 또 무엇이라고 했습니까?

"내 양을 먹이라."

무슨 말입니까? 사도권을 회복시켜 주신 것입니다. 자격 없다고 하는데 예수님께서는 사도의 권한을 다시금 그들에게 허락하여 주셨습니다.

주님은 이렇게 먼저 찾아와주시고, 우리 죄인들에게 먼저 손 내밀어 주시는 주님이십니다. 이 주님을 믿고 주님을 닮아가는 저와 여러분이 되기를 바랍니다.

셋째는, 선대하라는 것입니다.

20절을 보십시오.

"네 원수가 주리거든 먹이고 목마르거든 마시게 하라 그리함으로 네가 숯불을 네 머리에 쌓아 놓으리라."

오늘 말씀의 순서를 잘 보시기 바랍니다. 맨 앞에 악을 악으로 갚지 말라는 것은 참 위대한 일이지만 좀 소극적이라고 했습니다. 두 번째는 무엇이라고 했습니까? 화목하라고 했습니다. 이것은 내가 먼저 손을 내미는 것이므로 상당히 적극적인 것입니다. 그런데 방금 보았던 세 번째 말씀은 원수에게 먹을 것을 주고 마시게 하고, 선하게 대하라고 하신 것이므로 가장 적극적인 모습입니다. 이것이 최고의 모습이라고 할 수 있습니다.

20절 후반에 보면 "그리함으로 네가 숯불을 그 머리에 쌓아 놓으리라" 했는데 이 말씀은 어려운 말씀입니다. 이해가 잘 안 되는 말씀입니다. 그래서 해석상 의견이 분분합니다. 그런데 이런 해석을 보았습니다.

옛날 이집트에는 풍습에 회개의 공적인 표시로 회개하는 사람이, 즉 죄를 지은 사람이 자기 머리 위에다가 숯불을 담은 팬을 이고서 가는 풍습이 있었다고 합니다. 숯불을 너무 뜨겁게 하거나 팬을 얇게 해서 머리에 화상을 입거나 그런 게 아니고 그냥 머리가 뜨거워서 얼굴이 붉어질 정도로 하는 것입니다. 얼굴이 붉어진다는 것이 무슨 뜻입니까? '원수에게 친절을 베풂으로써 원수로 하여금 얼굴이 뜨거워지도록, 부끄러워하도록 하라'는 말씀입니다.

열왕기하 6장을 보면 위와 같은 말씀이 있습니다. 엘리야 선지자의 후계자인 엘리사 선지자는 훌륭한 선지자입니다. 이 선지자는 하나님의 영감이 충만하여 옆에 있는 아람 나라 왕이 이스라엘을 침공할 작전을 세우면 아무도 몰라도 이 엘리사 선지자는 다 알아버립니다. 그리고 이스라엘 왕에게 알려 주는 것입니다. 그러면 이 아람 나라가 아무리 공격해 와도 이스라엘에서 대비를 하고 있는 것입니다. 길목을 지키고 있으니 아람은 늘 실패하는 것입니다. 그래서 "야, 이거 이대로 가다가는 백날 해도 안 되겠다 먼저 엘리사라는 놈부터 잡아 들여야겠다"라고 한 것입니다.

그리하여 밤에 아람 군대가 많이 와서 엘리사 선지자가 사는 도담 성을 포위해 버렸습니다. 포위를 했는데 엘리사 선지자가 그것을 보고 하나님께 기도를 합니다. 뭐라고 기도를 합니까? "하나님, 저들의 눈을 어둡게 하여 주시옵소서"라고 하여 하나님이 그들의 눈을 어둡게 했습니다. 시력이 싹 다 가버렸다는 내용이 아닙니다. 눈으로 보기는 보는데 어디가 어딘지 분별을 못하도록 하나님이 만들어 버리셨습니다.

그러고 나서 엘리사 선지자가 그들에게 가서 "여러분들이 길을 찾고 있는 모양인데 잘못 찾아왔습니다. 제가 인도할 테니 저를 따라오십시오" 하고서 적군을 인도해서 이스라엘 수도 사마리아 성 안으로 들어왔습니다. 문을 닫아 버렸습니다. 그리고 또 하나님 앞에 기도를 합니다.

"하나님, 저들의 눈을 열어 주시옵소서."

그래서 아람 군대가 정신을 차리고 가만히 보니까, 적군의 수도 안에 들어와 있습니다. 다 죽은 목숨입니다. 독 안에 든 쥐가 된 것입니다. 그것을 보고서 이스라엘 왕이 엘리사 선지자에게 묻습니다.

"어떻게 하리이까? 이놈들 칼로 다 죽여 버릴까요?"

그러자 엘리사 선지자가 "칼과 활로 잡은 자인 듯 다 죽이면 되겠습니까? 그러지 마시고 이들에게 먹을 것과 마실 것을 주어서 먹고 마시게 하시고 평안히 고국으로 돌아가도록 해주십시오"라고 말합니다.

기가 막힌 대답 아닙니까? 왕이 이 말을 따랐습니다. 그래서 그들에게 먹을 것을 차려주고 실컷 먹고 마시고 편안히 자기 나라에 돌아가도록 만들었습니다. 그 후 어떻게 되었습니까? 성경에 보면 그 이후로는 아람이 이스라엘을 공격하지 않았다는 겁니다. 부끄러워서 어떻게 들어옵니까? 자기들은 이스라엘을 공격하려고 들어왔는데, 이 나라에서 죽이지 않고 포로 된 자기들을 대접을 잘해서 보냈는데 다시 공격하면 되겠습니까? 그러면 안 되지요. 그래서 다시는 공격을 해오지 않았다는 것입니다.

왜 이 말씀을 합니까? 성도들이 그래야 된다는 것입니다.

상대방이 나에게 악을 행해도 나는 그 사람을 선대해서 그 사람으로 스스로 부끄럽게 여기게 하고 도리어 나의 도움자가 되고, 내 친구가 되도록 그렇게 만들라는 말씀입니다.

오늘 하나님께서 말씀하십니다. 뭐라고 말씀하십니까?

"선으로 악을 이기라."

그러기 위해서는 첫째로, 악을 악으로 갚지 말고, 둘째로는 모든 사람과 더불어서 화목하고, 셋째로는 선대하라는 것입니다. 악을 악으로 갚으면 그것이 바로 악에게 지는 것입니다. 그런데 악을 선으로 갚으면 그것이 바로 선으로 악을 이기는 것입니다. 그런데 이것이 말이 쉽지 결코 쉬운 일이 아닙니다. 왜 그렇습니까? 우리 인간은 다 타락한 본성을 가지고 있기 때문입니다. 죄악 된 본성은 악을 행한 사람에게 악으로 갚습니다. 그게 자연스러운 것입니다.

그 사람을 선대하기 어렵습니다. 그래서 불신자는 오늘의 말씀대로 살기가 어려운 것입니다.

그러나 예수 믿는 사람은 거듭난 사람입니다. 죄에서 새로 태어난 사람입니다. 하나님의 구원의 은혜를 받은 사람입니다. 원수 된 우리를 하나님께서 선대해 주시고 용서해 주시고 받아주신 이 큰 은혜를 받은 사람입니다. 하나님의 은혜를 경험한 사람이기 때문에 예수 믿는 사람은 이 말씀대로 할 수가 있다는 것입니다. 물론 예수 믿는다고 다할 수 있는 것은 아닙니다.

또 하나 감사한 것은, 예수 믿는 우리에게 하나님께서 그의 영, 즉 성령을 보내주셔서 우리 속에 성령이 함께 계십니다. 그래서 나의 감정으로는 할 수 없지만, 내 안에 계시는 성령님이 도와주시고 성령님이 나를 다스려 주시면, 나는 오늘 이 말씀대로 따라 살 수가 있는 것입니다. 그렇기 때문에 여러분들이 할 수 없다고 느낄 때 성령 하나님의 도우심을 간구하시고 기도하시기 바랍니다.

"성령님, 저를 도와주소서. 내 본성은 악에 대해서 악으로 갚고 싶지만, 성령님 나를 도와주셔서 오늘 말씀대로 저 악한 자에게 선으로 갚을 수 있도록 도와주시옵소서."

그래서 성령 하나님의 능력을 받아서 악을 악으로 갚지 않고 악을 선으로 갚는 우리 모든 성도들, 복된 성도들이 다 되시기를 바랍니다.

10

로마서 13:1-7

국가에 대한 신자의 태도

"각 사람은 위에 있는 권세들에게 복종하라 권세는 하나님으로부터 나지 않음이 없나니 모든 권세는 다 하나님께서 정하신 바라 그러므로 권세를 거스르는 자는 하나님의 명을 거스름이니 거스르는 자들은 심판을 자취하리라 다스리는 자들은 선한 일에 대하여 두려움이 되지 않고 악한 일에 대하여 되나니 네가 권세를 두려워하지 아니하려느냐 선을 행하라 그리하면 그에게 칭찬을 받으리라 그는 하나님의 사역자가 되어 네게 선을 베푸는 자니라 그러나 네가 악을 행하거든 두려워하라 그가 공연히 칼을 가지지 아니하였으니 곧 하나님의 사역자가 되어 악을 행하는 자에게 진노하심을 따라 보응하는 자니라 그러므로 복종하지 아니할 수 없으니 진노 때문에 할 것이 아니라 양심을 따라 할 것이라 너희가 조세를 바치는 것도 이로 말미암음이라 그들이 하나님의 일꾼이 되어 바로 이 일에 항상 힘쓰느니라 모든 자에게 줄 것을 주되 조세를 받을 자에게 조세를 바치고 관세를 받을 자에게 관세를 바치고 두려워할 자를 두려워하며 존경할 자를 존경하라"

6월은 '호국보훈의 달'이라고 합니다. 호국이라는 것은 나라를 지킨다는 것이요, 보훈이라는 것은 희생에 대하여 보답한다는 뜻이 있습니다. 지난 주간에 KBS1 '인간극장'에는 6.25때에 학도 의용군으로 나갔던 한 할아버지에 대한 기록이 방영되었습니다. 그런데 그분이 하는 말씀이 자기는 18살에 군대에 갔지만, 그 당시에 15살 중학생으로서 또 고등학생으로서 학도 의용군이 되어 전쟁터에 나갔다가 목숨을 버린 사람들이 더러 있다는 것입니다. 그 이야기를 들을 때에 가슴이 아팠습니다.

우리 어린 자녀들을 한번 생각해 보십시오. 중·고등학생들이 군에 가서 죽었다고 생각해 보세요? 정말 안타까운 일이지요. 이 호국보훈의 달에 오늘을 사는 우리는 이 나라를 위해서 무엇을 어떻게 할 것인가 생각해 봐야 합니다. 마침 오늘 본문 로마서 13장 1절에서 7절은 국가 권세와 이 권세에 대한 신자의 태도가 어떠해야 되는지를 우리에게 말씀해 주고 있습니다. 오늘 말씀을 통해서 이 나라의 국민으로서 나라에 대해서 바르게 이해하고, 나라에 대해서 바른 태도를 가지고 훌륭한 국민으로 살아가는 저와 여러분이 다 될 수 있기를 바랍니다.

오늘 본문 말씀은 국가의 권위에 대해서 말씀하고 있습니다.

1절 말씀을 보십시오.

> "각 사람은 위에 있는 권세들에게 복종하라 권세는 하나님으로부터 나지 않음이 없나니 모든 권세는 다 하나님께서 정하신 바라."

"위에 있는 권세들에게 복종하라"고 말씀하셨는데, 위에 있는 권세들이 무엇이겠습니까? 이것은 여러 권세들을 말합니다.

가장 기본적으로는 우리 가정에서 권세는 부모의 권세입니다. 학교에서는 선생의 권세입니다. 교회에서는 목사 장로의 권세, 그리고 또 직장에서는 상사, 상관의 권세가 있습니다. 나라가 있으면 거기에 국가 위정자의 권세가 있습니다. 이 모든 것이 위에 있는 권세입니다. 특별히 오늘 본문에서는 이 위에 있는 권세가 무엇이냐고 하면 '국가 권세'를 말합니다. 왜 위에 있는 권세들에게 복종을 해야 하는가? 1절 둘째 줄에 보면 "권세는 하나님으로부터 나지 않음이 없다"라고 했습니다. 모든 권세는 하나님께로부터 난다는 것입니다. 모든 권세는 하나님이 정하셨다는 것입니다.

다니엘서 4장에 보면, 다니엘이 바벨론 왕 느부갓네살의 꿈을 해석해 주는 부분이 나옵니다. 다니엘이 꿈을 풀기를 "지극히 높으신 이가 사람의 나라를 다스리시며"라고 말합니다. 성경에서 지극히 높으신 이가 누구십니까? 하나님이십니다.

하나님께서 사람의 나라를 다스리시며 자기의 뜻대로 누구에게든지 주신다고 말씀하셨습니다. 나라를, 나라의 권력을, 하나님께서 자기의 뜻대로 이 사람에게도 주시고 저 사람에게도 주신다는 것입니다. 요컨대 다스리는 권세는 하나님이 주신다는 말씀입니다. 그런 점에서 교회의 사역자만 하나님의 종이 아닙니다.

국가의 권세자도 하나님께로부터 권세를 받았기 때문에 넓은 의미에서 하나님의 종이라고 할 수 있습니다. 오늘 본문 4절을 한번 보시기 바랍니다. 4절에 국가의 권세자를 무엇이라고 했는지 한 번 발견해 보십시오. 무엇이라고 했습니까? "하나님의 사역자"라고 했습니다. 첫 줄과 셋째 줄에도 "곧 하나님의 사역자가 되어"라고 하였습니다. 하나님의 종이 되었다는 말씀입니다. 6절에 또 무엇이라고 말씀했는지 보시기 바랍니다. 둘째 줄에 무엇이라고 말씀했습니까? '하나님의 일꾼'이라고 했습니다. 국가의 위정자가 기독교 신자가 아닐지라도 하나님을 모르는 사람일지라도, 아니 다른 종교를 가지고 다른 신을 섬기는 자일지라도 상관없이 그는 하나님의 종이라는 것입니다. 그의 권세는 하나님께서 주시는 것입니다.

그런데 국가의 권력은 절대 권력입니까? 아닙니다. 절대 권력은 하나님에게만 있습니다. 국가 권력은 하나님에게서 어떤 이에게 위탁한 권위, 위임된 권위라 말할 수 있습니다. 그러므로 국민은 일반적으로 국가권력에 복종해야 되지만 무조건적으로 무비판적으로 복종해야 되는 것은 아니라는 말씀입니다. 예를 들어서, 국가가 하나님이 금하시는 것을 명하거나 또 하나님이 명하시는 것을 금하거나 하면 기독교인은 거기에 복종하기가 어려워집니다.

사도행전 5장을 보면, 예수님을 십자가에 못 박고 핍박했던 사람들이 사도들이 나가서 예수님의 십자가와 부활에 대해 전하니 자꾸 마음이 켕깁니다. 그래서 사도들을 잡아들였습니다. 위협을 했습니다. 앞으로 절대로 예수 이름을 전하지 말고 가르치지도 말라고 위협해서 내놓았는데, 나가자마자 또 복음을 전합니다.

그러자 또다시 잡아들였습니다. '왜 우리가 금지했는데 또 전하냐?'라고 말하니 그때 사도들이 한 유명한 말씀이 있습니다.

"사람보다 하나님께 순종하는 것이 마땅하니라."

정말 귀한 말씀입니다. 예수 믿는 사람은 세상 어디에서든지 이 말씀을 가슴에 깊이 새기고 살아가야 될 줄로 믿습니다.

우리나라에서는 사람들이 개신교보다 천주교를 더 선호하는 경향이 있습니다. 가장 큰 이유가 무엇이냐 하면 조상의 제사 문제 때문입니다. 천주교에서는 똑같은 하나님을 섬기는 데도 조상 제사를 허용합니다. 그러나 개신교에서는 허용이 안 됩니다. 그래서 하나님을 섬기면서도 마음 편하게 조상 제사도 지낼 수 있으니까 천주교로 가는 사람이 많습니다. 그러나 우리가 알아야 될 것이 있습니다. 사실 천주교도 초기에는 우리 개신교가 금하는 것보다 더 엄격하게 조상제사를 금했습니다. 조선 천주교에 수많은 순교자가 생긴것도 그때문입니다.

1971년도에 전라북도 진산이라는 곳에서 '진산 사건'이라는 유명한 사건이 있었습니다. 조선시대 말기였습니다. 그때에 윤지충이라는 사람이 자기의 이종사촌인 권상연이란 사람과 자기 어머니가 돌아가시자 의논을 했습니다. 이 사람들은 천주교 신자입니다. 의논을 해서 제사도 지내지 않고 위폐도 모시지 않았습니다. 이 소문이 퍼져 나갑니다. 당시 조선은 유교 사상의 오랜 관습과 관념에 깊이 젖어 있던 때였습니다. 유교 전통이 국법과 같은 시기였습니다. 그 소문을 듣고 진산 군수가 이 사람들을 잡아들였습니다. 잡아들인 후 전라 감사에서 심문을 받게 되었습니다. 심문은 받게 될 때에 윤지충이 이렇게 말을 했습니다.

"천주교를 신봉함으로써 제 양반 칭호를 박탈당한다고 해도 저는 천주께 죄 짓기를 원치 않습니다."

목숨이 백척간두의 위기에 있는데도 "저는 하나님께 죄 짓기를 원치 않습니다"라고 한 것입니다. 결국 그는 전주 남문 밖에서 참수

형을 당해서 순교했습니다. 그런데 그런 천주교가 왜 하나님이 싫어하시는 제사를 허용하겠습니까? 그 제사로 인해서 윤지충이나 권상연 같은 사람이 너무 많이 생긴 것입니다. 너무 많은 순교가 있으니까 안 되겠다 싶어서 교황청에서 한 발자국 후퇴를 한 것입니다. 그들도 제사가 성경적으로 안 된다는 것은 알았습니다. 그런데 너무 많은 희생이 있으니까 타협을 해서 뒤로 물러난 것입니다.

그러나 이렇게 하나님의 말씀에 정면으로 위배되지 않는 한 성도는 국가의 권력에 복종해야 된다는 것입니다. 로마서가 기록될 당시에 이스라엘은 독립국가가 아니었습니다. 로마제국의 압제 아래에 있었습니다. 우리나라 일제 36년처럼 말입니다. 그런데 사도 바울은 편지를 통하여 크리스천들에게 무엇이라고 말합니까? 위에 있는 권세자들에게 복종하라고 말씀합니다. 그 당시 위에 있는 권세자들이 누구입니까? 로마의 황제나 로마 황제가 보낸 총독이 권세자들입니다. 당시 우리나라로 말하면 일본 총독이 될 것입니다. 그런데 '복종하라'고 말씀하고 있습니다.

다음으로 국가의 기능은 무엇이겠습니까?

왜 하나님께서 나라를 세우시고 통치자를 세우셨겠습니까? 인간이 타락하기 전에는 나라도 필요가 없었고, 교회도 필요가 없었습니다. 타락하지 않았는데 죄가 없는데 교회가 왜 필요하겠습니까? 그런데 인간이 범죄 한 후 타락하고 나서 죄가 이 세상에 들어오자 이 세상이 급격하게 악화되었습니다.

인간의 타락이 창세기 몇 장에 기록되어 있습니까? 창세기 3장에 기록되어 있습니다. 그런데 창세기 4장에 가면 살인죄가 나옵니다. 가인이라는 사람이 자기 동생 아벨을 돌로 쳐 죽이지 않습니까? 죄가 얼마나 급속하게 확장이 되었고 영향을 끼쳤는가를 알 수 있습니다. 이 세상은 조절장치가 없으면 무법천지가 되고 지옥 같이 되고 마는 것입니다. 그래서 하나님께서 세우신 것이 바로 '국가'라는 것입니다.

오늘 본문 3절과 4절을 가만히 보면 선한 일, 악한 일, 즉 선과 악이라는 말이 나오고 있습니다. 무엇을 말합니까? 국가 권력은 선악과 관련이 된다는 것입니다. 말하자면 국가권력자는 하나님이 주신 칼을 가지고, 공권력을 가지고, 악한 일과 악한 자에 대하여 보응하고 진노하고 심판한다는 것입니다. 반면에 선한 일에 대해서는 칭찬하고 선을 베풉니다. 상장을 주고 표창과 훈장을 주고 연금을 주어서 선한 일을 장려하는 것입니다. 한마디로 말해서 '권선징악', 곧 선을 권하고 악을 징벌하는 것입니다. 악을 징벌해서 악한 자에게 두려움을 줌으로써 세상에 평화와 질서를 유지하는 것이 국가의 기능이라는 것입니다.

우리는 흑산도에서 일어난 끔찍하고 파렴치한 범죄를 들었습니다. 이런 일에 대하여 국가가 엄격하게 징벌함으로써 비슷한 마음을 가지고 있는 사람들이 마음속에 경고를 받게 됩니다. 범죄를 줄이게 되는 것입니다. 저희가 영국에 살 때에 제 아내가 영어교습소에 다닌 적이 있습니다. 세계 여러 나라 사람들이 그곳에서 영어를 배우는데 거기에 소말리아 남자가 한 명 있었습니다.

소말리아는 아프리카 동북쪽의 제일 동쪽에 뿔처럼 톡 튀어나온 나라인데 인구가 약 천만 정도 됩니다. 그 사람이 아내에게 하는 말이 "너도 우리나라에 오면 대통령이 될 수 있다"라는 것이었습니다. 무슨 말이겠습니까? 그 나라는 무정부 상태입니다. 치안도 없고 경찰도 아무 소용이 없습니다. 힘있는 사람이 최고입니다. 싸우다가 안 되면 총 가진 사람이 총 끄집어내서 죽이면 그것으로 끝입니다. 지금도 그렇습니다. 내전이 계속됩니다. 살인이 계속됩니다. 소말리아 해적이 유명하지 않습니까? 온갖 폭력이 난무하고 있습니다. 무법천지입니다. 언제 죽을지 모르는 위태한 삶을 사람들이 살고 있는 것입니다. 국가 권력이 없는 사회가 얼마나 무섭고 비참한지 모릅니다. 그런 점에서 국가와 국가의 권력자는 하나님의 은혜요, 하나님의 선물이라는 것입니다.

하나님의 은혜는 크게 두 가지가 있습니다.

첫째는, 특별은혜가 있습니다. 특별은혜가 무엇입니까? 하나님께서 어떤 사람들을 특별히 사랑하셔서 창세전에 택하시고 때가 되매 불러서 구원해 주시는 은혜가 바로 특별은혜입니다. 저와 여러분은 모두다 하나님의 특별한 은혜를 받은 사람들입니다.

둘째는, 일반은혜가 있습니다. 하나님께서 예수 믿지 않는 사람에게도 다 비를 내려주시고 햇볕을 비춰 주시고 공기를 주셔서 차별 없이 모든 사람에게 은혜를 베풀어주지 않습니까? 나라도 마찬가지입니다. 나라가 없으면 무질서한 세상이 될 것인데, 하나님께서 국가 권력을 세워 주셔서 국가에서 사람들이 안전하게 살 수 있는 것입니다. 그 안에서 예수 믿는 사람들이 자유롭게 하나님을 섬길 수 있고 또 복음을 다른 사람에게 전파할 수 있습니다. 이것이 바로 하나님의 은혜라는 것입니다.

때로 우리나라 대통령이나 국회의원들, 고위 공직자들을 보면 참 실망스럽고 답답하고 분통이 터질 때도 있습니다. 그러나 북한을 한 번 생각해 보시기 바랍니다. 저 이슬람 국가나 힌두교 국가를 생각해 보십시오. 아주 미개한 나라들을 생각해 보십시오. 자유민주주의 가운데 번영한 이 나라 이 땅에 사는 것이 얼마나 복된 일인지 모릅니다. 이 나라로 인해서 하나님께 감사하며 나라와 권력자를 위해 기도하시는 여러분들이 되시기를 바랍니다. 이것이 하나님의 뜻입니다.

다음으로, 국가와 권력자의 대한 우리 신자의 의무가 무엇이겠습니까?

간단하게 네 가지로 살펴봅니다.

첫 번째는, 복종하는 것입니다.

1절을 보십시오.

"각 사람은 위에 있는 권세들에게 복종하라."

나라에 대한 신자의 첫 번째 의무는 국가 권력에 복종하는 것입니다. 왜 그렇습니까? 앞에서 보았듯이 국가권력은 하나님에게서 나왔습니다. 국가 권력자는 하나님의 종이요, 일꾼입니다. 그렇기 때문에 복종해야 된다는 것입니다. 그러면 국가권력에 복종하라는 이 말은 무슨 뜻입니까? 국가의 법을 준수하라는 것입니다. 정부당국의 법령을 위반하거나 무시해서는 안 된다는 것입니다. 불법행위를 해서는 안 된다는 것입니다. 신자는 앞장서서 국법을 준수하고 질서를 존중해야 합니다. 반국가주의, 정부 타도, 공권력에 대한 폭력적인 시위나 저항은 예수 믿는 신자에게 합당하지 않습니다. 또 국가권력에 복종한다는 것은 국민으로서 해야 될 마땅한 의무를 다하는 것입니다. 예를 들어 우리나라 국민이면서 병역의 의무를 기피하는 사람들이 있습니다. 어떤 부모들은 돈을 써서 자기 자식을 군대에 안 보내려고 하시는 분들도 있습니다. 어떤 연예인들이나 스포츠인들은 몸도 괜찮은데, 술수를 써서 군에 안 가려고 하는 경우들도 있습니다. 여호와의 증인은 병역의 의무를 기피하라고 가르칩니다. 다 잘못된 것입니다. 2절을 보십시오.

"그러므로 권세를 거스르는 자는 하나님의 명을 거스름이니 거스르는 자들은 심판을 자취하리라."

그것은 바로 하나님의 명을 거스르는 것과 같다고 말씀했습니다.

두 번째는, 납세의무를 다하라는 것입니다.

6절과 7절에 말씀하고 있는데 6절 말씀을 봅시다.

"너희가 조세를 바치는 것도 이로 말미암음이라 그들이 하나님의 일꾼이 되어 바로 이 일에 항상 힘쓰느니라."

나라가 있고 권력이 있고 나라를 위해서 일하는 공직자가 있으면, 그들의 삶을 위해서 또 국가의 공적인 일을 위해서 세금을 내는 것이 마땅합니다. 예수님께서도 "가이사의 것은 가이사에게 하나님의 것은 하나님에게 바치라"고 말씀하셨습니다. 그런데도 많은 사람들이 어찌 하든지 탈세를 하려고 합니다. 이중장부를 만드는 기업이 많습니다. 탈세에 걸리는 기업가들, 부자들, 연예인들, 스포인들이 얼마나 많습니까?

이랜드 박성수 회장은 사랑의 교회 장로님입니다.

1980년도에 2평 남짓한 좁은 공간에서 보세의류 사업을 시작했습니다. 그런데 신앙양심에 매우 찔리는 것이 세금 문제였다고 합니다. 그래서 안 되겠다 싶어서 주식회사를 시작해야겠다고 결심하고 회사를 설립했습니다. 그가 회사를 설립하면서 마음을 굳게 결심한 것이 100% 정직하기로 결단했다는 것입니다. 그리고 사업을 시작했는데, 그는 기업을 운영하면서 한 푼도 탈세하지 않고 그대로 바쳤다는 것입니다. 35년밖에 안 되는 기업인데, 우리나라 의류 회사로서 최고로 잘 나가고 있습니다. 지금은 아주 큰 유명한 대기업이 되었습니다. 물론 근래에 와서는 너무 확장이 되다 보니 더러 부정적인 면들이 보이는 것도 사실입니다. 신앙생활은 교회생활만 잘하는 것이 아닙니다. 세금을 정직하게 탈세 없이 내는 것이 신앙인의 바른 자세입니다.

세 번째는, 존경해야 합니다.

7절 끝을 보시기 바랍니다.

"두려워할 자를 두려워하며 존경할 자를 존경하라."

다시 말해서 권력에 있는 자는 하나님이 세우신 만큼 그를 존경해야 한다는 것입니다. 같은 말씀이 베드로전서 2장 17절에도 있습니다.

"뭇 사람을 공경하며 형제를 사랑하며 하나님을 두려워하며 왕을 존대하라."

왕을 존대하라고 말씀합니다. 금년에 일부 국회의원들이나 어떤 사람들이 대통령에 대해 모독적인 발언을 하는 경우가 여러 번 있었습니다. 참 안타까운 일입니다. 자기 마음에 들지 않는다고 해서 국민을 대표하는 대통령에게 독설을 쏟아내고 권위를 무시하는 것은 있을 수 없는 일입니다. 그런 분을 뽑아 준 국민을 무시하는 것입니다. 그것은 자기 부모를 욕하는 것과 다를 바 없습니다. 여러분, 존경할 자를 존경하는 신자가 되시기를 바랍니다.

네 번째는, 그들을 위하여 기도하라는 것입니다.

디모데전서 2장 1-2절을 보십시오.

"그러므로 내가 첫째로 권하노니 모든 사람을 위하여 간구와 기도와 도고와 감사를 하되, 임금들과 높은 지위에 있는 모든 사람을 위하여 하라 이는 우리가 모든 경건과 단정함으로 고요하고 평안한 생활을 하려 함이라."

귀한 말씀입니다. 예수 믿는 사람은 자기 문제만 가지고 자기와 가족을 위하여 기도하는 것이 아니라 누구를 위해서 기도하라고 했습니까? 모든 사람을 위해서 기도하는데, 그중에서도 특별히 기도할 것이 임금들과 높은 지위에 있는 권세자들을 위해서 기도하라고 말씀했습니다.

그렇기 때문에 신자는 대통령이 누구든지 상관없이 호불호를 떠나서 하나님께서 복을 주시고, 하나님이 지도력을 주시고, 총명을 주시고, 명철을 주시고, 바른 판단력을 주셔서 나라를 잘 이끌어 갈 수 있도록 기도해야 됩니다. 저 사람은 내가 싫어하는 당에 있는 사람이고, 저 사람은 내가 싫어하는 사람이니 해서 비판만 하고 기도하지 않는 그런 사람이 되어서는 안 된다는 것입니다.

찬송가 70장에 "피난처 있으니"라는 찬송이 있습니다.

"피난처 있으니 환난을 당한 자 이리 오라."

이 찬양은 원래 영국 국가입니다. 영국 국가인데, 그 가사를 가만히 들어보면 하나님 앞에 드리는 하나의 기도입니다. 국가인데 바로 기도입니다.

"God save the Glorious Queen,
은혜로운 우리 여왕을 지켜주시옵소서."

마지막에 똑같은 가사로 끝이 납니다. 저는 영국인들이 국가를 부를 때 마음에 감동이 됩니다. 우리 왕이 아닌데도 우리 대통령이 아닌데도 하나님이 지켜 주기를 기도하는 것입니다. 이전보다 더 이 나라와 대통령과 고위공직자들을 위해서, 또 우리가 살고 있는 울산 시장을 위해서 하나님 앞에 많이 기도하시기 바랍니다.

어떤 사람들은 신자라고 하면서 정치인에 대해서 날카로운 공격은 너무 잘하는데, 그들에게 묻고 싶은 것은 비판하는 것 이상으로 그 권세자들을 위해 하나님 앞에 기도하느냐 하는 것입니다. 기도하지 않는 사람은 비판할 자격도 없습니다. 비판보다 더 하나님 앞에 많이 기도하시는 여러분이 되시기를 바랍니다.

오늘은 국가권력과 기능에 대해, 그리고 그리스도인이 국가 권력에 대해 어떻게 생각해야 될지를 말씀을 통해 살펴보았습니다.

첫 번째는, 복종하라고 했습니다.

두 번째는, 납세의무를 다하라고 했습니다.

세 번째는, 하나님이 세운 자를 존경하라고 했습니다.

네 번째는, 그들을 위하여 기도하라고 했습니다.

저의 말이 아니고 하나님 말씀입니다. 이 말씀을 마음에 새겨서 성경적인 국민으로 살아가는 저와 여러분이 다 되시기를 바랍니다.

11

로마서 13:8

사랑, 기독교 윤리의 대강령

"피차 사랑의 빚 외에는 아무에게든지 아무 빚도 지지 말라 남을 사랑하는 자는 율법을 다 이루었느니라"

우리 기독교의 3대 덕을 믿음, 소망, 사랑이라고 합니다.

좀 더 간단하게 말하면 信(신), 望(망), 愛(애)라고 합니다. 그렇다면 기독교의 최고의 덕은 무엇입니까? 사랑이라고 합니다. 고린도전서 13장 끝에 보면 "그런즉 믿음과 소망과 사랑 이 세 가지는 항상 있을 것인데 그중에 제일은 사랑이라"고 말씀했습니다.

그런데 왜 사랑이 최고일까요? 그것은 이 세상이 끝이 나서 하나님 나라에 가게 되면 다른 모든 덕은 다 필요가 없어집니다. 믿음도 거기서는 다 실행이 되고, 소망도 다 이루어졌습니다. 그런데 사랑만은 영원합니다. 우리는 하나님 나라에서 하나님의 백성으로서 서로 영원히 사랑하면서 살게 되는 겁니다. 그런 점에서 사랑이야

말로 기독교 최고의 덕입니다.

성경이 말씀하고 가르치는 사랑은 이 세상이 말하는 사랑이 아니라 아가페 사랑이라고 합니다. '아가페' 사랑은 신적인 사랑입니다. 하나님이 우리에게 보여주신 사랑, 무조건적인 사랑, 그리고 한이 없는 사랑을 말하는 것입니다.

이 사랑이 기독교에서 얼마나 중요한지 모릅니다.

> "피차 사랑의 빚 외에는 아무에게든지 아무 빚도 지지 말라 남을 사랑하는 자는 율법을 다 이루었느니라."

로마서 12장부터는 실천에 대한 말씀이라고 했는데, 12장 3절에서 13절까지 보면 "형제를 사랑하고 서로 우애하라"고 말씀했고, 또 12장 14절에서 21절에 있는 말씀에도 "악을 악으로 갚지 말고 모든 사람과 더불어서 화목하고 원수를 선대하라"고 했습니다. 한마디로 요약하면 "원수도 사랑하라"는 말씀입니다. 그리고 오늘 본문 말씀 13장 8절에서 10절 말씀은 석 절밖에 안 되는 짧은 말씀인데 '사랑하라'는 말씀이 5번이나 나오고 있습니다.

여기서 우리가 알 수 있는 것은, 12장에서부터 사랑에 대한 말씀이 끊임없이 나오고 있다는 것입니다. 어떤 다른 말씀이나 교훈보다 사랑을 더 교훈하고 강조하고 있습니다. 그래서 사랑은 '기독교 윤리의 대강령'이라고 말하는 것입니다. 사랑은 우리 신자의 삶의 대원칙이 됩니다. 이 시간 다시 한 번 사랑을 알고 또 사랑에 푹 잠기는 복된 시간이 되기를 바랍니다.

첫째, 사랑은 갚아야 될 빚입니다.

오늘 8절 말씀을 보면 "사랑의 빚 외에는 누구에게나 아무 빚도 지지 말라"고 말씀합니다. 여러분 우리 신자는 남에게 빚지지 말아야 합니다. 신자는 자신의 재정을 잘 경영해야 합니다. 수입의 범위 안에서 지출하고 낭비하지 말고 비상시나 미래를 위해서 조금씩이라도 저축해서 빚지지 말아야 합니다. 이 말은, 신자는 남에게 아무것도 빌려서는 안 되고 남에게 신세를 져서는 안 된다는 말이 아닙니다. 걸핏하면 빚을 지거나 또 빚을 갚는 데 성실하지 못해서 늘 빚쟁이로 살거나, 또는 남에게 재정적으로 피해를 주고 손해를 끼치는 삶을 살아서는 안 된다는 것입니다. 시편 37편 21절을 보면 "악인은 꾸고 갚지 아니한다"고 말씀하고 있습니다.

물론 사업이나 장사를 하다 보면 어쩔 수 없이 돈을 빌려야 할 때가 있습니다. 그러나 그 돈을 우선적으로 갚으려고 노력해야 하는 것입니다. 그런데 진작 이 8절 말씀의 강조점은 아무 빚도 지지 말라는 말씀에 있는 것이 아니라 사랑의 빚을 갚으라는 말씀에 있습니다.

어떤 의미에서 모든 성도는 다 빚진 자입니다.

저는 빚지기를 싫어하고, 지금 남에게 재정적으로 빚져 있는 것이 아무것도 없습니다. 우리가 남에게 빚진 것이 없다고 할지라도 모두다 빚진 자라는 것입니다. 누구에게 어떤 빚을 졌습니까? 하나님에게 사랑의 빚을 졌습니다. 하나님이 세상을 너무나 사랑하여 독생자를 주셨다고 말씀했습니다. 얼마나 큰 사랑의 빚입니까?

독생자 예수님께서는 우리를 사랑하셔서 자기 목숨을 십자가에 내놓았습니다. 이 얼마나 큰 사랑의 빚입니까? 그래서 이 사실을 믿고 하나님의 사랑을 경험한 사람은 다 하나님께 사랑의 빚을 진 사람이라는 말씀입니다. 요컨대 우리 성도는 하나님께 엄청난 무한대의 사랑의 빚을 진 사람입니다.

여러분, 그렇게 인정하십니까? 그러기 때문에 이 빚을 우리가 갚아야 되는데 어떻게 갚아야 됩니까? 하나님의 사랑으로 이웃을 사랑함으로써 갚아야 하는 것입니다. 하나님이 예수 그리스도 안에서 우리를 사랑하신 그 사랑, 예수님께서 십자가에서 우리에게 보여주신 사랑을 우리가 반사해서 이 세상에 비추며 다른 사람에게 갚으면서 살아가야 한다는 말씀입니다.

그런데 이 사랑의 빚을 다 갚을 수 있겠습니까? 누가 하나님께서 우리에게 베풀어주신 그 사랑만큼 다른 사람을 사랑하면서 살 수 있겠습니까? 아무리 갚아도 다 갚을 수 없는 빚인 것입니다. 그러기에 누구도 이만 하면 내가 이웃을 충분히 사랑했으니까 더 이상 사랑하지 않아도 된다고 말할 수 있는 사람은 이 세상에 아무도 없는 것입니다. 그래서 NIV 영어성경에 보면, 이 사랑을 "Continuing debt, 계속적인 빚"이라고 했습니다. 죽을 때까지 계속해서 갚아야 될 빚, 의무 그것이 사랑이라는 말씀입니다.

여러분, 남에게 빚지는 삶은 선하지 않고 악하다고 했습니다. 그러나 사랑의 빚은 선하고 아름다운 것입니다. 그러므로 누구든지, 어떤 사람이든지, 어떤 성도든지 만나면 '아, 나는 저 사람에게 빚진 게 아무것도 없어' 그렇게 생각하지 말고 '난 저 사람에게 빚이 있어. 저 사람에게 갚아야 될 사랑의 빚이 있어' 이렇게 생각하면서 그 사람에게 사랑을 베풂으로써 사랑의 빚을 갚아가는 성도가 되시기를 바랍니다.

둘째는, 사랑은 모든 계명의 요약입니다.

9절을 보면 십계명에 있는 여러 가지 계명이 나옵니다. 맨 먼저 무엇이 나옵니까? "간음하지 말라" 7계명입니다. 그 다음 "살인하지 말라" 6계명입니다. 다음은 "도둑질하지 말라" 8계명이고, "탐내지 말라" 10계명입니다. 십계명은 원래 두 돌판에 기록이 되어 있다고 했습니다.

그러면 방금 기록된 이 계명들은 첫째 돌판에 기록되어 있습니까? 둘째 돌판에 기록되어 있습니까? 둘째 돌판에 기록되어 있습니다. 이웃에 대한 계명입니다. 물론 제5계명도 빠졌고, 제9계명 "거짓 증거하지 말라"는 계명도 빠져 있지만, 셋째 줄을 보면 "그 외에 다른 계명이 있을지라도"라고 했습니다.

여기에 제9계명도 들어가고 5계명도 들어가고 10계명에 없는 다른 계명들도 다 들어간다고 볼 수 있습니다. 중요한 것은 9절에 보면, 이 모든 계명이 네 이웃을 네 몸과 같이, 내 자신과 같이 사랑하라는 이 계명 안에 다 들어 있다고 말씀하고 있다는 것입니다.

언젠가 제가 한 약사님에게 물어보았습니다.

"중요한 약을 약 하나에 모을 수가 없느냐?"라고 물으니까 중요한 약들은 약 하나에 복합으로 들어갈 수가 없답니다. 예를 들어서 당뇨 약하고 심장 약하고 한 약에다가 같이 담지 못한다는 것입니다. 고혈압 약하고 또 뼈가 아픈 데 먹는 약하고 같이 섞을 수가 없다는 것입니다. 그러나 감기약이나 비타민 정도는 가능하다는 것입니다. 그래서 종합 감기약이 있지요? 한 알 먹으면 코감기, 기침, 열도

다 잡히는 그런 약이 있다는 말입니다. 비타민도 생각해 보면 어떤 비타민이 있습니까? 종합비타민이 있습니다.

십계명의 두 번째 돌판에 적힌 이웃에 대한 계명들을 약이라고 생각해 보면, 한 가지 약 안에 다 넣을 수 있다는 것입니다. 다 들어있다고 볼 수 있습니다. 그 약이 무슨 약입니까?

"이웃을 네 몸과 같이 사랑하라"라는 계명의 약 안에 다 넣을 수 있다는 것입니다.

예수님도 그렇게 말씀했습니다. 어떤 율법사가 어느 날 예수님께 나아와서 "선생님, 율법 중에 가장 큰 계명이 무엇입니까?" 하고 묻자 예수님이 뭐라고 하셨습니까? "마음을 다하고 목숨을 다하고 뜻을 다하여 주 너의 하나님을 사랑하라" 하시고, 또 "네 이웃을 네 몸과 같이 사랑하라"고 말씀하셨습니다. 이 말씀이 얼마나 귀하고 중요한지 아십니까? 사랑은 율법의 완성이라는 것입니다.

사람이 이 땅에 살아가는 동안에 지켜야 되는 첫째 계명, 제일가는 계명, 제일가는 의무가 무엇이라는 말씀입니까? 하나님을 사랑하는 것입니다. 하나님을 사랑하되 적당히 사랑하는 것이 아니라 "마음을 다하고 목숨을 다하고 뜻을 다해서 하나님을 사랑하라"는 것입니다. 우리가 이 세상을 살아가면서 비록 여러 부분에서 좀 부족하고 연약하다 할지라도, 하나님을 사랑하는 일에는 아무에게도 지지 마시고 부족함이 없도록 하시기 바랍니다.

온 힘을 다하여 하나님을 사랑하고 섬기는 성도가 되시기 바랍니다. 그렇게 하면 그 사람은 하나님이 보실 때 제일가는 인생입니다. 첫째가는 의무, 첫째가는 계명을 잘 지키는 사람입니다. 그것보다 더 중요한 것이 없습니다.

그리고 오늘 말씀에 보니까 두 번째 계명이 무엇입니까? "네 이웃을 네 자신과 같이 사랑하라. 이 두 계명이 온 율법과 선지자의 대강령이니라"라고 했습니다. '대강령'이라는 것이 무슨 말이겠습니까? 강령이라는 말은 '원리', '요약'이라는 말입니다. 즉 십계명의 첫 번째 돌판의 1-4계명을 요약하면 '하나님 사랑'이고, 5-10계명까지 두 번째 돌판을 요약하면 '이웃 사랑'입니다. 그렇습니다. 5계명부터 10계명 속에 사람에 대해서 지켜야 되는 계명과 정신이 다 포함되어 있는 것입니다. 다시 말하면 '이웃 사랑'이라고 하는 이 말씀이 5계명에서 10계명까지 두 번째 돌판에 있는 모든 계명을 다 포함한다는 것입니다.

왜 그렇게 말할 수 있습니까? 10절 첫 줄에 보면 "사랑은 이웃에게 악을 행치 않는다"라고 했습니다. 내가 상대방을 사랑하는데 그 사람을 살인할 수 있습니까? 없습니다. 사랑하면 죽일 수 없습니다. 내 앞에 있는 사람을 사랑하면 폭행할 수 있습니까? 간음할 수 있습니까? 없습니다. 내가 내 앞에 있는 사람을 사랑하면 내 이웃에 있는 사람, 이웃에 있는 물건을 도둑질할 수 있습니까? 없습니다. 거짓 증거할 수 없습니다. 탐낼 수가 없는 것입니다.

그러므로 이웃을 사랑하면 5계명에서 10계명에 있는 말씀을 다 지킬 수 있다는 것입니다. 사랑과 율법은 떼려야 뗄 수가 없습니다. 율법은 사랑으로 채워주어야 되고 사랑은 율법으로 방향을 잡아야 한다는 것입니다.

다시 말하면 사랑을 근거로 율법을 지켜야 하는 것입니다.

요한복음 14장 15절 말씀을 보십시오.

"너희가 나를 사랑하면 나의 계명을 지키리라."

여러분 혹시 예수님 사랑한다고 하면서 예수님의 말씀은 예수님의 계명은 무시하고 관심 없이 살고 있지 않은지 모르겠습니다. 이웃을 사랑한다고 하면서 이웃에 대한 하나님의 계명은 무시하고 신경 안쓰고 살고 있지 않는지 모르겠습니다. 여러분 사랑함으로 계명을 지키는 성도가 되시기를 바랍니다.

셋째로, 사랑은 율법의 완성입니다.

8절 끝에 보시기 바랍니다. 8절 끝에 보면 "남을 사랑하는 자는 율법을 다 이루었느니라"고 하였습니다. 그리고 10절 끝에 보십시오. "그러므로 사랑은 율법의 완성이니라." 제가 좋아하는 성구 중에 하나가 히브리서 3장 4절입니다.

"집마다 지은 이가 있으니 만물을 지으신 이는 하나님이시니라."

전도할 때에 새 가족에게 설명하기가 참 좋은 말씀입니다. 하나님을 증거하기에 정말 좋은 말씀입니다. 집마다 지은 이가 있다고 하였습니다. 지은 이가 없는 집이 있습니까? 없습니다. 우리 교회당이 그냥 생겼습니까? 아니지요. 세상에 있는 집들을 생각해 보십시오. 집마다 지은 이가 있습니다.

그러면 이 세상에 있는 산이나 바다나 자연이나 나무나 이런 것들도 저절로 생긴 것이라고 하면 되겠습니까? 말도 안 되는 소리입니다. 너무 비과학적인 말입니다. 집마다 지은 이가 있으니 나무를 지으신 이는 누구시라는 말입니까? 하나님이시라는 것입니다. 하나님이 6일 동안에 천지 만물을 다 창조를 하셨는데 마지막 창조물이 무엇입니까? 우리 인간입니다.

인간을 창조하셨을 때에는 하나님의 능력의 말씀으로 지으신 것이 아니고 친히 흙으로 인간을 빚으셨다고 했습니다. 코를 빚으시고, 눈을 빚으시고, 팔을 빚으시고, 다리를 빚으시고, 다 빚으시고 나서 마지막에 하나님께서 하신 것이 무엇입니까? 코에다가 생기를 불어 넣었습니다.

생기가 무엇입니까? 살아있는 기운입니다. 죽은 기운이 아니라 살아있는 기운 생명의 기운을 하나님께서 불어 넣으시니 흙이 되어서 가만히 누워 있던 인간이 어떻게 되었습니까? 일어나서 살아있는 인간이 된 것입니다. 다 지었는데 생기를 불어넣지 않으면 무엇입니까 그러면 '송장'입니다. 아무짝에도 쓸도가 없는 것입니다.

사랑과 율법의 관계가 그렇다는 것입니다. 사랑은 율법의 완성입니다. 율법이라는 것은 하나님의 법이라는 것입니다. 그래서 하나님의 법을 내가 다 지키고, 하나님의 말씀을 다 지켜서 순종한다 할지라도 사랑이 없으면 아무것도 아니라는 말씀입니다. 의미가 없습니다.

오늘 우리가 교독한 말씀이 어디에서 나온 말씀입니까?

고린도전서 13장 사랑장입니다. 거기에 보던 "내가 사람의 방언과 천사의 말을 할지라도 사랑이 없으면 소리 나는 구리와 울리는 꽹과리와 같다"라고 했습니다. "내가 산을 옮길 만한 엄청난 믿음이 있을지라도 사랑이 없으면 내가 아무것도 아니다"라고 했습니다. "내가 내게 있는 모든 것을 내어서 가난한 사람을 구제한다고 할지라도 내게 사랑이 없으면 아무 유익이 없다"라고 말씀했습니다.

바꾸어 말하면, 성경을 많이 알아도, 교회를 열심히 다녀도, 중직을 받았어도, 자기에게 주신 은사를 가지고 교회에서 봉사를 열심히 한다고 할지라도 사랑이 없으면 아무것도 아니라는 것입니다. 하나님께서 그렇게 말씀하고 계십니다. 그래서 고린도전서 16장 14절에는 "너희 모든 일을 사랑으로 행하라"고 말씀하고 있습니다. 그렇게 행할 때에 그 모든 일이 의미가 있다는 것입니다. 골로새서 3장 14절도 보십시오.

"이 모든 것 위에 사랑을 더하라 이는 온전하게 매는 띠니라."

여러분, 저는 남해 출신입니다. 그래서 중학교 때, 초등학교 때, 보리 베고, 보리를 지어 운반을 많이 했습니다. 짐 중에 가장 싫은 짐이 무엇인지 아십니까? 보릿짐입니다. 왜냐하면 그 까슬한 보리 가시라기가 떨어져 등으로 들어와서 찌르면 시리고 신경질이 납니다. 무겁지는 않지만 보릿짐은 정말 힘듭니다. 보리를 베면 처음에는 보리를 밭에다 놓아둡니다. 보리를 다 벤 다음에는 어떻게 합니까? 벤 것을 모아서 줄로 묶쳐서 단을 만듭니다.

하나님의 계명이 그렇습니다. 그처럼 여러 가지 말씀을 하나로 온전하게 묶어주는 띠가 무엇이라고 했습니까? '사랑'이라고 방금 골로새서에서 말씀했습니다. 사실 생각해 보면, 십계명의 두 번째 돌판에 있는 계명들의 특징이 거의 다 무엇을 하지 말라는 것입니다. 살인하지 말라, 간음하지 말라는 것입니다. 소극적인 의미입니다.

그러나 사랑한다는 것은 소극적입니까, 적극적입니까? 적극적입니다. 사랑은 무엇을 안 하는 게 아니라 무엇을 해주는 것입니다. 이웃의 선을 위해서 유익을 위해서 힘쓰는 것입니다. 그래서 '살인하지 말라'라고 하면 무엇을 아무것도 안 하는 것이 아닙니다. 거기에 사랑이 포함되면 아무것도 안 하는 것이 아니라, 그 사람의 생명을 내가 보호해 주고 그 사람으로 하여금 안 죽도록 내가 돌보아 주는 것입니다. 그래서 소극적인 부분과 적극적인 부분이 전부 다 채워지게 되는 겁니다. 그래서 살인하지 말라는 6계명이 완성이 되는 것입니다. 그런 점에서 사랑은 율법의 완성이 되는 것입니다. 율법의 부족한 것을 가득 채워 줌으로써 율법을 완성하는 것입니다.

여러분, 오늘 설교 제목이 무엇입니까?

'사랑, 기독교 윤리의 대강령'입니다. 다시 말하면 사랑은 바로 우리 기독교 신자의 삶의 대원칙입니다. 사랑으로 살아가라고 하나님께서 말씀하십니다. 그래서 사랑은 성도가 갚아야 될 빚이라고 했고, 사랑은 모든 율법의 요약이라고 했고, 사랑은 율법의 완성이라고 말씀했습니다.

하나님께서 우리에게 이 말씀을 기록하시고 주신 것은, 우리가 사랑에 대해서 더 알고 사랑에 대해서 더 잘 이해하기 위해서입니까? 아니지요. 우리가 하나님의 사랑을 더 잘 알뿐만 아니라, 이제는 사랑의 사람이 되어서 더욱더 사랑하면서 살아가도록 하기 위해서 이 말씀을 우리에게 주셨습니다.

마지막으로 성구 한 절을 읽겠습니다.

로마서 5장 5절 말씀입니다.

"우리에게 주신 성령으로 말미암아 하나님의 사랑이 우리 마음에 부은바 됨이니."

여기서 "우리 마음에 부은바 됨이니"라는 말씀의 뜻은, 예수 믿는 신자에게는 성령으로 말미암아 하나님의 사랑이 이미 부어져 있다는 것입니다. 중요한 것은 계속해서 하나님의 사랑이 우리 마음에 부어져야 되고, 우리 마음에 부어진 이 사랑이 계속해서 살아서 역사해야 되는 것입니다. 성령으로 하나님의 사랑이 저와 여러분의 마음속에 계속 부어져서 사랑의 사람이 되고, 사랑으로 모든 일을 행하는 저와 여러분이 될 수 있기를 바랍니다.

12

로마서 13:11-14

자다가 깰 때

"또한 너희가 이 시기를 알거니와 자다가 깰 때가 벌써 되었으니 이는 이제 우리의 구원이 처음 믿을 때보다 가까웠음이라 밤이 깊고 낮이 가까웠으니 그러므로 우리가 어둠의 일을 벗고 빛의 갑옷을 입자 낮에와 같이 단정히 행하고 방탕하거나 술 취하지 말며 음란하거나 호색하지 말며 다투거나 시기하지 말고 오직 주 예수 그리스도로 옷 입고 정욕을 위하여 육신의 일을 도모하지 말라"

어거스틴(St. Augustine)은 북아프리카에서 태어나서 4~5세기에 살았던 사람입니다. 우리 기독교 역사에서 보면 신앙적으로나 신학적으로 사도 바울을 잇는 큰 별이라고 할 수 있는 사람입니다. 그런데 그가 젊은 날에는 믿음의 어머니 모니카의 기대대로 살지 않고 방황하면서 불신앙의 삶을 살았습니다.

그러다가 아프리카에서 이태리 밀라노에 가서 교수 생활을 하게 됐는데, 그때에 암브로스의 설교를 듣게 됩니다. 주일마다 암브로스의 설교를 들으면서 믿음을 가지고 하나님을 섬기게 됩니다. 그러나 예수를 믿기는 하지만 자신의 육체적인 욕망을 버리지 못해서 신앙과 욕망 사이에서 많은 갈등을 하게 됩니다. 그때 그의 기도가 "주여, 순결을 주소서, 절제를 주소서. 그러나 지금은 마소서"였습니다.

우리 성도들 가운데 이와 비슷한 마음을 가지고 있는 성도들이 없는지 모르겠습니다. 그런데 31세 때에 어느 정원에서 영적 갈등으로 인해 깊이 괴로워하고 있는데, 갑자기 담 너머에서 아이들의 노래 소리가 들려왔습니다. "집어서 읽어라, 집어서 읽어라"라는 가사였습니다. 그 순간 어거스틴에게는 아이들의 노랫소리가 하나님의 음성처럼 들렸습니다. 그래서 옆에 있는 성경을 집어 펼쳐서 바로 시선이 가는 곳을 읽었습니다. 거기에 있는 말씀이 "낮에와 같이 단정히 행하고 방탕과 술취하지 말며 음란과 호색하지 말고 질투와 시기하지 말고"라는 말씀이었습니다. 바로 오늘 본문 로마서 13장 끝에 있는 13-14절의 말씀이었습니다. 이 말씀을 읽을 때에 밝은 빛이 그의 마음속에 가득 비추었습니다. 그래서 그의 모든 갈등과 어둠이 다 떠나가게 되었습니다.

그는 그때부터 하나님께 온전히 자신을 바치게 되었습니다. 오늘 이 말씀을 생각할 때에 하나님께서 어거스틴에게 주셨던 그 놀라운 은혜를 우리에게도 내려주시기를 기원합니다.

오늘 말씀은 종말의 가까움과, 이럴 때 우리 성도들은 어떻게 살아야 될 것인가에 대하여 말씀해 주십니다.

세 가지로 생각해 봅니다.

첫째는, 때를 알아야 합니다.

11절 첫 줄에 보니 "또한 너희가 이 시기를 알거니와"라고 했습니다. 영어성경에는 "You know the time, 여러분들이 그 시기를 알고 있습니다"라고 기록하였습니다. 이 편지를 받는 성도들은 로마교회 성도들입니다. 그런데 로마교회 성도들은 자기들이 살고 있는 그 시대가 어떤 시대인지를 알았다는 것입니다.

그러나 자기가 그 시대를 살고 있지만, 그 시대가 어떤 시대인지 알지 못하고 살아가는 사람들이 이 땅에 얼마나 많은지 모릅니다. 어제가 6.25전쟁 66주년이었습니다. 북한의 김일성 집단이 소련의 지원을 받아서 해방이라는 미명하에 같은 민족에게 총부리를 겨눈 동족상잔의 정말 수치스러운 전쟁이었습니다.

이 6.25 전쟁이 전쟁 역사에서 제1차 세계대전 제2차 세계대전에 이어 세 번째로 가장 치열한 전투였다고 합니다. 기간으로 보면 3년밖에 안 되지만, 좁은 면적에서 가장 많은 살상이 있었던 전쟁이 바로 6.25 전쟁이었다는 것입니다.

그 6.25 전쟁으로 인해 수백만 명이 죽었습니다.

전쟁의 상처가 아직도 한반도에, 우리 민족의 가슴에 그대로 남아 있습니다. 북한의 전쟁 준비를 우리 남한 군부가 몰랐겠습니까? 아무리 모른다고 해도 기본적으로 저 건너편에서 무엇을 하고 있는지 38선 지역에서는 다 알아 차릴 수가 있는 것입니다. 그렇지만 그것이 언제일지, 그리고 정말로 전쟁을 할지 그것은 잘 몰랐다고 합니다. 전쟁 발발 시간이 주일 새벽 4시였는데, 공휴일이라고 군에서 우리 국군 장병들을 다 휴가 보내서 절반은 군에 없었습니다.

무엇을 보여줍니까? 정확한 때를 알지 못했다는 것입니다. 그래서 대비하지 못한 결과 그렇게 처참한 전쟁이 되고 말았던 것입니다.

신자는 우리가 사는 이때가 어느 때인지를 바로 알아야 됩니다. 그래야 우리가 하나님 앞에서 바르게 이 시대를 살아갈 수가 있는 겁니다. 여러분 11절의 우리가 사는 이때를 어떤 때라고 말씀하는지 한번 보시기 바랍니다.

"또한 너희가 이 시기를 알거니와 자다가 깰 때가 벌써 되었으니!"

이 말씀에 보니 우리가 사는 이 시기를 어떤 때라고 말씀합니까? "자다가 깰 때"라고 말씀합니다. 오늘 설교 제목입니다.

"자다가 깰 때!"

영적인 잠에서 깨어야 할 때라는 말씀입니다. 왜 자다가 깨어야 할까요? 11절 후반부를 보시면 '이는'이라고 그 이유가 나옵니다.

"이제 우리의 구원이 처음 믿을 때보다 가까웠음이라."

구원이란 말이 나오는데, 여기에 나오는 구원은 완전한 구원을 말합니다. 성경에 하나님께서 약속하시기를, "주 예수를 믿으라 그리하면 너와 네 집이 구원을 얻으리라"고 하셨습니다. 사람은 자기의 선한 행실을 가지고서는 하나님 앞에 구원 받을 인생이 아무도 없습니다. 그래서 하나님께서는 우리를 위해서 이 땅에 오셔서 십자가에서 대신 죽으신 하나님의 아들 "주 예수를 믿으라 그리하면 너와 네 집이 구원을 얻으리라"고 약속하셨습니다.

오늘 이 자리에는 예수 믿는 성도들이 대부분이지만, 아직도 예수님을 믿지 않고 믿지 못하고 있는 교우들도 있습니다. 믿지 못하고 있는 교우들이 있다면 속히 마음 문을 열고 주 예수님을 믿으시기 바랍니다. "예수를 믿으라. 그리하면 구원을 얻으리라"고 했습니다. 예수님을 믿는 순간 사람은 무엇을 얻습니까? 구원을 얻습니다. 그렇지만 그 구원은 완전한 구원이 아닙니다. 완전한 구원이 아니기 때문에 오늘 목사인 저도 예수 믿지만 이 땅에서 병도 나고 죄도 짓고 이렇게 주일날 감기에 걸려서 영 시원치 않습니다. 예수 믿는 사람도 세상 사는 동안 여러 가지 비참한 일들을 겪으면서 살아갑니다. 그것이 우리에게 무엇을 보여줍니까? 우리의 구원이 아직 완전하지 않다는 것입니다.

그래서 우리의 구원을 영어로 'already not yet'이라고 합니다. 무슨 말입니까? '이미 그러나 아직'이라는 말입니다. 이미 우리는 구원을 받았지만 그러나 아직 완성되지 않았다는 것입니다. 언제 완성이 되겠습니까? 우리 주님이 재림하실 때, 우리의 구원이 완성될 것입니다.

우리의 구원이 처음 믿을 때보다 가까웠다고 했습니다. 이전에 주일학교 학생들이 부르던 찬양이 아직도 제 마음속에 남아 있습니다. 그 찬양 중에 하나가 "저 높은 우주에 천국을 만들고 주 믿는 자들 오라네. 주 언제 오실지 아무도 모르나 날마다 점점 가까워 오죠"라는 찬양입니다. 주 언제 오실지 그날은 아무도 모르지만 그날이 점점 가까워 오고 있다는 것입니다.

50년 전에 예수 믿은 사람은 주님의 재림이 50년 더 가까이 왔고, 10년 전에 예수님을 믿은 사람은 10년 전보다 10년 더 완전한 구원에 가까이 왔습니다.

오늘은 6월 마지막 주일입니다. 전반기가 끝나는 주일입니다. 금년도 시작보다는 우리 구원이 얼마 더 가까이 왔습니까? 6개월 더 가까이 왔습니다. 여러분, 하루하루가 갈수록 우리의 구원이 점점 더 가까이 왔음을 믿으시고 느끼기 바랍니다.

11절에는 자다가 깨어야 할 이유를 구원이 가까이 왔다라고 했는데, 12절에는 말을 조금 바꿔서 우리가 자다가 깨어야 할 이유를 "밤이 깊고 낮이 가까이 왔다"라고 말합니다. 여기에서 말씀하는 밤이 무엇이겠습니까?

현재의 악한 시대를 말합니다. 죄악의 밤을 의미하는 것입니다. 낮은 무엇을 의미하겠습니까? 원문에 보면 '그날'이라고 했습니다. 예수 그리스도의 재림의 날을 말씀합니다. 모든 죄가 다 끝이 나고 의가 충만하게 되는 날을 말씀하는 것입니다.

지금은 죄악의 밤이 깊었습니다. 우리는 신문을 통하여 혹은 방송을 통하여 그것을 절실히 느끼고 있습니다. 너무나도 끔찍한 죄악들이, 상상하지 못할 죄악들이 지금 이 땅에서 일어나고 있습니다. 죄악의 밤이 깊었습니다. 죄악의 밤이 깊으면 어둠이 가득하고, 빛이 보이지 않으면 성도들은 좌절하고 낙심하기 쉽습니다. 믿음대로 말씀대로 사는 것이 너무 힘들고 헛되이 보이니까 희망을 잃어버리기 쉽습니다.

그러나 밤이 깊었다는 것은 무엇을 의미합니까? 아침이 동틀 때가 가까이 왔다는 것입니다. 자다가 깰 때가 다 되어 간다는 것입니다. 여러분, 여러분은 이 시대를 아십니까? 오늘 말씀이 우리의 구원이 처음 믿을 때보다 더 가까웠다고 말씀하십니다. 죄의 밤이 깊어서 이제는 동틀 때가 되었다고 합니다. 그러므로 영적인 잠에서 깨어 일어나는 여러분 모두가 되시기를 바랍니다.

둘째는, 어둠의 일을 벗어야 합니다.

12절을 보면 "밤이 깊고 낮이 가까이 왔으니"라고 했습니다. 그 다음에 어떻게 하라고 합니까? "그러므로 우리가 어둠의 일을 벗고"라고 말씀합니다. 어둠의 일을 벗어야 합니다.

우리 교회 새벽기도에는 평균 40~50명이 나오고 계십니다.

많은 성도가 새벽에 나와서 하루를 기도로 깨울 수 있기를 바랍니다. 그런데 새벽에 기도를 하러 나올 때 잠자던 옷차림 그대로 나오시는 분들이 있습니까? 한 명도 없습니다. 잠옷을 벗어두고 이제는 낮에 어울리는 옷으로 갈아입고 교회로 옵니다. 그처럼 낮이 가까우면, 아침이 가까우면 어둠의 일을 벗어야 한다는 것입니다.

그러면 어둠의 일이 무엇입니까? 어둠의 일은 죄악 된 일들, 남에게 드러나면 부끄러운 일입니다. 낮이 가까이 왔기 때문에, 즉 완전한 구원의 날, 재림의 날이 가까이 왔기 때문에 어둠의 일, 즉 죄악된 일과 더러운 삶을 다 청산해야 된다는 말씀입니다.

구체적으로 벗어야 될 어둠의 일이 무엇이겠습니까? 오늘 본문에 나옵니다. 13절에 보면 하지 말라는 것들이 6가지가 나옵니다. 6가지가 나오는데 6가지가 두 개씩 두 개씩 두 개씩 쌍을 지어서 나오고 있습니다. 6가지가 모두다 어둠의 일입니다.

13절에 처음에 나오는 한 쌍이 무엇입니까?

첫 번째는, "방탕하거나 술 취하지 말라"입니다.

우리가 성경을 보면 짝을 이루어 나오는 단어들이 많이 있습니다. 오늘 여기 나오는 방탕과 술 취함도 서로 사촌입니다. 그래서 우리가 잘 아는 말씀 에베소서 5장 18절 말씀을 보면 "술 취하지 말라 이는 방탕한 것이니"라고 했습니다. 술 취함이 바로 방탕한 것과 같이 갑니다. 미안합니다만 어떤 성도들의 삶에는 아직도 술 취함이 있는 것 같습니다. 제가 이야기를 듣습니다. 어떤 성도들의 삶에는 아직도 담배가 끊어지지 않고 있는 것 같습니다. 어떤 성도들의 삶에는 아직도 화투가 있고 아직도 게임 중독이 있습니다. 새신자에게 술이나 담배가 있는 것은 그리 부끄러운 일이 아닙니다. 예수 안에 들어와서 예수 믿고 "아, 내가 끊어야 되겠다"는 마음을 하나님이 주시고 그런 힘을 주시면 끊으면 되는 것입니다.

그래서 새 가족들 중에 혹시 "아이고, 나는 아직도 술 마시고 담배 피는데" 하면서 너무 걱정할 필요 없습니다. 먼저 나와서 믿음을 갖게 되면 자연히 끊어집니다. 그런데 오래 믿은 성도가, 세례 받은 신자가, 직분자가 그런 것을 청산하지 못하고 있는 것은 심히 부끄러운 일입니다.

한동대 초대 총장이었던 김영길 교수님의 간증이 요즘 국민일보에 계속 나오고 있습니다. 이분은 우리나라가 자랑할 수 있는 세계적인 과학자입니다. 그런데 이분이 미국에 유학 가서 그곳에서 한인 교회를 다니다가 예수를 믿게 되었습니다. 예수를 믿었지만 술은 끊지 못했습니다. 왜냐하면 이 사람은 남다른 애주가였습니다. 그래서 양주를 약 30여 병 집에 비치하고 있었는데, 어느 날 대한

민국에서 가장 유명하다는 한경직 목사님의 설교 테이프를 들었습니다. 그런데 에베소서 5장 18절의 말씀을 설교하시는 겁니다.

"술 취하지 말라 이는 방탕한 것이니 오직 성령의 충만함을 받으라!"

그 말씀이 마음속에 벼락처럼 탁 떨어지면서 "내가 술을 끊어야 되겠다" 하여 그동안 모아둔 아끼던 양주병 30여 병을 모두 싱크대에 부어 버렸습니다. 그날로 술과 영원히 이별했다는 겁니다. 신자라면 이래야 되지 않겠습니까? 어떤 사람은 유아세례도 받고 예수 믿은 지 10년, 20년이 되어도 그거 하나를 끊지 못해서 하나님이 명령하신 "술 취하지 말라"는 그 말씀 하나를 지키지 못합니다.

두 번째는, "음란하거나 호색하지 말라"고 했습니다.

이것은 한마디로 성적 타락을 말합니다. 우리 시대는 당시 로마 시대 이상으로 성적 부도덕이 넘치고 있습니다. 우리나라 고등학생, 대학생 50% 이상이 '사랑하면 결혼 전이라도 얼마든지 성관계가 가능하다'고 생각합니다. 이것이 이 시대의 생각입니다. 그러나 성경 말씀은 그렇지 않다는 것을 우리가 알아야 됩니다. 결혼한 유부남 유부녀가 자기의 배우자가 아닌 사람하고 음란하게 성적으로 부도덕한 관계를 가지는 일이 이 땅에 얼마나 많이 있습니까? 그리고 동성애, 인터넷이나 스마트 폰을 통한 음란 동영상 시청 등 많은 성적인 죄악이 이 땅에 만연되어 있습니다. 여러분들이 조금이라도 성적인 죄악과 연루된 것이 있다면, 오늘 주의 이름으로 명합니다. 다 청산하시기 바랍니다.

세 번째는, "다투거나 시기하지 말라"고 했습니다.

이 말씀이 재미있습니다. 다투거나 시기하지 말라는 관계를 가만히 생각해 보면 다툼은 결과입니다. 뒤에 나오는 시기는 무엇입니까? 원인입니다. 그래서 사람이 다른 사람에 대해서 시기하는 마음을 가지고 있으면 다툼이 일어납니다. 우리 성도들 중에서도 다른 사람이 자기에게 잘못한 것도 없는데, 괜히 그 사람에 대해 시기하는 마음을 가지고 말을 만들고 다툼을 만드는 경우도 있습니다. 그것은 다 어둠의 옷입니다. 어둠의 옷을 벗어 버려야 하는 것입니다.

그런데 벗어야 될 어둠의 일이 이뿐이겠습니까? 이외에도 많이 있습니다.

14절의 말씀을 보시기 바랍니다. 14절에 보니까 "정욕을 위하여 육신의 일을 도모하지 말라"고 했습니다. 다시 말하면 죄악 된 욕망, 육체적인 욕망을 채우기 위해서 노력하고 계획하는 모든 것이 다 어둠의 일이 되는 것입니다.

요한계시록 18장 4절을 보십시오.

"또 내가 들으니 하늘로부터 다른 음성이 나서 이르되 내 백성아, 거기서 나와 그의 죄에 참여하지 말고 그가 받을 재앙들을 받지 말라."

하나님께서 당신의 백성들에게 "내 백성아, 그 죄악 된 도성에서 나와서 그들의 죄에 참여하지 말고 그들이 받을 하나님의 심판과 재앙을 받지 말아라"고 말씀하고 있습니다.

오늘 이 시대의 모든 어둠의 일, 육체의 일에 참여하지 않고 벗어

버리는 여러분 모두가 되시기 바랍니다.

세 번째는, 빛의 갑옷을 입어야 됩니다.

12장 둘째 줄을 보십시오. 어둠의 일을 벗고 "빛의 갑옷을 입자"라고 했습니다. 어둠의 갑옷을 벗고, 벗는 것으로 끝나는 것이 아니라 빛의 갑옷을 입어야 한다는 겁니다. 빛은 어둠과 반대입니다. 죄악 된 일과 반대입니다. 빛의 갑옷이라는 것은 올바른 삶, 온전한 삶, 부끄럽지 않은 삶, 밝은 삶입니다. 한마디로 말하면 하나님을 기쁘시게 하는 선한 삶을 말하는 것입니다.

에베소서 5장 9절을 보십시오.

"빛의 열매는 모든 착함과 의로움과 진실함에 있느니라."

우리가 착하게 살고 의롭게 살고 거짓 없이 진실하게 산다면 그것이 바로 빛의 갑옷을 입는 삶이 되는 겁니다. 성경을 보면 예수님은 '참 빛'이시고 '생명의 빛'이라고 했습니다. 그러나 범죄 한 인간은, 죄 안에 있는 사람은 모두다 어두움이라고 했습니다. 그러기 때문에 예수 믿기 전에는 모든 사람이 다 어두움입니다. 그래서 에베소서 5장 8절에 보면 "너희가 전에는 어두움이더니"라고 했습니다. 저와 여러분은 예수 믿기 전에 전부다 어둠이었습니다.

그런데 어떻게 빛이 됩니까?

어떻게 어둠의 사람이 빛이 될 수 있습니까?

에베소서 5장 8절에 "너희가 전에는 어두움이더니 이제는 주 안에서 빛이라. 빛의 자녀들처럼 행하라"고 했습니다. 어떻게 하면 빛이 된다구요? '주 안에' 있을 때입니다. 다시 말하면, 참 빛이신 예수 그리스도를 믿을 때에 그 사람이 빛이 된다는 것입니다. 마태복음에도 같은 진리가 있습니다. 마태복음 4장을 보면 세례 받으신 예수님께서 나와서 갈릴리에서 복음을 전할 때에 "큰 빛이 임하였다"고 했습니다. 예수님을 큰 빛이라고 했습니다. 그런데 마태복음 5장에 보면 유명한 말씀이 있습니다. 예수님께서 성도들을 보시고 "너희는 세상의 빛"이라고 했습니다.

빛이 없는 우리 죄인들인 우리가 어떻게 빛이 되겠습니까?

참 빛이신 예수님을 믿고 빛이신 그 예수님을 반사할 때에 빛이 되는 것입니다. 달은 발광체가 아닙니다. 그런데 밤에 빛을 비추입니다. 어떻게 빛이 됩니까? 빛인 태양을 반사함으로써 밤에 빛을 비추는 것입니다. 달은 우리가 보면 크기가 일정하지 않습니다. 둥근 달도 있고 반달도 있고 초승달도 있습니다. 그렇지만 엄밀히 생각해 보면 달은 원래 동그란 모습입니다. 초승달 모습이 있고 반달이 있는 게 아니라는 것입니다. 다 똑같은 크기입니다. 다 둥근달입니다. 그런데 어떻게 둥근달, 반달, 초승달로 나뉩니까? 해를 반사하는 정도에 따라 달려 있습니다. 달 전체가 해를 반사하면 무슨 달이 되겠습니까? 보름달이 되는 겁니다. 반만 반사하면 반달이 되는 겁니다. 일부만 반사하면 초승달이 되는 것이지요.

여러분, 잊지 마십시오. 우리가 예수님을 반사하는 만큼만 빛이 되는 것입니다. '예수님을 반사하는 만큼 빛이 됩니다.' 빛으로 살기 원하십니까? 그렇다면 온몸으로, 여러분의 온 삶으로 예수님을 반사하시고 예수님을 나타내시기를 바랍니다. 그래서 오늘 본문 14절에는 빛의 갑옷을 입어야 된다는 이 말을 조금 다르게 "예수 그리스도로 옷 입으라"고 말씀하고 있습니다.

빛의 갑옷을 입는 것이나 예수 그리스도로 옷 입는 것이나 사실은 같은 것입니다. 내가 예수 그리스도로 옷을 입으면 내 삶에서 내가 나타나지 않고 누가 나타나겠습니까?

예수 그리스도가 나타나는 것입니다. 예수 그리스도로 옷 입는다는 말을 조금 더 깊이 생각해 보면 세 가지로 생각할 수 있습니다.

첫째는, 예수를 믿고 세례를 받음으로써 예수 그리스도와 하나가 되는 것, 연합하는 것입니다.

그것이 예수 그리스도로 옷 입는 것입니다.

둘째는, 예수 그리스도의 성품을 닮아가는 것입니다.

그냥 세례 받아서 예수 믿는 사람이라는 표시를 가지고 있는 게 아니라 진짜 예수님의 성품까지 닮는 것입니다. 골로새서 3장 12절을 보십시오.

> "그러므로 너희는 하나님이 택하사 거룩하고 사랑받는 자처럼 긍휼과 자비와 겸손과 온유와 오래 참음을 옷 입고."

여기에 나오는 긍휼, 자비, 겸손, 온유와 오래 참음은 누구의 성품입니까? 예수님의 성품입니다. 예수님의 성품으로 옷을 입는 것이 바로 내가 예수 그리스도로 옷 입는 것입니다.

셋째는, 예수님처럼 행하는 것입니다.

성품만 닮는 것이 아니라 예수님처럼 행하는 것입니다. 성경을 봐도 잘 모르는 것이 있으면 어떻게 해야 합니까? 예수님이라면 어떻게 하실까? 'What would Jesus do?' 예수님이라면 이 상황에서 어떻게 하실까를 생각해 보고 행하라는 것입니다. 예수 믿어서 세례 받고 예수님을 닮아가고 예수님처럼 행하는 여러분 모두가 되시기를 바랍니다.

오늘 우리는 말씀을 통해서 우리가 사는 이 시대는 구원이 처음 믿을 때보다 가까운 시대요, 밤이 깊고 낮이 가까운 시대여서 자다가 깰 때가 되었다는 것을 살펴보았습니다. 그러므로 매일 아침이 밝아 올 때마다, 아침에 잠에서 깰 때마다 '아, 나의 구원이 어제보다 하루 더 가까워졌구나, 주님 오실 날이 하루 더 가까워졌구나'라고 생각하면서 여러분의 어둠의 옷을 다 벗어 버리고 빛의 옷을 입는 성도, 예수 그리스도로 옷 입는 성도가 되시기를 바랍니다.

13

로마서 14:1-12

형제를 비판하지 말라

"믿음이 연약한 자를 너희가 받되 그의 의견을 비판하지 말라 어떤 사람은 모든 것을 먹을 만한 믿음이 있고 믿음이 연약한 자는 채소만 먹느니라 먹는 자는 먹지 않는 자를 업신여기지 말고 먹지 않는 자는 먹는 자를 비판하지 말라 이는 하나님이 그를 받으셨음이라 남의 하인을 비판하는 너는 누구냐 그가 서 있는 것이나 넘어지는 것이 자기 주인에게 있으매 그가 세움을 받으리니 이는 그를 세우시는 권능이 주께 있음이라 어떤 사람은 이 날을 저 날보다 낫게 여기고 어떤 사람은 모든 날을 같게 여기나니 각각 자기 마음으로 확정할지니라 날을 중히 여기는 자도 주를 위하여 중히 여기고 먹는 자도 주를 위하여 먹으니 이는 하나님께 감사함이요 먹지 않는 자도 주를 위하여 먹지 아니하며 하나님께 감사하느니라 우리 중에 누구든지 자기를 위하여 사는 자가 없고 자기를 위하여 죽는 자도 없도다 우리가 살아도 주를 위하여 살고 죽어도 주를 위하여 죽나니 그러므로 사나 죽으나 우리가 주의 것이로다 이를 위하여 그리스도께서 죽었다가 다시 살아나셨으니 곧 죽은 자와 산 자의 주가 되려 하심이라 네가 어찌하여 네 형제를 비판하느냐 어찌하여 네 형제를 업신여기느냐 우리가 다 하나님의 심판대 앞에 서리라 기록되었으되 주께서 이르시되 내가 살았노니 모든 무릎이 내게 꿇을 것이요 모든 혀가 하나님께 자백하리라 하였느니라 이러므로 우리 각 사람이 자기 일을 하나님께 직고하리라"

교회에서 성도 간에 서로 의견이 다른 경우가 더러 있습니다.

사람이 다르고 생각이 다르니 당연한 일이라 할 수 있습니다. 그런데 의견이 다르다 보면 서로 비판하기가 쉽고 그것이 심해지면 분열로 이어질 수 있습니다. 하나 됨이 깨어질 수 있다는 것입니다. 우리 개신교회는 교파가 많습니다. 교파가 많은 이유는 이런 의견의 차이 때문입니다.

오늘 본문을 보면 로마교회에도 의견의 차이가 있었습니다.

특별히 두 가지 면에서입니다. 먹는 문제와 날 문제에서 그렇습니다. 음식문제에 대해서는, 어떤 사람들은 채소만 먹었습니다. 그 사람들이 채식주의자여서 그런 것이 아닙니다. 왜 채소만 먹었느냐 하면, 대부분의 고기는 먼저 우상 앞에 제사로 드려졌던 것이 밖으로 팔려집니다. 그래서 어떤 사람들은 그것을 사먹기가 마음에 부담이 되고 찜찜합니다. 그러니까 '나는 고기를 먹지 않겠다' 이렇게 해서 채소만 먹은 것입니다.

그런가 하면 어떤 사람들은 '우상이란 것은 본래 없는 것이고 아무것도 아니야. 그래서 우상 앞에 바쳐졌던 것이라 할지라도 아무 문제없어. 감사함으로 받으면 버릴 것이 없다고 하지 않았느냐' 하면서 이것저것 다 먹는 사람들이 있었습니다. 음식을 대하는 모습이 다르죠? 그래서 서로를 비판하고 서로에게 좋지 않은 말을 한 것입니다.

날이 문제라는 것은, 이방신자는 주님이 부활하신 주일을 지키려 하는데, 유대인들은 구약의 안식일을 지키는 습관을 따라 토요일에 모이려고 하는 경향이 있었습니다. 뿐만 아니라 구약의 절기, 구약의 날들을 지키려는 경향이 있었습니다. 말을 바꾸면 어떤 이들은 어떤 날을 다른 날보다 더 중요시하고, 다른 어떤 사람들은 모든 날은 똑같이 중요하다고 주장하는 이들도 있었다는 것입니다.

이런 일들은 구원의 문제도 아니고 신앙의 핵심적인 문제도 아닙니다. 그럼에도 이런 의견차이 때문에 자기는 옳다고 하고 상대방은 잘못이라고 하면서 비판하고 멸시한다는 것입니다. 교회 역사를 보면, 그리고 오늘날도 교회를 보면 이런 비슷한 문제가 많습니다. 세례를 베푸는 모습에 있어서도 어떤 교단은 물속에 완전히 들어가야 된다고 합니다. 즉 침례를 해야 한다고 주장하는 교단도 있고, 어떤 교단들은 아니다 약식으로 물만 끼얹어도 된다고 주장을 합니다. 그리고 17세기 청교도인들은 결혼반지를 주고받은 것으로 인해서, 또 목사가 예배를 인도하고 설교할 때에 가운을 입는 것에 대해서도 많은 논쟁이 있었습니다.

제가 신학교 동기 목사님들 모임이 부산 해운대에 있어서 갔었는데 1박을 하게 되었습니다. 그런데 제 옆에 누워계시던 목사님 두 분이 천년왕국설에 대해서 한 분은 무천년설을 주장하고, 한 분은 전천년설을 주장해서 밤늦게까지 다투는 것을 본 적이 있습니다. 예언이나 방언이나 신유 등의 성령의 은사가 성경 완성과 더불어서 끝이 났느냐, 오늘날에도 계속되고 있느냐 이것도 쉬운 문제가 아닙니다. 우리가 하나님 앞에 예배드리는 순서에 있어서도 많은 논쟁이 있습니다. 저는 축도를 어떻게 합니까? "있을지어다" 하고 말합니다. 그런데 어떤 교단에서는 "축원하옵나이다"라고 말합니다. 통성기도를 할 때에 주여 삼창을 하는 것이 바르냐, 틀렸느냐? 그리고 예배시간에 복음송을 부르는 것이 맞냐? 또는 예배 순서에 신앙고백 순서가 있어야 되느냐, 없어도 되느냐? 찬양대가 예배 시에 꼭 필요하냐? 등의 많은 문제가 있습니다.

이런 신앙적인 문제뿐만이 아니라 개교회에서도 이런 일 저런 일로 인해서 상대방을 비판하고 안 좋게 생각해서 마음을 닫고 등을 돌리는 일들이 많이 있습니다. 이런 비본질적인 문제들의 견해차이로 생기는 상호비판의 문제를 어떻게 해결해야 하겠습니까?

오늘 본문 14장 1절에 보면 "믿음이 연약한 자를 너희가 받되 그의 의견을 비판하지 말라"고 말씀했습니다. 이 말씀이 3절에도 나오고 10절에도 나옵니다. 또 3절 첫 부분에 "먹는 자는 먹지 않는 자를 업신여기지 말라, 멸시하지 말라"고 말씀했습니다. 대신에 어떻게 하라고 합니까? 1절 첫 머리를 보십시오 "믿음이 연약한 자를 너희가 받되"라고 말씀하고 있습니다.

이 '받으라'는 말씀은, 싫지만 어쩔 수 없이 인정하고 묵인해 주는 소극적인 의미가 아닙니다. 이 받으라는 말은 적극적인 의미입니다. 유진 피터슨이란 분은 이 말씀을 번역할 때 "두 팔 벌려 받아들이십시오"라고 번역했습니다. 탕자의 아버지가 탕자를 받아들일 때처럼 그렇게 사랑으로 환영하며 받아들이라는 것입니다. 무슨 말씀이냐 하면 겉모습만 받아들이는 정도가 아니라 신뢰와 존중과 애정을 가지고 형제로 여기고 받아들이라는 것입니다.

우리나라 많은 젊은이들이 논산 연무대에 들어가서 훈련을 받고 자대배치를 받는데, 거기에 가면 논산 연무대교회가 있습니다. 이 훈련병들이 한 달에 한 번씩 거의 돌아가면서 훈련을 받습니다. 많이 들어왔다가 한 달 지나면 싹 빠져나가고 하면서 논산 연무대교회에는 수천의 젊은이들이 신앙생활을 잠시 하고 갑니다.

매달 각 교단 주최로 진중세례식이 있습니다. 적게 세례를 받을 때는 3,000여 명, 많게 받을 때는 5,000여 명입니다. 대부분의 교단은 우리 교단처럼 세례를 줍니다. 그런데 침례교회하고 순복음교회는 어떻게 합니까? 침례를 베풉니다. 물속에 들어가는 것입니다. 이달 초순에 침례교회에서 5,000여 명을 수영장에 넣어 침례를 베풀었습니다. 이때 침례 받은 사람들이 나중에 제대하면 대부분이 세례를 주는 교회에 등록을 하게 될 겁니다. 그렇게 되면 세례를 주는 교회에서 "당신은 군에서 침례를 받았는데, 그것은 무효야. 다시 세례를 우리 교회에서 받아야 돼"라고 하겠습니까? 그렇지 않습니다. 그를 세례신자로 받아들입니다.

우리에게 그런 자세가 필요합니다. 다시 말해서 비본질적인 문제에서는 관용의 자세가 필요하다는 것입니다. 하나님께서는 빌립보서 4장 5절에서 "너희 관용을 모든 사람에게 알게 하라"고 말씀하셨습니다. 참 귀한 말씀입니다. 관용이 무엇입니까? 너그러움입니다. 우리 기독신자가 너그러운 것을 성도들만 알게 하는 것이 아니라, 세상에 있는 불신자들도 다 알 수 있도록 하라고 말씀합니다.

오늘 이 자리에 있는 성도들은 여러분의 관용을 여러분 주변에 있는 모든 사람들이 다 알게 하시기를 바랍니다. 그런데 실제적으로는 어떻습니까? 불신자들이 우리 예수 믿는 사람들에게 속이 좁다고 이야기합니다. 제 생각에는 늘 진리, 비진리를 따지다 보니까 그런 게 아닌가 싶습니다. 그러다 보니 속이 좀 좁아진 것이 아닌가 생각합니다. 물론 절대적인 진리문제, 즉 성경이 분명히 말씀하는 바에 있어서는 타협의 여지가 있어서는 안 됩니다.

성경 말씀대로 해야 됩니다. 그렇지만 지엽적인 문제에 있어서는 자기가 옳다고 지나치게 주장을 하거나, 상대방이 잘못이라고 비판을 해서는 안 된다는 것입니다. 속 좁은 크리스천이 되지 말고 모두다 마음이 넓은 크리스천이 되시기를 바랍니다.

견해차가 있는 형제들을 인정하고 받아야 되는데, 그렇게 받아야 될 기본적인 이유가 무엇이겠습니까? 3절 셋째 줄을 보십시오.

"이는 하나님이 그를 받으셨음이라."

누가 받으셨다고 했습니까? 하나님이 받으셨다고 말씀합니다. 내가 비판하는 그 사람을 하나님이 이미 받아주셨다는 것입니다. 하나님이 우리를 '받아주셨다, 용납해 주셨다'를 영어로 'accept'라고 하는데, 받아주셨다는 이 말씀을 생각하면 마음에 감동이 됩니다.

그런데 사람들은 어떤 사람들을 받아줍니까? 다 자기가 받아줄 만한 사람들을 받아줍니다. 자기가 생각하고 판단해서 받아줄 만한 사람들을 받아줍니다. 그런데 하나님 앞에서 우리 인간은 어떤 존재입니까? 범죄하고 타락해서 지옥 갈 존재입니다. 선한 것은 하나도 없는 무가치한 존재입니다. 버러지와 같은 존재입니다. 그런데도 존귀하신 하나님께서 우리를 받아주셨습니다. 하나님의 자녀로 받아주시고 하나님의 백성으로 받아주셨습니다. 이 받아주심이 얼마나 감사한 일인지 모릅니다. 하나님이 받아주신 사람이라면 나도 당연히 받아주어야 하지 않겠습니까? 그 사람의 생각이 나와 조금 다르고, 신앙생활이 나와 조금 다르다고 하더라도 하나님이 그 사람을 받아주셨다면 나도 그 사람을 받아주어야 옳다는 것입니다.

그렇습니다. 하나님이 받아주신 사람은 나와 다르다고 그 모습이 다르다고 틀렸니 안 되니 하며 비판한다고 한다면 그것은 월권행위이고 주제넘은 행위가 된다는 것입니다. 그러므로 각자 자기의 신념으로 옳다고 여기는 대로 살 것이지, 다른 사람에게 비판하고 강요해서는 안 된다는 것입니다. 여러분은 하나님이 받아주신 사람들에 대해서 비판하고 있지 않습니까? 하나님이 받아주신 사람들에 대해서 나와 한때 무언가 안 좋았다고 해서 눈길조차 주지 않으며 신앙생활 하고 있지는 않습니까? 하나님이 받아주신 사람들이라면 여러분도 다 받아주시기 바랍니다.

우리가 비본질적인 문제로 형제를 비판하지 말아야 할 이유가 오늘 본문에 두 가지가 나옵니다.

형제를 비판하지 말아야 할 첫 번째 이유는 먹는 자나 안 먹는 자나, 날을 지키는 자나 지키지 않는 자나 모두 동기가 같습니다.

6절에서 9절에 그렇게 말씀합니다. 6절을 보십시오.

"날을 중히 여기는 자도 주를 위하여 중히 여기고 먹는 자도 주를 위하여 먹으니."

이 말씀을 보면 로마교회 성도들의 의견이 다르고 주장이 다르고 행동이 달라도 모두 누구를 위해서 그렇게 한다는 것입니까?

주를 위해서 그렇게 한다는 것입니다. 채소만 먹는 사람도 자기 신앙 양심 때문에 주님을 위해서 채소만 먹는 것이며, 채소도 먹고 고기도 먹는 사람은 자기 신앙 양심을 따라서 그 사람도 주님을 위해서 그렇게 한다는 것입니다.

동기가 같습니다. 주님을 위해서 하기 때문에 채소만 먹는 자도 하나님 앞에서 감사하며 먹고, 이것저것 다 먹는 사람도 하나님 앞에 감사하며 먹고, 그래서 이편이나 저편의 근본적인 목적이 다 주를 위해서라면 생각과 겉모습이 조금 달라도 서로 비판하면 되겠습니까? 안되지요. 목적이 같고 동기가 같은데 조금 모습이 다르다고 해서 비판하면 안 된다는 것입니다. 사도 바울은 "주를 위하여"라는 말을 하다가 감동이 되어서, 7절에 성도는 주를 위한 사람임을 강조합니다. 7-8절을 보십시오.

> "우리 중에 누구든지 자기를 위하여 사는 자도 없고 자기를 위하여 죽는 자도 없도다 우리가 살아도 주를 위하여 살고 죽어도 주를 위하여 죽나니 그러므로 사나 죽으나 우리가 주의 것이로다."

우리가 다 주의 것임을 믿습니까?

그런데 왜 우리가 주의 것입니까? 이유가 무엇입니까? 9절에 보니 "이를 위하여 그리스도가 죽었다가 살아났도다"라고 말씀하십니다. 신자는 예수 그리스도의 십자가와 부활을 통하여 대속이 되었습니다. 예수 그리스도께서 당신의 고귀한 핏값으로 우리를 죄와 사망에서 사주셨습니다. 그래서 우리가 새 삶을 살게 된 것입니다. 그러므로 우리는 누구의 것입니까? 주님의 것입니다. 누구를 위해 살아야 하겠습니까? 주님을 위해 살아야 합니다. 이를 잘 보여주는 말씀이 있습니다.

고린도전서 6장 20절을 보십시오.

"값으로 산 것이 되었으니 그런즉 너희 몸으로 하나님께 영광을 돌리라."

무슨 값으로 산 것이 되었다고 말씀합니까? 예수 그리스도의 핏값으로 산 것이 되었으니 이제는 주님의 것입니다. 주님의 것이므로 너희 몸으로 하나님께 영광을 돌리라는 것입니다.

고린도후서 5장 15절을 보십시오.

"그가 모든 사람을 대신하여 죽으심은 살아 있는 자들로 하여금 다시는 그들 자신을 위하여 살지 않고 오직 그들을 대신하여 죽었다가 다시 살아나신 이를 위하여 살게 하려 함이라."

예수님께서 모든 사람을 대신하여 죽으신 이유가 무엇입니까?

죽으신 이유는 우리로 하여금 다시는 나 자신을 위하여 살지 않고 예수님을 위해서 살도록 죽으시고 부활하셨다는 것입니다. 그렇기 때문에 신자는 오늘 7절 말씀대로 자기를 위해서 사는 자가 아니라, 8절 말씀과 같이 주를 위해서 사는 자입니다. 신자의 정체성을 이것보다도 더 잘 보여주는 말씀이 어디에 있겠습니까? 신자는 어떤 사람입니까? 신자의 정체성이 무엇입니까? 신자는 자기를 위해서 사는 자가 아니라 주를 위해서 사는 사람입니다. 이것이 신자의 정체성입니다.

이것은 대단히 중요한 말씀입니다. 우리는 이 말씀에서 많이 고민하고 기도하고 자기 자신을 생각해 보아야 합니다. 저도 설교를 준비하면서 이 말씀 앞에서 쉽게 지나갈 수 없었습니다. 그러면 나는 참된 신자입니까? 신자는 자기를 위해서 사는 자가 아니라 주를 위해서 사는 자가 신자인데, 여러분은 '나는 참 신자입니다' 하고 자신 있게 말할 수 있겠습니까? 참 어렵습니다.

여러분은 오늘 신자로서 하나님 앞에 이렇게 예배를 드리고 있지만 여러분은 참 신자입니까? 신자는 자기를 위해서 사는 자가 아니고 주를 위해서 사는 자라고 한다면, 여러분은 참 신자라고 할 수 있겠습니까? 하루하루 살아가는 것이 주님을 위해서 살고 있습니까? 여러분, 신자는 주님을 위해 사는 자임을 잊지 마시기 바랍니다. 주를 위해서 사는 자라면 의견에 차이가 있어도, 모습이 조금 달라도, 비판하지 말고 다 받아 주라는 것입니다.

형제를 비판하지 말아야 할 두 번째 이유는 우리는 다 하나님의 심판대 앞에 설 것이라는 것입니다.

이것은 마지막 10절에서 12절에서 말씀하고 있습니다. 10절을 보십시오. 우리가 다 어디에 설 것이라고 했습니까? 하나님의 심판대 앞에 서리라고 했습니다. 여러분, 드라마 포청천을 보셨지요. 죄인이 심문을 받을 때 포청천 앞에서 꿇어 엎드려 자기 죄를 고백하고 재판을 받습니다. 마지막 날에 우리 인류가 하나님 앞에 이렇게 재판을 받습니다. 모든 사람이 하나님 앞에 무릎을 꿇고 각자가 행한 대로 자백하고 심판을 받게 됩니다.

물론 신자는 불신자처럼 정죄와 형벌의 심판, 영원한 멸망의 심판, 지옥의 심판을 받지 않습니다. 믿는 사람은 주님의 은혜로 다 영생을 얻어서 천국에 들어갑니다. 이 믿음을 가진 사람은 죽을병에 걸려도 무섭지가 않고 두렵지가 않고 낙심하지 않는 것입니다.

그러나 우리가 알아야 할 것은, 믿는 자에게도 행위 심판이 있습니다. 믿기는 믿어도 어떻게 살았느냐에 따라 행한 대로 심판을 받습니다. 얼마나 믿음대로 신앙 양심대로 살았느냐? 얼마나 하나님 말씀에 순종하며 두려워하면서 살았느냐? 얼마나 주의 몸 된 교회를 위해서 충성하고 봉사하며 살았느냐? 아니면 꼼수 부리면서 꾀부리면서 살았느냐? 형제 된 성도들에게 어떻게 하면서 살았느냐? 그에 따라서 심판을 받고 그에 따라 상급을 받게 되는 것입니다.

"하나님의 심판대 앞에 서리라."

이 말씀을 통해 두 가지를 생각할 수 있습니다.

첫 번째 의미는, 하나님이 판단하신다는 사실입니다.

누가 옳고 그르고 하는 것을 두고 상대방을 판단하는데, 사실 마지막에 가면 하나님이 정확하게 판단하실 것입니다. 그러니 내가 함부로 판단하거나 남을 비방하고 비판할 필요가 없다는 것입니다. 종교개혁자 루터는 "그리스도에 의해서 심판받을 사람을 사람이 심판하는 것은 어리석은 짓이다"라는 말을 했습니다. 그렇습니다. 하나님이 심판하실 것인데, 잘 모르는 인간이 자기가 심판한다고 미리 심판할 필요가 없다는 것입니다. 이런 점에서 우리 신앙인은 자기가 기준인 것처럼 다른 형제를 쉽게 판단하고 비판해서는 안 된다는 것입니다.

두 번째 의미는, 하나님께서 우리 행위를 심판하실 때에 우리가 비판한 말이나 악한 말까지도 심판하신다는 것입니다.

마태복음 12장 36-37절을 보십시오.

"내가 너희에게 이르노니 사람이 무슨 무익한 말을 하든지 심판 날에 이에 대하여 심문을 받으리니 네 말로 의롭다 함을 받고 네 말로 정죄함을 받으리라."

사람이 무슨 무익한 말을 하든지, 즉 다른 성도들에게 격려하는 말을 하든지, 아니면 악한 말로 판단하고 비방하는 말을 하든지 하나님께서는 그 말로 다 심판하신다는 것입니다. 이것을 믿는다면 함부로 쉽게 형제를 비판해서는 안 된다는 것입니다.

말씀을 맺습니다.

오늘 하나님께서는 신앙 안에서 본질적인 문제가 아닌 비본질적인 문제에 대해서 서로 의견이 달라도 서로를 비판하지 말라고 말씀합니다. 다를지라도 하나님이 우리를 받아주셨듯이 서로 받아야 된다고 말씀합니다. 우리 모두가 주님의 것이요 주를 위해서 산다면, 동기와 목적이 똑같다면, 조금 겉모습이 다르다고 해도 의견이 다르다고 해도 판단하고 비판할 필요가 없다고 말씀하셨습니다.

그리고 마지막 날 하나님께서 모든 것을 심판하실 것이기 때문에, 그리고 하나님께서 우리 모든 말도 심판하실 것이기 때문에 형제를 비판하지 말라고 말씀하십니다. 오늘 이 말씀을 믿음으로 형제를 비판하지 말고 받아주면서 살아가시는 여러분 모두가 되시기를 바랍니다.

14

로마서 14:13-23

형제로 거리끼게 하지 말라

"그런즉 우리가 다시는 서로 비판하지 말고 도리어 부딪칠 것이나 거칠 것을 형제 앞에 두지 아니하도록 주의하라 내가 주 예수 안에서 알고 확신하노니 무엇이든지 스스로 속된 것이 없으되 다만 속되게 여기는 그 사람에게는 속되니라 만일 음식으로 말미암아 네 형제가 근심하게 되면 이는 네가 사랑으로 행하지 아니함이라 그리스도께서 대신하여 죽으신 형제를 네 음식으로 망하게 하지 말라 그러므로 너희의 선한 것이 비방을 받지 않게 하라 하나님의 나라는 먹는 것과 마시는 것이 아니요 오직 성령 안에 있는 의와 평강과 희락이라 이로써 그리스도를 섬기는 자는 하나님을 기쁘시게 하며 사람에게도 칭찬을 받느니라 그러므로 우리가 화평의 일과 서로 덕을 세우는 일을 힘쓰나니 음식으로 말미암아 하나님의 사업을 무너지게 하지 말라 만물이 다 깨끗하되 거리낌으로 먹는 사람에게는 악한 것이라 고기도 먹지 아니하고 포도주도 마시지 아니하고 무엇이든지 네 형제로 거리끼게 하는 일을 아니함이 아름다우니라 네게 있는 믿음을 하나님 앞에서 스스로 가지고 있으라 자기가 옳다 하는 바로 자기를 정죄하지 아니하는 자는 복이 있도다 의심하고 먹는 자는 정죄되었나니 이는 믿음을 따라 하지 아니하였기 때문이라 믿음을 따라 하지 아니하는 것은 다 죄니라"

동전의 양면이라는 말을 여러분이 들어보았을 것입니다.

한 물건이나, 한 일의 두 가지 면을 말합니다. 이 양면은 서로가 비슷한 것일 수도 있고, 또 반대되는 것일 수도 있습니다. 오늘 본문의 첫 구절인 13절을 보면 동전의 양면을 보여줍니다. 13절 맨 앞에 "우리가 다시는 서로 비판하지 말고"라고 했습니다. "서로 비판하지 말라"는 지난 주일에 우리가 보았던 말씀입니다. 그리고 동전의 다른 면은 바로 그 다음, "도리어"부터 시작합니다. "도리어"부터 끝까지 읽어봅시다.

"도리어 부딪칠 것이나 거칠 것을 형제 앞에 두지 아니하도록 주의하라."

같은 말씀이 21절 중반에 있습니다. "네 형제로 거리끼게 하는 일을 아니함이 아름다우니라"고 말씀했습니다. 정리를 해보면 기독교의 본질적인 문제가 아닌, 먹고 마시는 것과 같은 지엽적인 문제에서 서로 의견을 달리할 때에 비판하지 말고 받아 주어야 한다고 했고, 그냥 비판하지 않는 정도에서 멈추는 것이 아니라,

오늘 말씀에서 형제로 거리끼게 하지 말아야 한다고 하였습니다. 형제를 비판하지 말라고 하는 지난 시간의 말씀은 믿음이 강한 자나 약한 자나 모두에게 주어지는 말씀입니다. 그런데 오늘 말씀 "형제로 거리끼게 하지 말라"는 이 말씀은 믿음이 강한 자에게만 주로 주어지고 있습니다. 믿음이 강한 자들이 약한 자들을 배려해야 한

다는 것입니다.

여기에 우리 기독교의 특성 한 가지가 드러납니다. 우리가 성경을 가만히 보면, 하나님께서 약한 자를 편드시고 계십니다. 성경 곳곳에서 고아와 과부, 즉 약한 자를 기억하라고 말씀하고 계십니다. 기독교 정신이 배인 서구에서는 '신사 숙녀 여러분' 하지 않습니다. 'Ladies and Gentlemen'이라 합니다.

'Lady, 숙녀'가 앞에 나옵니다. 약한 자가 먼저 나옵니다.

'타이타닉'이라는 영화가 있지요. 배가 빙산에 부딪쳐 가라앉게 되자 선장이 선원들을 불러 구명보트를 바다에 내리게 하고 사람들을 태웁니다. 문제는 타이타닉 호에 설치된 구명보트는 그 배에 탄 사람 반밖에 실을 수가 없었습니다. 그러니 큰일 났습니다.

선원이 "누구부터 태울까요?"라고 물으니 선장이 뭐라고 했습니까? 귀족들이 많이 탔습니다. 귀족들부터 태우라고 했을까요? 아닙니다. 부자들도 많이 탔습니다. 부자들부터 태우라고 했을까요? 그것도 아닙니다. "여자들과 아이들 먼저"(Women and children first)라고 지시를 내립니다. 그래서 여자들과 아이들이 먼저 타게 됩니다. 약자 우선입니다. 서구 사회와 도시들은 비록 소수이지만 장애인들을 우선 고려한 정책과 도시 계획을 세웁니다.

그런데 세상은 그렇지 않습니다. 세상은 다수에 의해 움직입니다. 소수의 양보, 소수의 희생을 요구합니다. 도리어 강한 자, 권력자를 중시하고 우선합니다. 그러나 성경은, 기독교는 약자를 우선한다는 것입니다. 기독교가 어떤 종교입니까? 기독교는 하나님께서 멸망할 우리 죄인들을 불쌍히 여기시고, 우리 약자들을 긍휼히 여겨 주시어서, 우리를 위해 희생해 주시고 우리를 구원해 주신 종교입니다. 그것이 바로 기독교 정신입니다. 그러므로 세상은 약자를 무시하고 갑질 하는 일이 많이 있을지라도, 하나님을 믿는 성도 여러분은 하나님을 닮아서 약한 자를 존중하고 배려하시면서 살아가시기 바랍니다. 예수님께서 "이 지극히 작은 자 하나에게 한 것이 곧 내게 한 것이라"고 하시면서 약자에게 잘할 것을 말씀하셨습니다.

이제 본문으로 돌아와서, 13절에 보면 부딪칠 것이나 거칠 것을 형제 앞에 두지 말라고 했습니다. 여기서 부딪칠 것은 무엇이고 거칠 것은 무엇이겠습니까?

생각해 보면 이것은 다른 것이라기보다 같은 것입니다.

제가 고등학교 때부터 저의 고향 남해를 떠나왔는데, 그 전에는 남해읍 말고는 포장된 길이 하나도 없었습니다. 또 섬이라서 돌이 많았습니다. 그래서 버스가 하루 몇 번 다니는 큰 길에 자갈이 많았습니다. 자칫 잘못하면 그만 돌부리에 걸려 넘어지고 무릎을 깨는 일이 많았습니다. 그 돌부리가 오늘 말씀에서 이야기하는 걸리는 것, 거칠 것입니다.

특별히 이 거칠 것이라는 말은 헬라어로 스칸달론이라고 하는데 덫이라는 말입니다. 사람이 걸어갈 때에 덫이 있거나 함정이 있으면 거기 걸려 넘어질 수밖에 없습니다. 이 스칸달론이라는 이 말에서 우리가 많이 쓰는 영어 단어 '스캔들'이 나왔습니다. 이 스캔들의 원뜻은 걸림돌입니다. 걸려서 넘어지게 하는 것입니다. 좀 더 깊이 말하면 성도로 하여금 죄를 짓게 하는 것, 그것이 바로 스캔들입니다. 성도는 다른 성도에게 스캔들이 되면 안 됩니다. 약한 성도로 걸려 넘어지게 하는 성도, 약한 성도로 시험 들게 하고 낙심되게 하는 성도가 되어서는 안 된다는 것입니다.

"스캔들이 되지 말자. 걸림돌이 되지 말자."

이 말은 지난 주일에 본 대로 음식 문제, 곧 우상에게 바친 고기를 먹는 문제와 관련이 있습니다.

먼저 오늘 본문에 보면, 사도 바울은 어떤 음식도 그 자체로는 아무것도 부정한 것이 없음을 말씀합니다. 14절 중반에 보면 "무엇이든지 스스로 속된 것이 없으되"라고 했습니다.

여기에서 "무엇이든지"가 무엇이겠습니까? 음식을 말합니다. 무슨 음식이든지 스스로 속된 것, 부정한 것, 성도가 먹지 말아야 될 것은 없다는 것입니다. 하나님께서는 어떤 것도 악하게 창조하지 않으셨습니다. 하나님께서 엿새 동안 만물을 지으시고, 다 지으신 다음 마지막에 하신 말씀이 있습니다.

"보시기에 좋았더라."

그 좋았더라는 것이 영어로는 'Good'입니다. 'Good'은 좋다는 말도 있지만 '선하다, 착하다'라는 뜻도 있습니다. 그래서 보시기에 좋았더라는 것은 겉으로만 보기에 좋았다는 의미가 아닙니다. 그 말 속에는 하나님이 지으신 그 자체가 선하였다는 뜻이 있는 것입니다. 그래서 사도 바울이 "하나님의 지으신 모든 것이 선하매"(딤전 4:4)라고 말씀한 것입니다. 그 말씀이 바로 창세기 1장에 나오는 보시기에 좋았다는 말과 통하는 말인 것입니다.

고기도 채소도 어떤 먹을 것도 그 자체로는 문제될 것이 없습니다. 그래서 "감사함으로 받으면 버릴 것이 없느니라"고 말씀한 것입니다.

20절 중반에 보면 "만물이 다 깨끗하되 거리낌으로 먹는 사람에게는 악한 것이라"라고 했습니다. 먹는 사람이 문제가 될 수 있지만 음식 자체는 문제가 될 것이 없다는 것입니다.

이 점에서 성도가 '어떤 음식은 부정하다, 어떤 음식은 깨끗하다'고 가려야 될 필요가 있습니까? 없습니다. 스스로 속된 음식이 없기 때문에, 믿음이 강한 자는 자유함을 가지고 뭐든지 스스로 먹을 수 있습니다. 자유가 있습니다. 그런데 믿음이 강한 자는 '뭐든지 언제나 그냥 먹으면 되느냐' 하면 그렇지 않습니다. 먼저 고려해야 될 것이 있습니다. 무엇을 고려해야 되느냐 하면 15절 앞부분을 보시기 바랍니다. 믿음이 약한 형제를 고려해야 된다는 것입니다.

여기 식탁이 있습니다.

믿음이 강한 자와 믿음이 약한 자가 함께 앉아 있습니다. 식사를 하는데, 믿음이 강한 자는 우상 앞에 바쳤던 음식을 아무렇지 않게 먹습니다. 그런데 얼마 전까지 우상 숭배를 하면서 그 고기를 차려놓고 절을 했던, 이제 막 예수를 믿기 시작한 믿음이 약한 이 초신자는 괜찮지가 않습니다. 그것을 먹으면 여전히 자기가 그 우상을 섬기는 사람 같고, 그 우상에게 속하는 사람 같습니다.

그래서 15절 첫 부분을 보면 형제가 근심하게 된다고 했습니다. 어떤 근심을 할까요? '내가 이걸 먹어도 될까? 이걸 먹어도 괜찮을까? 안 되는데' 하는 생각을 하게 됩니다. 그렇게 걱정이 되면 그 형제는 안 먹어야 됩니다. 그런데 자기는 그런 믿음도 없으면서 믿음

강한 자가 먹는 것을 보고 자극을 받아 양심의 가책을 느끼면서도 그것을 먹어버린다는 말입니다. 그것이 죄가 된다는 것입니다.

23절 끝을 보겠습니다. 무엇이 죄라고 합니까?

"믿음을 따라 하지 아니하는 것은 다 죄니라."

믿음이 약한 자가 믿음이 없이 의심하면서도, 걱정하면서도, 양심의 가책을 느끼면서도 그것을 먹으면 죄가 된다는 것입니다. 그래서 먹어서는 안 됩니다. 먹게 되면 신앙 양심이 약해지고, 더러워지고, 영적으로 무너질 수 있습니다.

믿음이 강한 자가 약한 형제 앞에서 자기는 괜찮다고 약한 형제를 배려하지 않고 그냥 그렇게 먹는 것, 이것이 바로 형제 앞에 걸림돌이 되는 것입니다. 이게 바로 형제를 거리끼게 하는 것이고, 형제를 넘어지게 하는 일이 된다는 것입니다.

여러분, 내 자유가 남에게 해가 되면 되겠습니까? 약한 자, 초신자를 넘어지게 하면 되겠습니까? 안 되지요. 21절에 보면 "네 형제로 거리끼게 하는 일을 아니함이 아름다우니라"고 말씀했습니다.

오늘 본문에 보면 두 가지 이유로 형제 앞에 거리끼는 것을 두면 안 된다고 하나님께서 말씀하십니다.

첫째는, 그렇게 하는 것은 그리스도인의 삶에서 가장 중요한 원리인 사랑의 원리를 위반하는 것이 된다는 것입니다.

15절을 보십시오.

"만일 음식으로 말미암아 네 형제가 근심하게 되면 이는 네가 사랑으로 행하지 아니함이라 그리스도께서 대신하여 죽으신 형제를 네 음식으로 망하게 하지 말라."

고린도전서 16장 14절에 보면, 사도 바울이 성도들을 향해 권면하기를 "내 모든 일을 사랑으로 행하라"고 했습니다. 우리가 언제나 들어도 좋은 말씀입니다. 정말 우리 삶에, 성도의 삶에 기준이 되는 말씀입니다. 내 모든 일을 사랑으로 행하라고 했습니다.

여러분, 사랑이 무엇입니까? 사랑은 여러 가지로 말할 수 있겠지만, 상대방을 나보다 더 귀하게 여기고, 더 먼저 생각하고, 그 상대방을 나보다 더 배려하는 것이 사랑입니다. 고린도전서 10장 24절에 "누구든지 자기의 유익을 구하지 말고 남의 유익을 구하라"고 말씀했습니다. 사랑의 본질을 잘 보여줍니다. 자기의 유익을 먼저 구하지 말고 남의 유익을 먼저 구하라는 것입니다.

성도는 참으로 존귀한 자입니다. 저도 여러 모로 부족하지만 존귀한 자이고, 이 자리에서 예배드리는 여러분들도 정말 존귀한 자입니다. 이번 주 교독문(시 16:3)에도 보시면 "땅에 있는 성도들은 존귀한 자들이니"라고 했습니다. 우리 하나님께서 땅에 있는 성도들을 존귀한 자라고 말씀하십니다.

왜 이 땅에 있는 성도가 존귀한 자입니까?

그리스도께서 그들을 대신해서 죽으셨기 때문입니다. 그리스도께서 그 사람을 사랑하여 구원하시기 위해서 자기 목숨을 버리셨습니다. 예수 그리스도의 핏값으로 구원하신 자가 성도입니다. 그래서 성도는 존귀한 자입니다. 그런 형제를 생각하지 않고, 자기는 먹어도 괜찮다고 자기만 생각하고 먹어서 그 형제를 넘어지게 하고,

죄짓게 하고, 망하게 하면 그것은 바로 죄짓는 것이고 예수 그리스도의 죽음을, 예수 그리스도의 십자가를 헛되게 하는 것이 됩니다.

예수님이 사랑하여 구원하시려고 대신 죽어 주신 그 형제를 망하게 하면 되겠습니까? 안 됩니다. 이것은 사랑의 법에 위배되는 것입니다. 이기적인 것입니다.

이런 말이 있습니다. "믿음은 자유를 주며, 사랑은 자유를 제어한다." 우리에게 형제에 대한 사랑이 있으면, 내가 누릴 수 있는 자유를 내 스스로 좀 포기하고 제어하고 절제한다는 것입니다. 사랑은 자유를 제어합니다.

사도 바울이 고린도전서 8장 13절에 하신 말씀을 보십시오.

"그러므로 만일 음식이 내 형제를 실족하게 한다면 나는 영원히 고기를 먹지 아니하여 내 형제를 실족하지 않게 하리라."

고기 먹는 것, 음식 먹는 것이 문제가 되어 내 형제로 실족하게 한다면, 넘어지게 한다면 사도 바울 자신은 영원히 고기를 먹지 않겠다고 말씀합니다. 자기 자신을 먼저 생각하지 않고 형제를 먼저 생각하는 것입니다. 그런데 음식 문제만 그렇겠습니까?

로마교회는 음식 문제, 날짜 문제였지만, 오늘날은 다른 여러 가지가 문제가 더 많습니다. 그리스도인으로서 운동, 기호품, 소비 문제 등에서도 이런 조심성이 필요합니다. 자기는 비록 괜찮을지라도, 할 수 있을지라도, 남을 먼저 생각해 보고 배려하는 마음이 필요하다는 것입니다. 어떤 행동이나 물건, 그 자체는 죄가 될 것이 없지만, 형제들에게 부담이 되고 거리낌이 된다면 그것을 절제할 수 있어야 한다는 것입니다. 약한 형제를 위해서 자기의 자유를 제한할 수 있어야 합니다. 이것이 그리스도인의 사랑 표현입니다.

우리가 신앙생활을 돌아보면 걸림돌이 되는 성도들이 많이 있습니다. 불신자들에게 걸림돌이 되는 성도들이 있습니다. 전도를 하면 자기는 절대로 예수 안 믿겠다고 해서 왜 그러느냐고 물어보았더니, 자기 친척 중에 예수 믿는 사람이 있는데, 그 사람이 제일 독하고 악하다는 것입니다. 그 친척을 보면서 무슨 일이 있어도 예수 안 믿겠다, 교회 안 나가겠다는 것입니다.

실제로 그런 사람이 있습니다. 어떤 사람이 전도를 받아 교회에 나왔습니다. 교회를 나왔는데 와서 보니, 그 교회에 자기가 아는 사람이 있는 것입니다. 자기가 아는 사람이 성가대에 앉아 있는 거예요. 그 교회 집사라는 겁니다. 그 사람은 직장생활을 같이 하는 사람인데, 대단히 나쁜 사람이고 굉장히 비인간적인 사람입니다. 그런데 교회 집사라는 거예요. 그런 교회라면, 그런 종교라면 안 믿겠다며 넘어지고 낙심하는 사람이 있습니다.

먼저 믿은 자가 신자에게 걸림돌이 되기도 합니다. 초신자가 감당하지 못할 말이나 행동을 할 때가 있습니다. 교회에서 신앙생활을 하는데 먼저 믿었다는 사람이, 믿음이 강하다는 사람이, 중직자라는 사람이 고집을 부리고 심하게 성을 내고 폭언을 하는 모습을 보면 시험에 듭니다. 걸려서 넘어지는 것입니다. 그로 인해 믿음에 회의를 가지게 됩니다. 믿음이 강한 신자가 주일 성수를 하지 못하고 사업을 하고, 믿음이 강한 신자가 있어야 될 때 있지 않고 술집에서 술 마시는 모습을 다른 성도에게 보이게 되면 그것을 보는 자가 넘어지는 것입니다. 시험 드는 것입니다.

어떤 사람은 자기가 좋은 일 한다고 하는 일이 교인들에게 소외감과 분열을 조장하는 일도 있습니다. 그러므로 무엇을 할 때나 무엇을 말할 때에 나 중심으로 생각하지 말고, 나 좋다고 그냥 하지 말고 다른 성도들을 먼저 생각해 보시기를 바랍니다. 그것이 진정한 기독교 정신이고 성숙한 신앙인의 모습입니다.

두 번째는, 음식을 먹고 마시는 문제는 하나님 나라의 관점에서 볼 때에 본질적인 것이 아닙니다.

별로 중요하지 않습니다. 17절을 보십시오.

"하나님의 나라는 먹는 것과 마시는 것이 아니요 오직 성령 안에 있는 의와 평강과 희락이라."

갑자기 하나님 나라가 나오니까 오늘 말씀하고 연결시키기가 상당히 어렵습니다. 여러분, 하나님 나라는 무엇입니까? 하나님 나라의 왕이 누구십니까? 하나님이십니다. 하나님께서 왕으로서 통치하는 곳, 하나님께서 다스리시는 곳이 바로 하나님의 나라인 것입니다. 사람들이 예수님을 믿고 하나님 말씀에 순종하고 하나님의 다스림을 받으면 그곳이 바로 하나님 나라입니다. 성도가 꼭 죽어서 가는 곳만이 하나님 나라가 아닙니다. 그것도 하나님 나라지만 이 세상에서도 하나님 나라가 얼마든지 이루어질 수 있습니다.

주기도문에 보면 "당신의 나라가 임하옵시며"라고 하였습니다. 즉 "하나님의 나라가 임하옵시며"라고 기도하라고 하셨습니다. 그래서 성도들은 날마다 하나님의 나라가, 하나님의 통치가 내 삶에, 내 가정에, 우리 교회에, 우리나라에 이루어지기를 사모하고, 기도하고, 노력하고, 순종해야 하는 것입니다.

17절을 보면 하나님 나라의 3대 특징이 나옵니다.

3대 특징이 무엇입니까? 의와 평강과 희락입니다. 희락은 기쁨입니다. 의가 제일 먼저 나왔는데, 죄인은 예수를 믿어서 의롭게 됩니다. 그러므로 의라는 것은 예수 그리스도 안에서 주어진 하나님과의 관계 회복입니다. 하나님과 바른 관계를 가지는 것입니다. 평강과 희락은 무엇입니까? 이 의에 따라서, 하나님과의 관계 회복에 따라 나오는 하나의 결과라 할 수 있습니다. 사람이 예수를 믿어서 죄 용서를 받고 구원을 받게 되면 그 사람의 마음에, 그 사람의 삶에 평강이 있고, 기쁨이 있게 된다는 것입니다. 여러분의 삶에 이런 하나님의 나라가 날마다 이루어지기를 기원합니다.

성도들은 이런 은혜를 하나님께로부터 수직적으로 받았습니다. 의, 평강, 희락을 수직적으로 하나님께로부터 받았는데, 이런 성도들은 이제 수평적으로 이 구원의 선물에 상응하는 감사하는 삶을 살아야 한다는 것입니다. 믿음의 공동체 안에서, 하나님의 교회 안에서 의가 이루어지도록, 평강이 보존되도록, 기쁨이 충만하도록 살아야 된다는 것입니다. 그렇게 말하고 그렇게 행동해야 된다는 것입니다. 그에 비해 먹고 마시는 것은 아무것도 아닙니다. 비본질적인 문제 아니겠습니까? 하나님 나라의 본질인 의와 평강, 희락에 비해서는 아무것도 아닙니다.

하나님 나라의 핵심 요소가 의와 평강과 희락이라면, 성도가 어떻게 살아야겠습니까? 오늘 말씀 18절을 봅시다.

"이로써 그리스도를 섬기는 자는."

여기서 "이로써"가 무슨 말이겠습니까?

바로 그 앞에 말한 세 가지 의와 평강과 희락입니다. 이것을 중심으로, 이것을 위해서, 이로써 그리스도를 섬겨야 된다는 것입니다. 그렇게 하는 사람은 어떻게 한다고 했습니까?

"하나님을 기쁘시게 하며 사람에게도 칭찬을 받느니라"고 했습니다. 너무 귀한 말씀입니다. 여러분들도 하나님을 기쁘시게 하며 사람에게도 칭찬 받는 성도가 꼭 되시기를 바랍니다.

말씀을 맺습니다.

하나님께서는 기독교의 비본질적인 문제들에 대한 생각의 차이 때문에 서로를 비난하고 비판하는 일을 하지 말라고 하셨습니다. 비판하지 말고 받아 주라고 했습니다. 나아가 오늘 말씀에는 뭐라고 했습니까?

비판하지 않는 정도로 그치는 것이 아니라 '형제에게 거침돌이 되지 말라, 스캔들이 되지 말라, 거리끼게 하지 말라'고 말씀합니다. 그렇게 하는 것은 그리스도께서 그를 사랑하여 죽게까지 한 그 형제로 넘어지게 하는 것이라고 했습니다. 즉 큰 죄가 되고, 사랑의 원리에 어긋난다고 했습니다.

또 하나님 나라의 관점에서 볼 때에도 그렇게 하는 것은 잘못이라고 했습니다. 하나님 나라의 본질은 의와 평강과 희락이니 비본질적인 문제로 본질을 희석하고 해하는 자가 되어서는 안 된다는 것입니다.

고린도전서 10장 23-24절, 33절을 보시면서 말씀을 마무리하겠습니다.

"모든 것이 가하나 모든 것이 유익한 것은 아니요 모든 것이 가하나 모든 것이 덕을 세우는 것은 아니니 누구든지 자기의 유익을 구하지 말고 남의 유익을 구하라. 나와 같이 모든 일에 모든 사람을 기쁘게 하여 자신의 유익을 구하지 아니하고 많은 사람의 유익을 구하여 그들로 구원을 받게 하라." 아멘.

15

로마서 15:1-3

약점을 담당하라

"믿음이 강한 우리는 마땅히 믿음이 약한 자의 약점을 담당하고 자기를 기쁘게 하지 아니할 것이라 우리 각 사람이 이웃을 기쁘게 하되 선을 이루고 덕을 세우도록 할지니라 그리스도께서도 자기를 기쁘게 하지 아니하셨나니 기록된 바 주를 비방하는 자들의 비방이 내게 미쳤나이다 함과 같으니라"

로마서 14장과 15장에 어떤 내용이 기록되어 있는지 기억하십니까? 로마교회 내에 믿음이 강한 자와 약한 자 사이의 갈등에 대해서 기록하고 있습니다. 여기서 말하는 믿음이 강한 자는 어떤 자이며, 믿음이 약한 자는 어떤 자입니까? 이것을 정확하게 규정하기는 어렵지만, 일반적으로 믿음이 강한 자란 그리스도를 통해서 구약의 음식법, 제사법 등이 다 완성이 되고 이제는 폐하여졌기 때문에 더 이상 지킬 필요가 없다고 하는 대다수의 이방인들을 말합니다.

그러면 믿음이 약한 자란 어떤 자입니까? 여전히 구약의 율법에 매여 자유롭지 못하고 율법을 그대로 준수해야 한다는 대다수의 유대인들을 말하는 것입니다. 이들은 서로를 비판합니다. 그럼으로 인해 교회 안에 갈등이 생기고, 분열의 조짐이 일어났습니다. 사도 바울은 그들에게 뭐라고 권면합니까?

1절 앞부분을 보겠습니다.

> "믿음이 강한 우리는 마땅히 믿음이 약한 자의 약점을 담당하고."

한마디로 약한 자의 약점을 담당하라고 말씀합니다.

'약점을 담당하라'가 오늘 설교의 제목입니다. 우리 교회에 강사로 오시는 목사님들이나 선교사님들, 그리고 우리 교회에 처음 나오신 초신자들께서 모두 하시는 말씀이 성도들이 너무 좋아 보인다고 하십니다. 웃는 얼굴이고, 행복한 얼굴이고, 너무 화목한 교회 같다고 말합니다.

얼마 전 우리 교회 20명 정도가 종교개혁지 탐방을 갔을 때에 거기 함께 간 서울여행사의 집사님이 우리와 11일을 함께 지내면서 "울산동부교회는 형제 사랑이 가득한 교회 같습니다"라고 말씀하셨습니다. 누구나 그렇게 말씀하니까 참 감사한 일입니다. 그렇지만 과연 오늘 말씀처럼 약한 자의 약점까지도 담당해 주는 교회냐 하고 묻는다면 우리가 자신 있게 그렇다고 말하기가 어려울 것입니다.

오늘 말씀을 통해서 여러분들이 약한 성도의 약점을 담당함으로 우리 교회가 더욱더 화목하고 하나 된 교회가 되기를 바랍니다.

먼저 생각할 것은 '약한 자의 약점을 담당한다'는 의미가 무엇이겠습니까?

14장 1절을 보십시오.

"믿음이 연약한 자를 너희가 받되 그의 의견을 비판하지 말라."

여기도 믿음이 연약한 자에 대해 나오는데, 믿음이 연약한 자에 대해 "그들을 받되 비판하지 말라"고 했습니다. 참 귀한 말씀입니다. 그렇지만 '비판하지 말아라'고 했으니, 이 말씀은 보다 소극적인 말씀입니다. 뭘 하지 않는 정도입니다. 거기 비해 오늘 15장 1절에 "약점을 담당하라"는 이 말씀은 보다 차원이 높은 말입니다. 진일보한 말씀이란 것입니다. 그냥 비판하지 않는 정도가 아니라, 그냥 침묵하는 정도가 아니라, 그냥 참아주는 정도가 아니라 약자 편이 되어서 약한 자를 도와주고 감싸주라는 말씀입니다.

약점을 담당하라고 했는데, 담당하라는 이 말은 영어성경에서는 'Bear'라는 말을 썼습니다. 이 말은 곰이라는 말도 있습니다. 그런데 담당한다는 그런 뜻도 가지고 있습니다. 약한 자의 짐을 대신 져주어라는 말씀입니다.

제가 1983년 4월에 군목으로 들어가기 위해 장교 훈련을 받으러 광주 상무대에 들어갔습니다. 저 같은 사람을 특간이라 합니다. 특별 간부라는 말입니다. 군목, 법사, 신부, 군의관, 법관 등이 전부 특간입니다. 특간 107기로 훈련을 받았는데, 내무반 제 옆자리에 간호 장교 후보생이 왔습니다. 간호 장교 후보생이니까 남자입니까, 여자입니까? 여자라고 생각하기 쉬운데 남자예요. 남자가 간호 장교를 한다는 건 난생 처음 보는 일이었습니다. 간호 대학은 보통 여자가 가지 않습니까? 그래서 물어보니까, 모 간호대학 입학 조건을 보니까 여자여야 한다, 남자는 안 된다는 항목이 없더라는 것입니다. 그래서 자기가 지원해서 들어갔는데, 마지막에 면접을 할 때에도 어떻게 남자가 여기 왔느냐고 물어서 입학 조건에 그런 조건이 없어서 왔다고 대답했다고 합니다. 그렇게 합격이 되어 그 간호학교에서 역사상 처음으로 남자 대학생이 들어온 것입니다.

3개월 군사 훈련이 끝날 무렵, 전남 화순 유격장에 유격 훈련을 받으러 가게 되었습니다. 유격 훈련을 받으러 갈 때는 밤 자정에 비상을 걸어 깨웁니다. 깨워서 완전 군장을 하고 뺑뺑이를 돌려 혼이 빠지게 한 다음에 야간 행군을 해서 갑니다.

그때 부모님은 남해에 계셨고, 저는 부산에서 고등학교 3년, 대학 4년, 대학원 3년 총 10년 동안 가난한 자취생으로 살았고, 부모님이 도와주신 것도 없이 고학하다시피 자랐기 때문에 잘 먹지 못해서 완전히 쇠약해져 있었습니다. 껍데기만 남고 기가 하나도 없었습니다. 그런데 그렇게 완전 군장을 하고 행군을 하니까 견딜 수가 없었습니다. 특히 밤에 무등산을 올라가는데 너무 힘들었습니다. 그래서 탈진 상태가 되어 쓰러질 것같이 비틀거리니까,

그때 그 간호장교 후보생 친구가 저를 보더니 제 총을 뺏어서 자기가 짊어지는 것입니다. 자기 총도 있는데도 제 총까지 어깨에 지고 가서 제가 유격장까지 무사히 갈 수 있었습니다. 얼마나 고마운 친구입니까. 그래서 평생 잊을 수가 없습니다. 이름까지 기억하고 있습니다. 그처럼 믿음이 강한 성도는 믿음이 약한 성도가 잘 못한다고 모른다고 비판하거나 책망해서는 안 된다는 것입니다. 오늘 말씀에 보니 약한 자의 약점을 담당하라고 하였습니다. 그 사람의

약점까지도 담당하고 감싸주고 도와주어야 한다는 것입니다.

지난 한두 달 동안 우리 교회에 여러 건의 초상이 났습니다. 결혼이나 초상에 참석하는 것은 일반적으로 부조와 많이 연관이 됩니다. 아무 이해관계가 없거나 잘 모르면 잘 안 갑니다. 그러나 사실 이런 모습은 교회의 아름다운 모습이라고 할 수 없습니다. 잘 모르고 이름이 없는 성도일수록, 새 가족일수록 좋은 일이 있으면 가서 함께 기뻐하고, 궂은 일, 슬픈 일이 있으면 가서 함께 슬퍼하는 것이 교회다운 모습입니다.

특별히 믿음이 강한 자들이 그리해야 됩니다. 교회에서 믿음이 강한 자는 어떤 자입니까? 직분자입니다. 직분자 중에서도 특별히 중직자가 믿음이 강한 자라고 할 수 있습니다. 이 중직자들은 이해관계를 초월해서 약한 자들을 돌아보고 또 함께 웃고 함께 울 수 있어야 됩니다. 하나님께서 우리를 직분자로, 또 중직자로 세워주신 이유가 바로 그런 일들을 하도록 하기 위해서입니다. 우리 교회 중직자들, 직분자들, 먼저 믿은 자들은 약한 신자의 약점을 담당해주는 분들이 다 되시기를 바랍니다.

다음으로 생각할 것은, 남의 약점을 담당하는 것은 남을 기쁘게 하는 일이요, 남을 세워주는 일이 된다는 것입니다.

1절 끝을 보면 "약점을 담당하고"에 이어서 나오는 말이 무엇입니까? "자기를 기쁘게 하지 아니할 것이라"입니다. 그러면 누구를 기쁘게 하라는 것입니까? 2절 앞부분을 보시면 "우리 각 사람이 이웃을 기쁘게 하되"라고 말합니다. 믿음이 약한 자를 기쁘게 하라는 말씀입니다. 하나님께서 인간을 처음 지으셨을 때, 인간이 죄를 지어 타락하기 전에 인간의 모습은 어떠했습니까? 그때 인간은 하나님 중심의 사람이었습니다. 영어로 'God-centered, 하나님 중심의 사람'입니다. 그런데 타락하여 죄로 오염된 이후에는 '인간 중심, 자기 중심'의 존재가 되었습니다. 'Man-centered 또는 Ego(자아)centered'라고 합니다.

지금은 불신자들이 하나님을 모르고 하나님을 예배하지도 않고 하나님께 순종하지도 않고 살아가지만, 처음에는 안 그랬다는 것입니다. 맨 처음 죄를 짓기 전에는 모두 하나님을 알고, 하나님께 예배하고, 하나님을 섬기고, 하나님 말씀에 기쁘게 순종하려고 했다는 것입니다. 그런데 타락해서 자기중심이 되었습니다.

오늘 우리 시대와 세계와 사회를 한 번 보시기 바랍니다.

얼마나 이기적이고 얼마나 자기중심적인지 모릅니다. 우리 주변에 있는 나라들, 북한도 그렇지만 옆에 있는 일본이라는 나라도 한 번 생각해 보십시오. 정신대 문제는 역사적으로 너무 뻔한 일인데도 그것을 인정하지 않고 여하튼 지우려고 합니다. 덮으려고 합니다. 독도 문제도 마찬가지입니다. 일제 강점기 때 자기들이 빼앗았던 것을 이제 자기 거라고 자꾸만 주장합니다. 얼마나 이기적입니까?

중국을 보십시오. 우리는 북한이 핵과 미사일을 가지고 있기 때문에 사드(THAAD: 고고도미사일)가 필요해서, 정말 어쩔 수 없이 사드를 갖다 놓고자 하는데, 자기들은 자기네 땅 일부가 사드 레이더권에 들어간다고 절대 반대를 하고 있습니다. 자기들은 우리나라 전체를 감시하는 레이더를 운용중이면서 말입니다. 중국 옆으로 있는 남태평양 지역 전체를 남중국해라며 다 자기들 소유이고 자기들이 관리해야 한다고 주장하고 있습니다. 그래서 억지로 인공 섬까지 만들어 두지 않았습니까. 나라들이 얼마나 이기적인지 모릅니다.

그런데 우리 사회는 어떻습니까? 원자력 발전이 필요하다는 건 다 알지만, 사드가 필요하다는 건 다 알지만, 장애인들을 위해서도 좋은 장애인 시설을 지어야 하는 데는 동의하지만 쉽지가 않습니다.

노사 갈등, 노조 파업도 해결이 쉽지 않습니다. 우리가 돌아보면 우리 개인의 삶에도 모든 것을 자기 이익의 관점에서 '된다, 안 된다'를 판단할 때가 얼마나 많습니까?

그러나 이것이 어디서 왔을까요? 아까 말씀했듯이 범죄하기 전에는 안 그랬습니다. 범죄하고 나서 우리 인간이 변한 것입니다. 그렇지만 예수를 믿어서 죄에서 구원받은 사람은, 신자는 어떻게 되어야 할까요? "누구든지 그리스도 안에 있으면 새로운 피조물"이라고 했습니다. 새로운 존재가 되었다는 것입니다. 그 새 존재란 하나님께서 우리 인간을 처음 만드셨을 때의 새 모습, 하나님 중심의 모습을 말하는 것입니다.

누구든지 그리스도 안에 있으면 새로운 피조물이라고 합니다. 그래서 하나님 중심의 사람이 되고, 이웃 중심의 사람이 된다는 말씀입니다. 불신자는 살아가면서 삶의 1번이 자기 자신, '나'입니다. 그런데 우리 신자는 1번이 누구입니까? 하나님이십니다. 2번이 누구입니까? 이웃입니다. 3번이 누구입니까? 자신입니다. 1번은 하나님, 2번은 이웃, 3번은 나입니다. 성경이 분명하게 우리에게 보여주고 있습니다.

다른 사람의 약점을 감당함으로 다른 사람을 기쁘게 할 때에 어떤 결과가 있겠습니까?

2절 앞부분을 봅시다.

"이웃을 기쁘게 하되"

다음에 "선을 이루고 덕을 세우도록 할지니라"라고 합니다. 다른 사람의 약점을 담당하고, 다른 사람을 기쁘게 하면 덕을 세우게 된다는 것입니다. 이 덕을 세운다는 말씀을 원문이나 영어성경에 보면 덕이라는 말이 없습니다. 그냥 'Build him up, 그 사람을 세워준다'고 되어 있습니다. 여러분, 세우는 것의 반대가 무엇입니까? 무너지게 하는 것입니다. 성경적인 용어로, 사복음서에 보면 '실족하게 한다'고 합니다. 실족(失足)은 발을 잃는다는 뜻입니다. 사람이 서 있을 때는 다리도 보이고 발도 보이는데, 사람이 넘어질 땐 발이 안 보입니다. 발을 잃었습니다.

성경을 보면 이 넘어지게 하는 것은 참으로 큰 죄입니다.

믿음이 강한 신자가 약한 신자를 비판하거나, 함부로 말하고, 자기중심적이 되어 자기를 기쁘게 하려고 하면 약한 신자가 낙심하게 되고, 넘어지게 되는 것입니다. 교회에서 어쩌다가 그런 모습을 봅니다. 먼저 믿은 자가 함부로 말하고 행동해서 초신자에게 상처를 주면 초신자가 낙심하고 다른 교회로 옮겨 가버리거나 심하면 아예 신앙생활을 중단합니다.

여러분, 그리스도의 핏값으로 사신 그 성도를 실족하게 하는 일이 얼마나 큰일인지 아십니까? 그래서 예수님께서 마태복음 18장에 보면 "이 작은 자 중 하나를 실족하게 하면 차라리 연자 맷돌(당나귀 같은 가축이 돌리는 큰 맷돌)이 그 목에 달려서 깊은 바다에 빠뜨려지는 것이 나으니라"고 무서운 말씀을 하셨습니다. 실족하게 하는 자에게는 화가 있을 것이라고 말씀하셨습니다.

반대로, 약한 신자 한 사람을 바로 세워 주는 것은 얼마나 귀한 일인지 모릅니다. 우리 동부교회 성도들은 남의 짐을 담당하고, 그래서 그 사람을 기쁘게 함으로 말미암아 그 사람을 세워 주는, 남을 세워 주는 복된 성도가 되시기를 바랍니다.

세 번째 생각할 것은, 남의 짐을 지고 남을 기쁘게 해야 할 신학적인 기초, 성경적인 이유가 무엇이냐 하는 것입니다.

3절을 보십시오.

"그리스도께서도 자기를 기쁘게 하지 아니하셨나니 기록된바 주를 비방하는 자들의 비방이 내게 미쳤나이다 함과 같으니라."

신자가 약한 자의 짐을 지고 그를 기쁘게 할 이유가 무엇입니까? 예수 그리스도께서 본을 보이셨습니다. 그리스도께서도 자기를 기쁘게 하지 않았다고 했습니다. 예수님은 하나님의 아들로서, 하나님 아버지와 동등하신 분입니다. 그런데 죄인인 우리를 구원하시기 위해서, 우리를 기쁘게 하시기 위해서 어떻게 하셨습니까?

빌립보서 2장에 보면 아주 간단하게 잘 나와 있습니다. '자기를 비우셨다'고 합니다.

사람이 자기를 비우기는 참 힘들지 않습니까?

그런데 예수님께서는 하나님 아들이신데 자기를 비우셨다고 합니다. 무엇을 비우셨겠습니까? 영광, 권세, 이 모든 것을 비우셨습니다. 그리고 피조물인 우리 인간의 몸을 입으셨다고 했습니다. 자기를 낮추어서 인간이 되셨다고 했습니다. 예수님은 얼마든지 자신의 기쁨을 추구하는 삶을 살 수 있습니다.

예수님이 세례 받으신 후에 사탄이 와서 유혹하고 시험하지 않았습니까? 메시아로서, 하나님의 아들로서 그 능력과 권세를 자신의 기쁨과 영광을 위해 사용하도록 유혹을 했습니다. 그러나 그때에 예수님은 단호하게 물리치시고 자신이 걸어야 할 길, 죄인들을 구원하는 길, 고난의 길, 십자가의 길을 선택하셨습니다.

오늘 본문 말씀 3절 중간을 보시기 바랍니다.

"기록된바 주를 비방하는 자들의 비방이 내게 미쳤나이다"라는 말씀이 있습니다. 이 말씀은 시편 69편 9절에 있는 말씀인데, 여기에 인용이 되었습니다. 이 말씀의 의미는 1차적으로는 한 사람이 하나님 때문에, 신앙 때문에 겪는 부당한 고난을 의미합니다. 자기 잘못이 아닌, 하나님을 믿기 때문에 받는 부당한 고난을 말하는데, 2차적 의미는 메시아적 예언입니다. 앞으로 메시아가 이 땅에 오셔서 우리 인간의 구원을 위해 자발적으로 여러 가지 비방과 모욕을 다 받게 될 것이라는 말씀인 것입니다. 이 예언대로 예수님께서 이 세상에 오셔서 많은 비방을 받으셨습니다. 특별히 십자가에서 받은 비방과 모욕과 고통은 헤아릴 수가 없습니다. 엄청난 것입니다. 그러나 우리의 구원을 위해서, 우리 죄인들을 기쁘게 하기 위해서 예수님께서 그 죄짐을 다 감당하셨습니다.

이사야 53장에 보면 "그는 실로 우리의 질고를 지고 우리의 슬픔을 당하였거늘"이란 말씀이 나옵니다. 그리고 6절에 보면 "여호와께서는 우리 모두의 죄악을 그에게 담당시키셨도다"라고 했습니다.

사람이 어떻게 구원을 받습니까? 범죄 한 인간이 어떻게 구원을 받을 수 있겠습니까? 자기의 의를 가지고 바른 행실을 가지고 착한 일을 함으로써 구원을 받을 수 있습니까? 그럴 수 없습니다. 아무리 노력을 할지라도 하나님 보시기에 부족합니다. 그렇지만 오늘 이 말씀대로 우리의 모든 죄악을 다 담당하시고 십자가에 죽으신 예수 그리스도를 믿을 때에, 그 사람의 죄짐은 다 벗겨지고 죄 용서 받고 구원을 얻게 되는 것입니다. 이 놀라운 구원의 진리를 믿으시기 바랍니다.

중요한 것은, 이사야 53장 6절을 말씀에서 보듯이 "우리는 다 양 같아서 그릇 행하여 각기 제 길로 갔지만, 여호와께서는 우리 모두의 죄악을 다 예수 그리스도에게 담당시키셨다"는 것입니다. 그래서 예수님이 우리를 위해서 죽으셨다고 했습니다. 그런데 오늘 로마서 15장 1절에는 믿음이 강한 자는 약한 자의 약점을 담당하라고 했습니다. 우리는 여기서 이사야 53장 6절 말씀과 로마서 15장 1절 말씀이 서로 통한다는 것을 알 수 있습니다. 구약에서는 메시아가 우리의 모든 죄짐을 '담당했다, 대신 졌다'고 되어 있는데, 오늘 말씀에는 그 메시아로 말미암아 구원받은 우리가 연약한 자의 약점을 다 '담당하라, 지고 가라'고 말씀하고 있는 것입니다.

여러분, 예수님을 본받읍시다. 우리의 죄짐과 약점을 다 지고 가신 예수님을 본받으시는 여러분 되시기를 바랍니다.

제가 책을 읽다가 이런 이야기를 보았습니다.

어느 날 한 여집사님이 무척 흥분해서 담임 목사님께 전화를 했습니다. 분이 안 풀려 씩씩거립니다. 보니까 부부싸움을 하고 같이 사느니 못 사느니 하며 전화를 한 거예요. 마음을 좀 진정시켜주고 토닥거려 준 다음 전화를 끊었습니다. 그런데 몇 시간이 지나고 나니 다시 전화가 왔는데, 처음보다 음성이 많이 진정이 되었습니다.

"목사님, 남편의 약점을 제가 다 담당하기로 결심했습니다."

몇 시간 만에 너무 변했습니다. 그래서 목사님이 무슨 일이 있었느냐고 물어보았습니다.

"예, 제가 흥분하고 속이 상해서 자리에 누웠는데, 벽에 십자가가 걸려 있는 게 눈에 들어왔습니다. 그 십자가를 바라보니까 내 죄와 내 약점을 다 담당하시고 십자가 지신 예수님이 생각났습니다."

예수님을 생각하니까 그렇게 크게 보이던 남편의 잘못이 티끌처럼 작아 보이더라는 것입니다. 그래서 남편 약점을 다 담당하는 사람이 되어야겠다는 마음이 생기더라는 것입니다. 예수님의 십자가를 바라보니, 내 죄 담당하신 예수님을 바라보니 다른 사람의 약점이 잘 안 보이는 것입니다. 아무것도 아닌 것입니다. 그래서 자신이 담당하겠다는 것입니다.

여러분, 우리의 모습이 바로 이런 모습이 되어야 하지 않겠습니까? 믿음이 강한 자는 약한 자의 약점을 담당해 주시기를 바랍니다. 중직자는 성도들의 약점을 담당하시기 바랍니다. 우리 교회 모든 교사 된 사람들은 자기가 맡은 자녀들, 학생들의 약점을 담당하시기를 바랍니다. 오래 믿는 자는 초신자의 약점을 담당하시기 바랍니다. 부모는 자녀의 약점을, 자녀는 부모의 약점을 담당하시기 바랍니다. 부부가 함께 살아갈 때에 배우자의 약점을 담당해 주시기 바랍니다.

약점을 담당하라는 하나님의 말씀에 대해 살펴보았습니다.

이 말은 약한 자의 약점을, 짐을 대신 져주는 것입니다. 도와주는 것입니다. 약한 자의 약점을 내가 담당해 주어서 그 사람을 기쁘게 할 때 그 사람이 믿음으로 바로 세워질 수 있습니다. 우리가 약한 자의 약점을 담당할 이유가 무엇입니까? 주 예수님께서 우리의 약점을, 죄악을 담당해 주셨기 때문입니다. 우리 주 예수님을 본받아서 약한 자의 약점을 담당해 주는 저와 여러분이 다 되시기 바랍니다.

16

로마서 15:4-6

연 합

"무엇이든지 전에 기록된 바는 우리의 교훈을 위하여 기록된 것이니 우리로 하여금 인내로 또는 성경의 위로로 소망을 가지게 함이니라 이제 인내와 위로의 하나님이 너희로 그리스도 예수를 본받아 서로 뜻이 같게 하여 주사 한마음과 한 입으로 하나님 곧 우리 주 예수 그리스도의 아버지께 영광을 돌리게 하려 하노라"

감사하게도 하나님께서는 참 부족하고 연약한 우리 각자를 사랑하시고 불러서 구원해 주셨습니다. 그러나 하나님께서 우리를 구원해 주시고 그냥 혼자 신앙생활하고 신앙을 지키고 살도록 내버려 두셨다면, 우리가 과연 이 믿음을 지킬 수 있겠습니까? 어렵습니다. 그래서 하나님께서 우리 예수님을 통하여 지상에 교회를 세우시고, 성도들이 함께 모여서 하나님께 예배하고 교제하고 서로를 격려하며 살 수 있도록 은혜를 베풀어 주신 것입니다.

여러분, 이 땅 위의 교회를 향하신 하나님의 가장 큰 뜻이 무엇이겠습니까? 그것은 복음 안에서 성도들이 하나가 되어 이 세상에 복음을 전파하는 것입니다. 그런데 이 로마교회는 먹는 문제, 날을 지키는 문제 등으로 유대 신자들과 이방인 신자, 믿음이 강한 자와 믿음이 약한 자 간에 갈등이 있었고 분열의 조짐이 있었습니다.

사도 바울은 이 로마교회를 향해 14장 1절에서 "서로가 받아 주고 비판하지 말아라"고 권면하고 있습니다. 그리고 15장 1절에서는 "믿음이 강한 자는 믿음이 약한 자의 약점을 담당하라, 믿음이 약한 자의 짐을 져주어라"고 말씀하고 있습니다. 그래서 그를 기쁘게 하고 그를 세워 주라고 했습니다.

왜 바울 사도가 이렇게 '비판하지 말아라, 약점을 서로 담당해 주어라'고 말씀했겠습니까? 교회의 하나 됨을 위해서, 교회의 연합을 위해서 이런 말씀을 하시는 것입니다.

오늘 말씀도 보면 계속 '하나 됨', '연합'을 강조하고 있습니다. 오늘 본문의 핵심은 5절 끝에 있습니다. "서로 뜻이 같게 하여 주사"라고 했습니다. 이 말을 한마디로 말하면 '같은 마음'(same mind), '연합'(unity)이라고 할 수 있습니다. 그래서 오늘 설교 제목이 연합'입니다.

첫 번째, 연합의 근원을 생각해 봅니다.

제 아버님께서는 돌아가셨지만 목수였습니다. 저는 아버지께서 하시는 일들을 많이 보았습니다. 아버님께서 미역 대처럼 생긴 긴 아교들을 고아서 나무나 물건을 붙이시는 걸 보았습니다. 아교가 연합의 근원입니다. 그러면 우리 성도들로 하나 되게 하시는 근원은 무엇이겠습니까? 오늘 4절을 읽어 보면 성경의 기록 목적을 말씀하고 있습니다. 전부를 말하고 있지는 않지만 일부를 말씀하고 있습니다. 한번 속으로 대답해 보십시오.

성경의 가장 중요한 목적이 무엇이라고 생각합니까?

성경의 가장 중요한 기록 목적, 그것은 구원의 길을 보여 주는 것입니다.

디모데후서 3장 15절을 보십시오.

> "또 어려서부터 성경을 알았나니 성경은 능히 너로 하여금 그리스도 예수 안에 있는 믿음으로 말미암아 구원에 이르는 지혜가 있게 하느니라."

마지막 부분에 성경은 구원에 이르는 지혜가 있게 한다고 말씀합니다. 구원의 길을 우리에게 보여줍니다. 그 구원의 길은 무슨 선한 행위로가 아닙니다. 그 앞을 보면 그리스도 예수 안에 있는 믿음으로 말미암아 구원을 얻게 됨을 보여주는 것이 성경이라는 것입니다.

여러분은 모두가 성경을 가지고 계시지요? 우리 한국 교회 역사를 보면 이 성경이 언제 처음 번역되었을까요? 조선시대 말 만주에 존 로스, 그리고 맥킨타이어라고 하는 스코틀랜드 선교사님이 두 분 와서 사역을 하고 있었습니다. 그런데 만주는 우리 조선과 가까워서 조선에 관해 관심이 있었습니다. 뿐만 아니라 그들은 토마스 선교사의 순교에 대해서 이야기를 들었습니다. 평양 쪽으로 배를 타고 갔다가 순교한 그 이야기를 듣고선 마음에 감동을 받고, 토마스 선교사 대신 조선에 복음을 전하자고 결심했습니다.

그래서 조선 국경선인 압록강 쪽까지 와 보는데, 그때 우리나라는 쇄국정책 때문에 들어갈 수가 없었습니다. 그래서 이 두 분은 '그렇다면, 우리가 한글로 성경을 번역해 조선에 퍼뜨리자'라고 생각했습니다. 그런데 자기들은 한글을 모릅니다. 그래서 한글 선생을 구했습니다. 조선 청년 4명을 알바로 고용해서 그들에게서 한글도 배우고 한문 성경을 한글로 번역하게 하는 것입니다.

번역을 하려면 한 번 보고서 됩니까? 잘 안 됩니다.

정독을 하고 한문 성경도 정독을 하고, 한글르 옮긴 이후에도 정독을 해서 바르게 번역이 되었는지 읽고 또 읽고 하다 보니 성령께서 그 마음에 감동을 했습니다. 그래서 이 네 청년이 전부다 예수를 믿었습니다. 그래서 그들이 성경 읽고 예수 믿고 구원 받고 세례를 받았습니다. 그것이 1879년입니다. 선교사님들은 1885년에 우리나라에 처음 들어왔는데, 그분들이 들어오기 전에 이미 우리나라 청년들은 성경을 번역해서 예수 믿고 세례를 받은 것입니다.

번역이 다 되면 그 다음에 뭘 해야 되겠습니까?

인쇄를 해서 책으로 만들어야 합니다. 그런데 책을 만들려면 식자공(인쇄판에 활자를 진열하는 사람)이 있어야 합니다. 그래서 인쇄를 하게 되는데, 그 식자공이 김청송이라는 사람이었습니다. 이 사람은 손이 굉장히 느린 사람이었습니다. 선교사님들이 옆에서 지켜보니 너무 느려서 열불이 날 정도였습니다. 그러나 느린 대신에 이 사람은 아주 성실하고 꼼꼼한 사람이었습니다. 그러다 보니 자기가 식자를 해놓고 식자한 것이 옳은지, 인쇄를 하고서도 인쇄한 것이 진짜 원본하고 같은지 대조를 해 계속 읽다 보니 어떻게 되었겠습니까?

이 사람도 예수를 믿게 되었습니다. 구원을 받게 된 것입니다. 그래서 이 사람이 1882년에 세례를 받게 된 것입니다. 성경을 읽어보면, '예수님을 믿음으로 인간이 구원을 받을 수 있구나, 죄인이 구원을 받을 수 있구나'를 알게 된다는 것입니다. 그래서 하나님의 말씀은 그냥 보통 책이 아닙니다.

하나님의 말씀은 살아 역사하는 말씀인 것을 믿으시기 바랍니다. 이 로마서 1장에 "복음은 모든 믿는 자에게 구원을 주시는 하나님의 능력이 됨이라"고 말씀했습니다. 교회를 다녀도 아직 내가 예수를 믿는지, 내게 구원의 확신이 있는지, 정말 죽어서 천국에 가는지 확신이 없는 그런 분들도 있습니다. 그런 분들은 성경으로 돌아가서 하나님의 말씀을 믿음으로 자세히 진심을 다해 읽으시기 바랍니다. 그러면 그곳에서 구원의 진리를 발견하고 예수를 믿게 되는 것입니다.

성경의 두 번째 목적은 오늘 본문 4절에 기록이 되어 있습니다.

4절 앞부분을 보시면 "무엇이든지 전에 기록된 바는 우리의 교훈을 위하여 기록된 것이니"라고 합니다. 교훈을 위하여 기록되었다고 합니다. 이것이 성경의 두 번째 목적입니다.

고린도전서 10장에 보면, 사도 바울이 고린도 교회 성도들에게 편지를 씁니다. 당시 고린도는 소돔과 고모라와 같이 죄악이 가득한 도시였습니다. 그러다 보니 고린도에 사는 성도들도 죄를 많이 지었습니다. 그곳에 편지하기를, 고린도전서 10장에서 옛날 이스라엘 백성들의 광야 생활을 보여줍니다. 그들이 광야에서 하나님을 섬기지 않고 우상을 섬기고 음행을 저지르고 원망하다가 결국 다 광야에서 엎드러졌다고 말씀합니다. 그리고 그 결론으로 고린도전서 10장 11절을 보십시오.

"그들에게 일어난 이런 일은 본보기가 되고 또한 말세를 만난 우리를 깨우치기 위하여 기록되었느니라."

그러고 보면 구약의 기록이 오늘을 사는 우리와 관계가 있다는 것을 알 수 있습니다. 말세를 사는 우리를 깨우치기 위해서, 우리에게 거울이 되기 위해서, 본보기가 되기 위해서 하나님께서 구약성경을 기록하도록 하신 것입니다. 우리에게 교훈을 줍니다.

성경의 또 한 가지 목적은 우리에게 필요한 은혜를 주는 것입니다.

오늘 본문 4절 중반부를 보면 "우리로 하여금 인내로 또는 성경의 위로로 소망을 가지게 함이니라"고 말씀합니다. 성경을 통하여 하나님께서 우리에게 주시는 것 세 가지가 나옵니다. 첫 번째는, 인내 두 번째는, 위로 세 번째는, 소망입니다. 하나님께서 이런 것을 주신다는 것입니다.

성경에 보니 믿음의 조상 아브라함이 75세가 되도록 아이가 없었습니다. 이제는 가망이 없는 모양이다 싶었는데 하나님께서 후손을 약속해 주십니다. 그런데 5년이 흘러도, 10년이 흘러도, 20년이 흘러도 완전히 할아버지가 되어 버렸는데도 아이가 없습니다. 가능성이 사라졌습니다. 그런데도 믿음으로 참고 기다렸더니 100세가 되었을 때에, 25년 만에 하나님께서 이삭이라는 아들을 주셨습니다.

믿음으로 모세는 하나님의 상 주심을 바라보았고, 이로 인해 많은 수고와 역경이 있었지만 끝까지 믿음으로 참아냈습니다. 예수님께서 십자가를 지셨는데 어떻게 지실 수가 있었겠습니까? 부활의 소망이 있고, 앞으로 하나님 아버지께서 자기를 영광스럽게 하실 것이라는 소망이 있었기 때문에 십자가의 고난도 다 감당할 수 있었습니다.

이렇게 우리 예수님도, 믿음의 사람들도 하나님의 약속을 믿고 인내하고 위로를 받고 격려를 받고 소망을 가지고 살았습니다. 이런 말씀이 기록된 성경을 읽을 때에, 우리가 낙심 가운데서도 다시 힘을 얻고 위로를 얻게 됩니다. 소망을 얻고 인내하게 되는 것입니다.

힘들 때에 누군가 옆에서 나를 위로해 주고 격려해 주면 얼마나 고마운지 모릅니다. 그렇게 격려해 주는 사람이 있으면 얼마나 복된 사람인지 모릅니다. 그런데 가만히 생각해 보면 신자는 다 복된 사람입니다. 성경을 통해서, 설교를 통해서 하나님께서 우리들에게 언제나 인내를 주시고 위로를 주시고 소망을 주시기 때문입니다.

여러분은 신앙생활을 몇 년 하셨습니까?

지금까지 세상을 살아오면서 가장 크게 위로를 받고 격려를 받고 소망을 가지게 된 때가 언제입니까? 한 번 생각해 보십시오. 주일날에 하나님 앞에 예배드리면서 하나님의 말씀을 들을 때에, 그리고 집에서 성경을 읽을 때에, 내가 힘들 때마다 하나님께서 나를 일으켜 주시고, 말씀을 통해 나를 위로해 주시고 소망을 주시지 않습니까? 그렇습니다. 하나님께서는 성경을 통해서 우리에게 인내를 주시고 격려를 주시고 소망을 주십니다.

그러므로 여러분 중에 정말로 인내가 필요한 분이 있습니까?

여러분 중에 정말로 격려가 필요하고 위로가 필요한 분이 있습니까? 정말 소망이 필요한 분이 있습니까? 그렇다면 성경으로 돌아가서 말씀을 통해 하나님을 만나시기 바랍니다. 그러면 하나님께서 오늘 말씀대로 인내를 주시고, 위로와 격려, 새 힘을 주시고 소망을 주실 것입니다.

여기서 우리가 놓치지 말아야 할 한 가지가 있습니다.

하나님께서 성경을 통하여 우리에게 주시는 은혜가 많은데, 왜 오늘 본문에는 유독 인내와 위로와 소망을 말씀하고 계시는가 하는 것입니다. 지금 사도 바울은 '비판하지 말아라, 약한 자의 약점을 담당하라, 그래서 하나가 되라'고 권면하는 중입니다.

약한 자를 비판하지 않고 그 사람들을 받아주고, 그 사람들의 짐을 내가 담당해 주고, 그렇게 하기 위해서 가장 필요한 것이 무엇이겠습니까? 바로 인내입니다. 격려입니다. 위로입니다. 소망입니다. 그래서 우리가 이런 은혜가 있을 때에 내가 너그러운 마음으로 참을 수 있고, 양보할 수 있고, 남을 위해서 살 수 있는 것입니다. 요컨대 인내, 위로, 소망 이런 것이 연합의 근원이 되는 것입니다. 연합의 아교가 되는 것입니다.

인내와 위로의 창시자요 근원이신 하나님이 성경을 통하여 우리에게 인내를 주시고 위로해 주시고 소망을 주시기를 원하십니다. 힘든 세상을 사는 동안에 하나님께로부터 인내를 받고 위로를 받고 소망과 힘을 받아서 서로 연합하고 믿음으르 굳건하게 잘 걸어가시는 여러분들이 다 되시기 바랍니다.

두 번째로, 연합의 실체를 생각해 봅니다.

5절에 보니 "이제 인내와 위로의 하나님이 너희로 그리스도 예수를 본받아 서로 뜻이 같게 하여 주사"라고 합니다.

"서로 뜻이 같게 하여 주사"라고 했는데, 이 말씀의 의미가 무엇이겠습니까? 우리가 성경을 보면 교회에서 하나 됨, 교회에서의 연합이 얼마나 중요한지 모릅니다. 연합은 사회에서도 필요하고, 단체에서도 필요하고, 가정에서도 필요합니다. 그런데 가장 필요한 곳이 어디냐 하면 바로 하나님의 교회입니다.

오늘 시편 133편을 교독했습니다.

"형제가 연합하여 동거함이 어찌 그리 선하고 아름다운고."

연합의 아름다움을 찬양하는 것을 볼 수 있습니다. 예수님께서 요한복음 17장에 보면 최후의 만찬석에서 제자들에게 말씀을 주시고 제자를 위하여 기도를 하시는 중에 이런 기도를 하십니다. "아버지 하나님, 우리가 삼위일체로 하나가 된 것같이, 저들도, 제자들도, 성도들도 하나가 되게 하여 주시옵소서" 하고 기도했습니다.

그리고 사도행전 1장에 보면, 감람산에서 승천하신 예수님을 지켜본 제자들과 여자들이 다락방에 다 함께 모여 예수님의 가족들과 마음이 하나 되어 간절히 기도했다고 했습니다.

빌립보서 2장에 보면, 교회에 어떤 일이 있으면 마음을 같이하여 한 마음으로 하라고 했습니다. 여러분, 우리 울산동부교회에 무슨 일이 있을 때에, 구역에 무슨 일이 있을 때에, 식당 봉사를 할 때에, 기관에 무슨 일이 있을 때에 마음이 하나 되어 함께 주의 일을 감당하는 성도가 되시기 바랍니다. 이것을 하나님께서 기뻐하십니다.

그런데 '뜻을 같이한다, 같은 생각을 가진다'는 것이 무슨 뜻이겠습니까? 생각이 똑같고 의견이 일치해야만 한다는 말이겠습니까? 어떤 교회의 당회에서는 만장일치가 되어야만 꼭 일을 한다고 합니다. 금방 들으면 참 좋아 보입니다. 그런데 사람이 다 다르고 생각도 의견도 다 다른데 어떻게 만장일치가 되어야 일을 하겠습니까? 다수가 원하면 따르지 않는 사람도 다수의 의견에 따라가고, 이렇게 해서 일을 하는 것이 진정 아름다운 것입니다. 그래서 오늘 본문에 뜻이 같아진다는 이 말은 획일화, 획일적인 일치를 말하는 것이 아니라는 것입니다.

세계 지도를 보면 국경선이 직선으로 그어져 있는 나라들이 있습니다. 미국과 캐나다 국경을 지도에서 보면 일직선입니다. 그리고 아프리카 북부에 보면 국경선이 그런 식으로 그어져 있습니다. 보기에는 좋고 시원해 보이지만 사실은 문제가 많은 것입니다. 저렇게 국경이 생긴 건 자기들이 그은 것이 아닙니다. 19세기에 유럽의 힘있는 열강들이 아프리카를 공격해서 여기는 어느 나라, 저기는 어느 나라 하면서 땅 나누기를 했습니다. 그렇게 서로 갈등하고 대립하고 싸움을 하다가 마지막에 협정을 해서 잣대를 놓고 쫙쫙 그어버렸습니다.

그런데 문제는 아프리카는 정치적, 국가적 체제보다도 오랜 역사, 문화, 부족 의식이 훨씬 강한 나라입니다. 그런 것을 염두에 두지 않고 완전히 무시한 채 그냥 줄만 쫙쫙 그어놓으니까 어떤 현상이 일어나겠습니까? 부족이 나누어지고, 서로 다른 부족이 한 나라가 되고, 다른 종교를 가지고 있는 사람들이 한 나라가 되다 보니 지금까지도 내전이 많고, 폭동이 일어나고, 무수한 살상이 일어나고 있는 것입니다. 획일화가 얼마나 무서운 것인지 우리에게 보여줍니다. 획일화는 독재 시대에나 있는 것입니다.

그러면 오늘 본문에 "뜻이 같게 하여 주사"는 무슨 뜻이겠습니까? 이 말은 서로를 존중하고, 관용하라는 것입니다. 생각과 의견이 달라도 받아주고, 이해해 주고, 존중해 주라는 것입니다. 다양성 가운데 통일성을 말하는 것입니다.

오늘 우리 찬양대가 아름다운 찬양으로 하나님께 영광을 돌렸는데, 생각해 보면 찬양대는 한 음으로 유니송 찬양을 하지 않습니다. 그런 경우는 거의 없습니다. 소프라노, 엘토, 테너, 베이스 네 파트가 있어서 각기 다른 소리를 냅니다. 다른 음을 내는데도 한 가지 음을 낼 때보다 훨씬 더 아름답고 영광스러운 찬양이 되는 겁니다. 바로 하나님께서 오늘 본문에서 말하는 '연합, 하나 됨'을 말하는 것입니다.

그래서 어떤 영어성경에 보면 "서로 뜻이 같게 하여 준다"는 말씀을 "Live in harmony with one another"로 번역합니다. '서로 하모니를 이루어서 살아라'고 말씀하고 있습니다. 그러므로 주의 일을 할 때에 자기의 의견이 옳다고 고집하지 마시기 바랍니다. 상대방이 꼭 자기 의견을 따라 주기를 강요하지 마시기 바랍니다. 꼭 자기가 원하는 대로 해야 된다고 하지 마시기 바랍니다. 자기 의견이 최선이라고 해도, 차선을 따르는 사람이 많다고 하면, 차선을 따라 주라는 것입니다. 그것이 바로 하나님께서 원하시는 것입니다.

부부 관계도 마찬가지이고, 다른 사람과의 관계도 이와 같다고 생각합니다. 자기주장만 옳고 그것만 고집하는 사람이 아니라, 그것을 내려놓고 이해해 주고 받아주는 조화가 있을 때에 거기에 평화가 있고, 거기에 하나님의 뜻이 이루어지는 것입니다. 여러분, 자기를 절제해서 연합을, 하나 됨을 이루어 가는 아름다운 성도가 되시기 바랍니다.

셋째로, 연합의 결과 또는 목적이 무엇입니까?

6절을 보십시오.

> "한마음과 한 입으로 하나님 곧 우리 주 예수 그리스도의 아버지께 영광을 돌리게 하려 하노라."

맨 끝에 보면 연합의 목적이 한마디로 무엇입니까? 하나님께 영광을 돌리는 것입니다. 이 영광이라는 말은 그냥 영광이라는 말로 볼 수도 있지만 예배라는 말로 바꿀 수도 있습니다. 한마음과 한 입으로 하나님께 예배를 드리기 위해서라는 것입니다. 한마음, 한 입이라 했습니다. 한마음은 내면적인 연합을 말합니다. 한 입은 외면적인 연합을 말합니다. 나뉜 마음, 갈린 마음으로 예배를 드리면 하나님께 기쁨이 되지 않고 하나님께 영광이 되지 않습니다. 교회가 내적, 외적으로 연합이 되어 하나님께 예배를 드리고 하나님의 일을 할 때에 하나님께서 기뻐하시고 영광을 받아주시는 것입니다.

사도행전 2장의 초대 예루살렘 교회를 보십시오. 초대 예루살렘 교회가 날마다 마음을 같이하여 성전에 모이기를 힘쓰고, 서로 교제하고, 하나님을 찬미할 때 사람들로부터 칭송을 받았다고 했습니다. 예루살렘 교회에 속한 성도들이 서로 사랑하고, 한 마음으로 함께 모이고, 서로를 비방하거나 비난하지 않고, 자기의 물질을 내어 가난한 사람을 돕는 모습을 불신자들이 보니 교회가 너무 아름다운 것입니다. 교회가 아름다우니 신자들을 칭송하였다고 하였습니다. '정말 보기 좋다, 정말 아름답다, 교회가 너무 귀하다'고 칭찬했습니다. 그러면 누가 영광을 받습니까? 하나님께서 영광을 받으십니다. 그래서 초대 예루살렘 교회는 하나님께 영광을 돌렸습니다.

여러분, 제가 설교 서론에 교회를 향하신 하나님의 뜻이 무엇인지, 교회의 본질적인 사명, 궁극적인 목적이 무엇인지 질문한 적이 있습니다. 교회의 근본적인 사명은 하나가 되어서 이 세상에 복음을 전함으로 하나님께 영광을 돌리는 것입니다. 그런데 이것을 모르고, 비본질적인 일에 힘을 쏟고, 서로 다투고 싸우는 데 힘을 쏟는 교회들도 간혹 있습니다. 그런 교회들은 어떻습니까? 그런 교회는 하나님의 영광을 가리는 것입니다. 불신자들이 보고 비난하고 손가락질하는 것입니다.

여러분은 울산동부교회 46년 역사에서 우리 교회가 하나님 앞에 내놓을 만한 가장 큰 일, 가장 아름다운 일이 무엇이라고 생각하십니까? 우리 본당을 크게 지은 일이겠습니까? 교육관을 새로 잘 지은 일이겠습니까? 그것도 귀하고 아름다운 일입니다. 그렇지만 생각해 보면 그것은 교회의 본질적인 일은 아닙니다.

6년 전에 우리 교회가 기도하고 분립 개척을 통하여 천곡동부교회를 설립한 일, 이것은 하나님의 나라 확장과 복음 전파를 위하여 행한 정말로 귀한 일이요, 하나님께서 우리 교회를 칭찬하실 일입니다.

지금 우리 교회는 세 명의 선교사를 외국에 파송하고 많은 돈을 들여서 후원을 하고 기도하고 있습니다. 또 다른 여러 선교사들도 협력하고 있습니다.

또 해마다 새생명축제를 통하여 사람들에게 복음을 전하려고 애를 쓰고 있습니다. 이런 일들이 바로 하나님께서 기뻐하시는 교회의 본질적인 사명이요, 가장 빛난 일들인 것입니다.

모든 성도가 한 마음으로 연합하여 복음을 전할 때에 하나님께서 영광을 받으십니다. 앞으로도 우리 교회 모든 성도가 예수 그리스도를 본받아, 남의 짐을 지고 연합해서 복음 전파에 매진하는 교회, 교회의 본질적인 사명을 다하는 교회가 되어서 하나님 앞에 큰 영광을 돌리는 아름다운 역사가 있게 되기를 바랍니다.

로마서 15:7-12

너희도 서로 받으라

"그러므로 그리스도께서 우리를 받아 하나님께 영광을 돌리심과 같이 너희도 서로 받으라 내가 말하노니 그리스도께서 하나님의 진실하심을 위하여 할례의 추종자가 되셨으니 이는 조상들에게 주신 약속들을 견고하게 하시고 이방인들도 그 긍휼하심으로 말미암아 하나님께 영광을 돌리게 하려 하심이라 기록된 바 그러므로 내가 열방 중에서 주께 감사하고 주의 이름을 찬송하리로다 함과 같으니라 또 이르되 열방들아 주의 백성과 함께 즐거워하라 하였으며 또 모든 열방들아 주를 찬양하며 모든 백성들아 그를 찬송하라 하였으며 또 이사야가 이르되 이새의 뿌리 곧 열방을 다스리기 위하여 일어나시는 이가 있으리니 열방이 그에게 소망을 두리라 하였느니라"

오늘 설교 제목이 '너희도 서로 받으라'는 말씀입니다. 7절 끝에 보면 "너희도 서로 받으라"고 말씀했습니다. 그런데 여기서 너희가 누구겠습니까? 로마에 있는 성도들을 말합니다. 특별히 로마교회는 이방인들과 유대인들로 구성되어 있었습니다. 그래서 로마교회를 구성하고 있는 유대인과 이방인, 즉 믿음이 강한 자와 약한 자 너희는 서로 받으라고 말씀하고 있습니다. 이들은 다른 문화와 다른 종교 배경에서 태어났습니다. 그렇기 때문에 예수님을 믿은 이후에도 여러 면에서 생각이 달랐습니다.

그들은 구약에 나오는 음식에 대한 문제, 그리고 날짜에 대한 문제 등에서 서로 생각이 달랐습니다. 달랐기 때문에 서로 비판했습니다. 서로 간에 갈등이 있었습니다. 그런 그들에게 하나님께서는 서로 받으라, 서로를 용납하라고 말씀하십니다. 여기에서 '받는다'는 말이 오늘 메시지의 핵심이 되는 말입니다. 영어로 'Accept'라고 하는데, 이 말은 단순히 '봐준다, 어쩔 수 없이 용납한다, 받아들인다'는 의미가 아닙니다.

연말이 되면 야구팀이나 배구팀 같은 스포츠 팀을 가진 대학과 고등학교에서 선수 수급을 받습니다. 받을 때에 아주 스타급 선수가 있다면 그 선수 한 사람만 딱 골라 받지는 못하고, 스타보다는 좀 못한 일반적인 선수도 몇 사람 함께 받습니다. 마치 끼워 팔기와 비슷합니다. 왜 그렇게 하겠습니까? 그것은 스타를 데려가는 대가로 잘 안 팔리는 선수도 좀 데려가 달라는 의미입니다. 그 보통 선수들은 받아들이기 싫어도 어쩔 수 없이 받아들이는 것입니다.

그런데 오늘 본문에 나오는 "받으라"는 말씀은 그런 의미가 아니라는 것입니다. ESV 영어성경에 보면 이 받으라는 말씀을 'Welcome'으로 번역했습니다. 'Welcome'은 환영한다는 뜻입니다. '서로를 환영하라, 영접하라'는 말씀입니다. 억지로가 아니라, 사랑과 관심을 가지고 기쁘게 교제 안으로 받아들이라는 말씀입니다.

먼저 생각할 것은, 사도 바울이 무엇에 근거해서 서로 받으라고 말씀하고 있는가 하는 점입니다.

7절을 보십시오.

> "그러므로 그리스도께서 우리를 받아 하나님께 영광을 돌리심과 같이 너희도 서로 받으라."

그냥 너희도 서로 받으라고 말씀하는 것이 아니라 그리스도께서 우리를 받아주심과 같이 너희도 서로 받으라고 말씀합니다. 로마서 14장 3절에도 보면 "이는 하나님이 그를 받으셨음이라"라고 말씀하고 있습니다. 하나님께서 믿음이 연약한 자를 받아주셨다고 했는데, 오늘 본문 7절에는 그리스도께서 우리를 받아주셨다고 했습니다. 요약하면 하나님께서 우리를 받아주시고, 그리스도께서 우리를 받아주셨는데, 그럼에도 불구하고 성도가 서로를 받아들이지 못한다면 그 사람은 하나님을 믿는 사람답지 못하다는 말입니다. 어떻게 보면, 하나님을 헛되이 믿는다는 것입니다.

여러분은 하나님을 본받아서, 예수 그리스도를 본받아서 다른 성도들이 나와 다를지라도 받아주는 성도가 되시기 바랍니다.

저는 생각해 봅니다. '나의 모습을, 나의 모든 생각을, 나의 모든 죄악을 낱낱이 다 안다면 이 세상에 나를 받아줄 자가 있을까? 내 모습 이대로 나를 받아줄 자가 있을까?' 없을 것 같습니다. 여러분들은 어떻습니까? 여러분의 모든 것을 누가 안다면, 그 사람은 나를 받아 줄 것 같습니까?

죄가 많고 흠이 많은 우리 인간도 우리 서로를 받아주기가 어려운데, 죄 없으신 예수님, 너무나도 거룩하신 예수님, 순결하신 예수님께서 우리를 받아주셨다는 것입니다. 내 속을, 내 죄를 몰라서가 아니라, 누구보다도, 아니 나보다 내 속을 더 잘 아시면서, 내 죄악과 부패함을 다 아시면서 받아주셨다는 것입니다. 다 아시면서 우리를 위해서 생명을 주시고, 우리를 불러서 예수 믿게 하시고, 우리를 하나님의 자녀로 받아주시고, 우리를 친구라고 불러주시고, 우리를 형제로 받아주셨습니다.

주님께서 만일 우리의 무엇을 따지신다면, 우리의 죄악을 따지시고 우리의 허물을 따지신다면 받아줄 자가 누가 있겠습니까? 아무도 없습니다. 다 하나님의 심판에, 지옥 형벌에 보내시기에 합당한 사람들 아니겠습니까? 그런데 우리가 죄인 되었을 때에 우리를 사랑해 주셔서 우리를 주님께서 받아주셨습니다. 무조건적으로 받아주셨습니다. 그 예수님을 본받아서 우리도 서로를 받아주어야 한다는 것입니다. 그러므로 생각이 다르고, 견해가 다르고, 습관이 다르고, 성격이 다르고, 신분이 다르다고 할지라도 예수님을 본받아 다 받아주는 성도가 되시기 바랍니다.

다음으로, 그리스도께서 우리를 받아주셨는데, 8절과 9절을 보면 유대인과 이방인들을 다 받아주셨습니다.

유대인만 받아주시고 이방인들은 받아주시지 않은 것이 아니란 것입니다. 우선 8절에 보면 "그리스도께서 하나님의 진실하심을 위하여 할례의 추종자가 되셨다"라고 했습니다. 성경에 나오는 말씀은 한 마디도 허투루 쓰인 말이 없습니다. '하나님의 진실하심을 위하여'라고 했는데, 여기에 나오는 진실하심은 신실하심을 의미합니다. 신실하심이란 것은 이랬다저랬다 하는 것이 아니라, 약속을 해놓고서 그냥 깨어버리기도 하는 그런 것이 아니라, 무슨 일이 있어도 끝까지 약속을 지키는 것, 그것을 가리켜 신실하다고 말하는 것입니다.

8절 끝에 있는 대로 우리 하나님께서는 이스라엘 조상들과 언약을 맺었습니다. 약속을 지켰습니다. 아브라함과 그 자손들을 택하시고 언약을 맺으셨습니다. "나는 너희 하나님이 될 것이고, 너희는 내 백성이 되리라"는 언약을 맺었습니다. 그래서 이스라엘은 하나님의 백성이 되었습니다. 그 하나님의 백성이 되는 표, 언약의 표가 할례입니다. 할례를 해서 '이 사람은 하나님의 백성이다'라고 표를 하는 것입니다. 오늘날의 세례와 같습니다.

특별히 하나님께서 아브라함에게 "이 땅을 너의 자손에게 줄 것이다" 말씀하시고, "네 씨로 말미암아 천하만민이 복을 받으리라"고 했습니다. '네 씨' 라고 단수로 표기되어 있는데, 이것은 '메시아, 구원자'를 의미하는 것입니다. 그런데 아브라함의 자손인 이스라엘 백성은 하나님께서 주신 가나안 땅에서 하나님과의 언약을 지키지 않았습니다. 하나님을 버리고 우상을 숭배했습니다. 하나님의 율법의 말씀을 순종하지 않았습니다.

이로써 우리 하나님께서 진노하셨고, 그들을 그 땅에서 쫓아내셨습니다. 그런데 이스라엘이 하나님과의 언약을 먼저 깼으므로 하나님도 그들과의 언약을 깨버리신 것입니까? 그들을 멸망하게 하신 것을 보면 마치 하나님께서 그들과의 언약을 깨버린 것처럼 보입니다. 그러나 그렇지 않다는 것입니다. 비록 이스라엘은 하나님과의 언약을 깼어도, 하나님께서는 신실하신 하나님이시기에 절대로 깨지 않는다는 것입니다.

이것은 오늘날 예수 믿는 우리에게도 마찬가지입니다. 우리를 사랑하사 당신의 백성으로 삼으신 하나님께서는 우리가 연약하고 부족하여 넘어지고 범죄할지라도 신실하신 하나님이시기에 우리를 버리지도 않으시고 떠나지도 않으시고 세상 끝날까지 우리와 함께 하시며 우리를 반드시 구원해 주실 것을 믿으시기 바랍니다.

하나님께서는 자신의 신실함을 지키기 위해서 자기 아들을 세상에 보내셨습니다. 선지자들을 통하여 메시아를 약속하셨습니다. 그 신실함을 지키기 위해서 자기 아들을, 메시아를 세상에 보내셨다는 것입니다. 그래서 오늘 본문 8절에 보면 "그리스도께서 하나님의 진실하심을 위하여 할례의 추종자가 되셨다"라고 하십니다. 좀 어려운 말입니다. 이 말은 쉽게 말하면 할례 받은 자들의 종이 되셨다는 말입니다. 어느 민족이 할례를 받습니까? 유대인입니다. 그래서 이 말은, 유대인들의 종이 되셨다는 것입니다.

예수님이 유대인들의 종으로 태어났다는 것입니다. 예수님께서 태어나신 족보를 보면 아브라함과 다윗의 자손입니다. 아브라함도 다윗도 유대인의 가장 대표적인 사람 아닙니까?

"아브라함과 다윗의 자손 예수 그리스도의 세계라."

그래서 예수님께서는 아브라함의 자손으로, 다윗의 자손으로 이 세상에 유대인으로 태어나셨습니다. 율법 아래 태어나서 율법에 기록된 대로 할례를 받으시고 율법의 말씀에 순종하셨습니다. 예수님께서 나중에 제자들을 보고 사마리아와 땅 끝까지 이르러 내 증인이 되라고 말씀하셨지만, 예수님 자신은 이스라엘 안에서만 사역하시고 이방인들에게 가지 않으시고 오직 유대인들에게만 사역하신 것을 볼 수 있습니다.

요약하면, 예수님께서는 유대인으로 태어나서, 유대인으로 사시고, 유대인으로 죽으신 것을 알 수 있습니다. 왜 그렇게 하셨습니까? 하나님께서 유대인 조상들에게 하신 그 약속을 지키기 위해서입니다. 그래서 예수님께서는 유대인으로 태어나 유대인으로 사역하셨다는 말씀입니다.

그런데 바울은 다음 9절에서 이방인들을 거론합니다.

9절을 보십시오.

> "이방인들도 그 긍휼하심으로 말미암아 하나님께 영광을 돌리게 하려 하심이라."

다시 말해 이 말씀은 이방인들도 구원을 받아 하나님께 영광을 돌리게 될 것을 말씀합니다. 하나님의 아들 예수 그리스도의 사역으로 말미암아 구원받는 것은 유대인뿐만 아니라 이방인도 그 안에 포함이 된다는 말씀입니다. 알고 보면 하나님께서 아브라함에게 하신 약속 안에 이미 그 사실이 들어있습니다.

창세기 12장 3절 말씀을 보십시오.

> "너를 축복하는 자에게는 내가 복을 내리고 너를 저주하는 자에게는 내가 저주하리니 땅의 모든 족속이 너로 말미암아 복을 얻을 것이라 하신지라."

하나님께서 아브라함에게 하신 약속인데, 저 후반에 있는 말씀이 중요합니다. 땅의 모든 족속이 너로 말미암아 복을 얻는다고 했습니다. 아브라함의 자손만 아브라함으로 인하여 복을 받는 것이 아니라, 땅에 있는 모든 민족들, 즉 이방인들조차도, 온 인류조차도 너로 말미암아 구원의 복을 누릴 것이라고 말씀하시는 것입니다. 이 말씀을 보면, 하나님께서 아브라함을 택하시고 유대인을 택하시고 복을 주시는 것은, 그의 후손인 이스라엘 벅성들만 구원하시고 복을 얻게 하려 하심이 아니라, 그 유대인을 통해서 땅의 모든 족속, 모든 이방인 까지도 다 구원하시려 하는 것을 알 수 있습니다. 요컨대, 하나님의 구원 계획에는 이방인도 포함되어 있다는 것입니다.

이러한 구원의 원리는 오늘날도 역시 마찬가지입니다. 오늘날도 적용이 되고 있습니다. 우리가 잘 아는 사도행전 16장 31절의 "주 예수를 믿으라 그리하면 너와 네 집이 구원을 받으리라"는 말씀은 사도 바울이 간수에게 한 말입니다. 아니, 그 순간에 "주 예수를 믿으라 그리하면 네가 구원을 얻으리라" 이 한마디면 되지 않습니까? 그런데 사도 바울은 굳이 "너와 네 집이 구원을 받으리라"고 말씀합니다. 이 간수가 예수를 믿게 되면 그 간수의 가족까지 자동으로 구원을 받게 된다는 말입니까? 아니지요. 그런 법은 없습니다. 그러면 그 말씀의 의미가 무엇이겠습니까? 간수 한 사람으로 인하여 그 가족도 예수 믿고 구원 받아야 한다는 말씀인 것입니다.

올해 우리 교회 표어가 '집으로 돌아가 말하라'입니다.

누구에게 하신 말씀입니까? 예수님께서 군대 귀신들린 사람을 고쳐주고, 그 사람이 예수님을 따라오려 하니까 예수님께서 "너는 이 지역에 있으면서 이 지역 사람들에게 복음을 전하라. 집으로 돌아가 하나님께서 너에게 어떻게 일을 행하셨는지를 말하라"고 하셨습니다. 이 말씀은 복음을 전하라는 말씀입니다. "너는 구원 받았으니까, 귀신에게서 풀려났으니까 이제 됐다"라고 말씀하신 것이 아니라 "집으로 돌아가 말하라. 너로 인해서 너의 가족들도 구원받아야 한다"라고 말씀하시는 것입니다.

구약 시대에는 하나님께서 이스라엘 백성을 통하여, 즉 아브라함의 자손을 통하여 온 인류가 구원받기를 원하셨던 것처럼, 오늘날은 먼저 하나님을 믿은 사람과 그 가족을 통하여 믿지 않는 모든 가족과 이웃들이 다 복음을 듣고 예수 믿고 구원 받기를 원하는 것이 하나님의 뜻이라는 것입니다.

여러분 가운데 가족 중에 자기 혼자만 또는 한두 사람만 예수 믿는 분이 있습니까? 왜 하나님께서 나를 먼저 예수 믿게 하셨을까요? 그것은 여러분 한 사람으로 인하여 여러분 가족 전체가 구원받도록 하기 위한 하나님의 뜻인 것을 믿으시기 바랍니다. 그래서 끊임없이 믿지 않는 가족들을 위해 기도하고 전도해야 됩니다.

그런데 하나님께서 유대인을 구원하시고 이방인을 구원함에 있어서 약간의 차이가 있습니다. 9절 앞부분을 잘 보십시오.

"이방인들도 그 긍휼하심으로 말미암아."

유대인들에게는 이 "긍휼하심"이라는 말이 붙어 있지 않습니다. 그런데 이방인들에게는 특별히 이 말이 붙어 있습니다. 긍휼히 여긴다는 말은 '불쌍히 여기는 것', '자비롭게 여김'이라는 뜻입니다. 유대인들은 비록 하나님께 합당치 않았다 해도 하나님과의 언약 관계에 있었습니다. 하나님의 백성이었습니다. 그런데 이방인들은 이런 약속조차 없었습니다. 하나님과의 언약이 없었습니다. 하나님의 백성이 아니었습니다. 하나님의 율법도 없고 지키지 않았습니다. 한마디로 하나님과 아무 상관이 없습니다. 아무 상관이 없는데도, 하나님께서 그들을 긍휼히 여겨 주셨습니다. 자비를 베풀어 구원해 주신다는 것입니다.

우리가 바로 그 이방인들 아니겠습니까? 하나님께서 우리에게 큰 자비를 베풀어 주셔서 구원해 주셨습니다. 그러므로 우리 성도들은 저 유대인들보다 하나님 앞에 더 감사하고 감격하고 영광을 돌리면서 살아야 하는 것입니다. 요컨대, 방금 살펴본 이 말씀들은 하나님께서 유대인과 이방인들을 다 받아주셨다는 것입니다. 그렇기 때문에 우리 성도들도 다 서로를 받아주어야 한다는 것입니다.

마지막으로, 그리스도께서는 유대인들과 이방인들을 하나로 연합하게 하는 사역을 하셨습니다.

8-9절을 보면 하나님께서 유대인을 구원하시고, 이어서 이방인을 구원하심을 보여줍니다. "먼저는 유대인에게요 다음은 헬라인, 즉 이방인에게로다" 하는 하나님의 구원의 원칙, 구원의 순서를 우리에게 잘 보여줍니다. 그런데 그냥 하나님께서 구원하실 때에 유대인은 유대인대로 구원해서 이쪽에 있게 하고, 이방인은 이방인대로 구원해서 이쪽에 있게 하시지 않는다는 것입니다. 그러면 어떻게 하셨습니까?

에베소서 2장 14절을 보십시오.

"그는 우리의 화평이신지라 둘로 하나를 만드사."

여기서 "그"는 예수님이십니다. 예수님은 우리의 평화가 되십니다.

"둘로 하나를 만드사", 즉 유대인과 이방인을 하나로 만드시는 분이라는 것입니다. 십자가를 통해서 이방인과 유대인을 하나로 만들어 주셨습니다. 그러므로 하나님께서 유대인은 유대인대로 구원하여 따로 두고, 이방인은 이방인대로 구원하여 따로 두는 것이 아니라는 말씀입니다. 구원해서 서로 하나가 되도록 하신다는 것입니다. 이것이 구약 전반에 예언되어 있습니다. 그래서 9절 중반부터 12절까지 보면 구약의 네 가지 말씀이 인용되어 있습니다.

9절 후반부를 보십시오.

"그러므로 내가 열방 중에서 주께 감사하고 주의 이름을 찬송하리로다."

이 말씀은 다윗이 시편 18편에서 한 말씀입니다.

다윗은 유대인들 중에서도 대표적인 유대인입니다. 그 유대인인 다윗이 자기가 '유대인 중에서, 이스라엘 백성 중에서' 주께 감사하고 주의 이름을 찬송한다고 하지 않고, '열방 중에서' 감사하고 찬송한다고 말씀하고 있습니다. 열방이라는 것은 '여러 나라', 즉 여러 이방을 말하는 것입니다. '이방인들 가운데서, 이방인들과 하나가 되어, 이방인들과 함께' 하나님께 감사하고 찬송하겠다고 말씀합니다.

10절을 보십시오.

"열방들아 주의 백성과 함께 즐거워하라."

이것은 신명기 32장에서 모세가 한 말씀입니다. 모세는 유대인들 중에 가장 대표적인 지도자 아니겠습니까? 그런데 그 모세가 "이방인들아, 주의 백성 이스라엘과 함께 기뻐하라"고 말씀하고 있습니다.

11절 보십시오.

"모든 열방들아 주를 찬양하며 모든 백성들아 그를 찬송하라."

시편 117편에 있는 말씀인데, 시편 기자가 이방인들에게 하나님을 찬양하는 일에 앞장서고 적극적으로 동참하라고 말씀하고 있습니다.

12절을 보겠습니다.

"이새의 뿌리 곧 열방을 다스리기 위하여 일어나시는 이가 있으리니 열방이 그에게 소망을 두리라."

이새의 뿌리는 예수님을 말합니다. 이새의 아들이 바로 다윗이고, 다윗의 자손이 예수님 아닙니까? 그래서 이새의 뿌리가 이 세상에 태어날 것인데, 열방이 그에게 소망을 두리라고 말씀했습니다.

방금 읽은 구약 인용구 네 곳에 공통적으로 있는 말이 있습니다. "열방"입니다. 열방이 강조되어 있습니다. 이방인들이 강조되어 있습니다. 하나님께서 유대인들에게 약속하신 메시아로 말미암아 유대인뿐만 아니라 이방인도 구원받아서, 그것으로 끝나는 것이 아니고 서로가 하나 되어서 다 함께 하나님을 찬양하고 하나님께 영광을 돌린다는 것입니다.

오늘 설교 제목이 '너희도 서로 받으라'입니다.

교만한 마음이 있고, 스스로 잘났다는 마음이 있으면 서로 받을 수 있을까요? 서로 받기 어렵습니다. 서로 받아주지 않으면 서로 하나가 될 수 없습니다. 그러기에 사도 바울은 이방인들에게는 예수님이 유대인이요, 유대인에게서 구원이 났음을 강조함으로써 이방인들을 겸손하게 함을 볼 수 있습니다. 그리고 유대인들에게는 하나님의 구원에 본래부터 이방인이 포함되어 있음을 구약을 통해 보여줌으로써, 유대인들을 하나님 앞에서 겸손하게 하고 있는 것입니다.

서로 겸손하게 될 때에 서로를 받아줄 수 있고 하나가 될 수 있습니다. 그래서 오늘 이 말씀을 기록하고 있는 것입니다. 또 구약의 여러 곳을 인용함으로써 유대인이나 이방인이나 다 예수 안에서 하나가 되어 함께 하나님께 영광 돌리는 것이 하나님의 뜻이고 계획임을 보여줌으로써 서로 받아주어 하나가 되어야 한다고 말씀하고 있는 것입니다.

우리에게는 로마교회 성도들과 같은 모습이 없습니까?

'저 사람 알고 보니 영 형편없는 사람이야, 저 사람 알고 보니 과거에 어떤 일을 했다고 해, 저 사람은 내가 몇 번 말을 해보니까 나와 도무지 통하지 않는 사람이야. 코드가 하나도 안 맞아.'

이렇게 하면서 받아들이지 못하고, 상대하지 않는 사람이 없습니까?

예수 믿는 자는 하나님께서 받으신 자입니다. 예수 그리스도께서 위하여 피 흘리고 구원하신 자, 예수 그리스도께서 받으신 자입니다. 그러므로 생각이 다르고 관점이 다르고 주장이 다르고 성격이 다르고 코드가 달라도 비판하지 마십시오. 멸시하지 마십시오. 따돌리지 마십시오. 냉정하게 대하지 마십시오. 받아주십시오.

오늘 말씀대로 'Welcome' 하십시오. 화목하십시오. 연합하십시오.

하나가 되십시오. 더 많이 사랑하십시오. '그가 내게 사과하면, 내가 사과를 받아주고 풀겠다, 그가 나를 먼저 사랑하면 나도 그 사람을 사랑하겠다'고 하지 마십시오. 그가 나를 미워해도 나는 너를 사랑하겠다는 자세가 되어야 하는 것입니다.

여러분, '너는 나를 미워해도 나는 너를 사랑하겠다'는 마음으로 살아가십시오. 우리의 많은 것이 다를지라도, 주 안에서 서로를 받아줌으로 모두가 하나 되어 하나님을 찬양하고 하나님께 영광 돌리는 여러분 모두가 되시기를 바랍니다.

18

로마서 15:13

소망의 하나님

"소망의 하나님이 모든 기쁨과 평강을 믿음 안에서 너희에게 충만하게 하사 성령의 능력으로 소망이 넘치게 하시기를 원하노라"

종교개혁자 마틴 루터는 비교적 감정 변화가 많은 사람이었습니다. 그래서 평상시에는 밝고 명랑했지만, 또 어떤 때에는 낙심하고 깊은 절망 속에 헤맬 때도 있었습니다.

한 번은 깊은 절망에 빠져서 수도원장을 찾아갔습니다. 수도원장은 "마틴 형제, 절망에 빠지는 것은 죄입니다"라고 말했습니다. 사실 그렇습니다. 소망의 하나님, 전능하신 하나님을 믿는 자가 절망에 빠져서 산다면 그것은 잘못된 것이고, 그것은 죄라고 할 수 있습니다. 로마서 12장 12절에 "소망 중에 즐거워하라"는 말씀이 있습니다. 그것이 바로 신자의 삶입니다. 신자는 소망 중에 즐거워하면서 살아야 하는 것입니다.

이 로마서 14장 1절에서 15장 3절까지는 로마교회 내의 갈등, 즉 유대인과 이방인 사이의 갈등에 대해서 말씀하고 있습니다. 여기에 대해서 사도 바울은 "서로를 비판하지 말아라, 서로를 받아주어라, 약한 자의 약점을 담당해 주어라, 그래서 서로 하나가 되어라"고 권면 하였습니다.

오늘 13절 말씀은 이런 권면을 마무리하는 말씀입니다. 그런데, 오늘 말씀의 주제는 한마디로 '소망'입니다. 하나 됨에 대한 말씀을 계속하다가 갑자기 소망으로 마무리를 짓고 있으니 문맥상 앞의 내용과 뭔가 맞지 않고 이상합니다. 그러나 우리가 좀 더 깊이 생각해 보면 서로 관련이 있고 어울리는 말씀인 것을 알 수 있습니다. 오늘 본문을 요약하면, 맨 처음과 끝을 이어주면 됩니다.

"소망의 하나님께서 소망이 넘치게 하시기를 원하노라."

이 시간 말씀을 통해서, 이 말씀대로 소망이 넘치는 여러분들이 다 되시기를 바랍니다.

첫째, 생각할 것은 소망의 근원입니다.

얼마 전에 저희 부부가 태국에 다녀왔습니다. 가기 전에는 몰랐는데, 태국이라는 나라는 우리나라 보다 여러 배로 크고 길쭉하게 생겼습니다. 그런데 태국 북쪽부터 중앙을 관통해서 남쪽 바다까지 흐르는 강이 있습니다. 메콩 강이라고 합니다. 그 강이 인도차이나 반도의 젖줄이라고 할 수 있습니다. 알고 보니 그 강이 굉장히 긴 강입니다. 4천 킬로미터가 넘습니다. 우리나라 부산에서 신의주까지가 약 1천 킬로미터입니다. 그런데 4천 킬로미터가 넘으니 굉장하지요. 강의 길이가 세계에서 13위라고 합니다. 그런데 이 메콩 강의 발원지가 중국의 칭하이 성, 곧 티벳 고원이라고 합니다.

그러면 소망은 그 발원지가 어디일까요? 소망은 어디에서 흘러나올까요? 오늘 말씀에 보면 맨 처음 나오는 말씀이 '소망의 하나님'입니다. 소망의 발원지가 하나님이시라는 것입니다. 인간이 범죄하기 전에는 소망이 필요 없었습니다. 에덴동산에 있었을 때에 소망이 필요했겠습니까? 그때는 부족한 것이 아무것도 없었습니다. 그러니 소망이 필요가 없는 것입니다. 천국에 가서도 소망이 필요 없습니다.

그런데 우리 인간이 하나님께 범죄해서 타락했을 때에, 죄와 사망에 빠졌을 때에 소망이 필요하게 되었습니다. 소망이 필요하게 되었을 때 우리 인간에게 소망을 주신 분이 하나님이시라는 것입니다. 하나님께서 뱀에게 저주로 주시는 말씀 가운데 인간에게 주시는 소망의 말씀이 들어있습니다.

창세기 3장 15절을 보십시오.

> "내가 너로 여자와 원수가 되게 하고 네 후손도 여자의 후손과 원수가 되게 하리니 여자의 후손은 네 머리를 상하게 할 것이요 너는 그의 발꿈치를 상하게 할 것이니라 하시고."

여자의 후손이 '네 머리를, 뱀의 머리를, 사탄의 머리를' 상하게 할 것이라고 했습니다. 즉 어떤 한 인간이 나타나 사탄에게 치명타를 입힐 것이라는 것입니다. 인간을 범죄 하게 하고 타락하게 한 사탄이 치명타를 맞으면 인간은 구원을 얻게 되는 것입니다. 그 한 인간이 누구입니까? 예수님입니다.

알고 보면, 이 창세기 3장 15절 말씀은 죄에 빠진 인간에게 가장 처음으로 구원을 약속해 주시는 구원의 말씀이요, 복된 말씀이요, 소망의 말씀입니다. 그 원시 시대에 하나님께서 주신 복된 소식이기 때문에, 이 말씀을 가리켜 '원시복음'이라고 말합니다. 하나님은 이렇게 소망을 주시는 소망의 하나님이시라는 것입니다.

오늘 13절을 읽었는데, 그 앞의 12절을 보십시오.

"또 이사야가 이르되 이새의 뿌리 곧 열방을 다스리기 위하여 일어나시는 이가 있으리니 열방이 그에게 소망을 두리라 하였느니라."

이 이새의 뿌리가 누구라고 했습니까? 예수님이십니다. 즉 창세기 3장 15절에서 하나님께서 약속하신 메시아, 구원자, 예수 그리스도를 말하는 것입니다. 그분에게 열방이, 모든 민족이 소망을 두리라고 했습니다. 예수님은 모든 인류의 소망이 되시는 분입니다. 그 약속대로 하나님께서는 2천 년 전에 그 아들을 세상에 보내어 주셨습니다. 우리가 가장 잘 아는 말씀이 있습니다.

"하나님이 세상을 이처럼 (즉 너무) 사랑하사 독생자를 주셨으니, 이는 저를 믿는 자마다 멸망치 않고 영생을 얻게 하려 하심이니라."

멸망할 우리 인생에게 하나님께서 영생의 소망을 주신 것입니다.

구약의 성도들은 하나님께서 약속하신 메시아를 소망하면서 기대 속에 살았습니다. 그런데 오늘날을 사는 우리는 어떻습니까? 2천 년 전에 오신 예수님을 뒤로 바라보면서 그분을 믿고, 그분에게 소망을 두며 살고 있습니다. 나아가 현대를 사는 신자들의 궁극적인 소망이 무엇이겠습니까? 그것은 우리 주 예수 그리스도의 재림입니다. 예수님의 재림, 부활, 그리고 영원한 천국이 우리의 소망입니다.

여러분, 데살로니가 교회 성도들을 아십니까?

데살로니가전서 1장에 보면 데살로니가 교회의 3대 특징이 나옵니다. 첫 번째는, 믿음의 역사 두 번째는, 사랑의 수고, 세 번째는, 소망의 인내입니다. 소망의 인내라는 것을 쉽게 설명하면 데살로니가 지역에 바울이 처음 복음을 전파할 때 반대가 있었습니다. 예수 믿는 사람들에게 핍박이 있었습니다. 핍박이 있음에도 데살로니가 교회 성도들은 인내했습니다. 소망이 있었기에 인내했습니다. 그래서 소망의 인내입니다. 그렇다면 그들이 가지고 있던 소망이 무엇이겠습니까?

데살로니가전서 1장 10절을 보십시오.

> "또 죽은 자들 가운데서 다시 살리신 그의 아들이 하늘로부터 강림하실 것을 너희가 어떻게 기다리는지를 말하니 이는 장래의 노하심에서 우리를 건지시는 예수시니라."

여기에 보면, "그의 아들이 하늘로부터 강림하실 것을 너희가 어떻게 기다리는지를 말하니"라고 합니다. 이것이 그들의 소망입니다. 데살로니가 교회 성도들은 예수님의 재림을 소망하며 살았습니다. 주님이 다시 오실 때에 그들을 온전히 구원해 주실 것이라고 하는 이 소망이 있었기 때문에, 그들은 핍박 가운데서도 굴하지 않고 소망으로 인내하며 살았다는 것입니다.

여하튼 예수 그리스도는 우리의 소망의 뿌리입니다.

이처럼 하나님께서는 그의 아들 예수 안에서 우리에게 소망을 주시는 분입니다. 하나님께서는 소망의 근원이 되십니다. 그러므로 우리 성도들 중에 혹여 이 세상에 살면서 소망을 잃어버리고, 희망 없이 절망 가운데 살아가는 분이 있다면, 소망의 하나님을 바라보시기 바랍니다. 소망의 하나님을 바라볼 때에, 하나님께서 그 성도에게 소망을 내려주실 것입니다.

다음으로, 소망의 내용이 무엇이겠습니까?

소망이 삶에서 실제로 어떤 모습으로 나타나겠습니까? 다시 말해서 소망이 있는 사람은 어떻게 살아가겠습니까? 나는 소망이 있다고 날마다 외치면서 살아가겠습니까? 그렇지는 않을 것입니다. 오늘 본문 앞부분을 읽겠습니다.

> "소망의 하나님이 모든 기쁨과 평강을 믿음 안에서 너희에게 충만하게 하사."

소망의 하나님이 너희에게 두 가지를 충만하게 한다고 했습니다. 이 두 가지가 무엇입니까? 기쁨과 평강입니다. 이 두 가지가 바로 소망의 내용입니다. 소망이 있는 사람은 그 소망으로 인해서 항상 기뻐하고 즐거워하면서 살아간다는 것입니다. 로마서 5장 3절에 보면 사도 바울이 "우리가 환난 중에도 즐거워하나니"라고 했습니다. 환난 중에서, 어려움 중에서 즐거워할 수 있는 이유가 무엇입니까? 소망이 있기 때문입니다. 소망이 있는 자는 즐거워합니다. 기뻐합니다. 또한 소망이 있는 자는 어떤 역경 속에서도, 악한 상황 속에서도 불안해 하지 않고 평강을 누리게 되는 것입니다.

18세기 사람 '요한 웨슬리'를 들어보셨을 것입니다. 감리교의 창시자입니다. 그가 옥스포드 대학을 졸업하고, 목사 안수를 받고 처음으로 사역을 하러 간 곳이 저 신대륙의 조지아 주였습니다. 그곳에 있는 고아들에게 사역을 하기 위해 갑니다. 우리는 태평양을 건너야 하지만 영국인들은 대서양을 건너지 않습니까? 배를 타고 대서양을 건너는데, 그 당시는 배를 타고 4개월을 가야 했습니다.

4개월을 가다 보니 어떻겠습니까?

맑은 날, 잔잔한 날도 있지만, 때로는 폭풍이 몰아쳐서 아주 힘든 날도 있었습니다. 한번은 아주 큰 폭풍을 만났는데, 거친 파도가 배를 집어 삼킬 듯이 몰아쳤습니다. 그때에 이 요한 웨슬리도 죽음의 공포를 느꼈습니다. 죽을까 싶어서 두려워했습니다. 그런데 그 파도치는 소리 가운데 찬송 소리가 들리는 거예요. 그 상황에서 누가 찬송을 부르는가 싶어서 갑판에 찾아보니까 갑판 한구석에 26명의 모라비안 교도가 있었습니다.

모라비안 교도는 체코의 종교개혁 선구자 얀 후스의 신앙을 계승하는 사람들입니다. 그 사람들이 모여서 조금도 두려움 없이 얼굴에 평안함이 가득한 채로 하나님 앞에 찬송을 부르고 있는 것입니다. 그 모습을 보고 웨슬리는 큰 충격과 함께 도전과 감동을 받았습니다. 자기는 목사인데도 지금 죽음이 두려워서 이렇게 떨고 있는데, 저 성도들은 평안하게 하나님을 신뢰하고 찬송하고 있는 것입니다. 그 순간 그는 자신의 구원의 불확실성, 자신의 믿음 없음을 깨닫게 되었습니다. 진실로 영생의 소망이 있고 전능하신 하나님에 대한 믿음이 있는 사람은 역경 중에서도 평강을 누리는 것입니다. 죽을 위기가 다가와도, 그리고 죽음의 순간이 다가와도 하나님께서 주시는 평안을 누리게 되는 것입니다.

오늘 본문에서 소망의 내용이 무엇이라고 했습니까? 기쁨과 평강입니다. 소망이라는 선물 포장을 뜯어보면 그 안에 기쁨이 들어있고 평강이 들어있다는 것입니다. 여기서 우리가 생각해 봐야 할 것이 있습니다. 사도 바울이 하나 됨에 대해서 계속 이야기를 했는데, 왜 지금은 소망의 내용에 대해서 말씀하고 있을까요?

지금 로마교회는 상호 비방과 갈등과 분열 속에 있습니다. 그런 상태에서 기쁨과 평강이 있겠습니까? 생각해 보십시오. 갈등과 분열과 비방이 있는데 기쁨과 평강이 있겠습니까? 없습니다. 분쟁에 휘말린 교회는 기쁨과 평안이 없습니다. 지옥 같은 것입니다.

앞서 보았지만, 로마서 14장 17절에 보면 "하나님의 나라는 의와 평강과 희락이니라"고 했습니다. 희락은 기쁨이라는 뜻입니다. 오늘 말씀과 생각해 보십시오. 의만 빼면 평강과 기쁨, 소망의 내용과 똑같습니다. 그래서 하나님의 나라는 의와 평강과 희락이라고 한다면, 하나님 나라의 모습을 보여주는 하나님의 교회에서는 그 특징이 평강이 되고 기쁨이 되어야 하는 것입니다.

성도들이 교회에 오면 하나님의 말씀을 듣고, 하나님께 예배를 드리고, 말씀을 듣고 은혜 받고, 위로 받아서 마음에 기쁨과 평강이 있어야 되는데, 교회 와서 서로를 비방하고 대립하고 분열한다면 도리어 마음이 더 상하고 강퍅해져서 집으로 돌아가게 되는 것입니다. 여러분도 아마 그럴 때가 있었을 것입니다. 그때는 어떤 생각을 합니까?

'이럴 거면 내가 뭐 한다고 교회 왔을까?' 그런 생각을 하게 되는 것입니다.

이에 사도 바울은 갈등 속에 있는 로마교회에 "소망의 하나님께서 소망을 주시어서 기쁨과 평강을 충만하게 하시기를" 기원하고 있는 것입니다. 이 말은 하나님께서 분열로 인해 기쁨과 평강을 잃어버린 로마교회로 하여금, 이제는 하나가 되게 하시어서 기쁨과 평강을 다시 누릴 수 있게 하기를 바란다는 말씀입니다.

여러분, 주 안에서 서로 비판하지 않고, 서로를 받아주고, 서로의 짐을 져주고, 그렇게 함으로써 하나가 되어 주일날마다, 구역 모임 때마다 기쁨과 평강이 가득한 마음으로 집으로 돌아갈 수 있기를 바랍니다.

셋째, 소망의 조건, 또는 소망의 수단이 무엇이겠습니까?

소망의 원천인 하나님께로부터 소망이 성도들에게로 주어지는데, 무엇을 통해서 주어지겠느냐는 것입니다. 오늘 본문에는 두 가지로 말씀합니다.

하나는 무엇입니까?

"믿음 안에서"입니다.

예수를 믿는 믿음 밖에서는, 즉 예수 그리스도의 재림과 부활과 영원한 세계를 바라보는 믿음을 떠나서는 소망이 있을 수 없다는 것입니다. 소망의 내용인 기쁨과 평강도 있을 수 가 없습니다. 어떤 식물은 어디에서는 잘 자라는데 다른 데 옮기면 잘 자라지 못합니다. 수국은 누구든지 다 좋아하지 않습니까? 저희 부부도 수국을 좋아합니다. 그 꽃이 아름다워서 산내에 있는 집에다가 심었습니다. 그런데 죽지는 않았는데 꽃을 피우지 못합니다. 너무 추운 곳이어서 겨우 자기 생명만 부지하는 것입니다. 살기만 할 뿐 꽃을 피우지 못합니다.

마찬가지입니다. 소망은, 기쁨과 평강은 믿음의 밭에서만 자란다는 것입니다. 이런저런 문제로 소망이 없습니까? 기쁨과 평강이 없습니까? 그러면 자신의 믿음을 한번 확인해 보시기 바랍니다. 자신이 어디에 있는지 한번 살펴보시기 바랍니다. 내가 믿음의 밭 안에 있는지, 아니면 그렇지 못하고 믿음의 밭 바깥에 있는 건 아닌지를 생각해 보시라는 것입니다. 믿음 안에 있는 자는 소망을 갖게 되는 것입니다.

여러분, 믿음과 소망은 비례합니다. 믿음이 작아질수록 소망도 작아지고, 믿음이 커질수록 소망도 더 커지는 것입니다. "믿음이 클수록 소망도 크다." 이것을 잊지 마시기 바랍니다. 다른 한 가지 방편이 있습니다.

후반부를 보시면 "성령의 능력으로"라는 말씀이 있습니다.

바로 이것입니다.

소망이란 것은 과거와 관련된 것이 아닙니다. 현재와 관련된 것도 아니고 미래와 관련된 것입니다. 오늘을 사는 우리의 궁극적인 소망은 미래적입니다. 미래의 어느 날, 우리가 알지 못하는 그날에 주님께서 재림하시고, 그때에 죽었던 우리 몸이 부활하게 될 것이고, 변화되어 썩지 않고 죽지 않고 병들지 않을 몸으로 살아서 천국에서 영원히 살게 되리라는 그 소망, 그것이 우리의 미래적인 소망입니다. 이 소망이 있는데도 불구하고, 많은 성도들이 눈앞에 당면한 문제들로 인하여 자주 낙심하고 실망합니다. 왜 그렇겠습니까? 그것은 현재와 미래 사이에는 간격이 있습니다. 거리가 있습니다. 그래서 낙심하고 실망하는 것입니다.

그래서 현재와 미래 사이의 틈을 메워 주는 역할을 하는 것이 성령의 능력이라는 것입니다. 성령을 통해서 하나님과 생동적인 교제를 나누게 될 때에, 그 소망이 날마다 새롭고 날마다 확실해지고 그 소망이 바로 눈앞에서 보는 것처럼 되게 되는 것입니다. 다시 말해서 현재의 고통 속에서도 소망으로 역동적인 삶을 살게 하고, 기쁨과 평강의 삶을 살게 하는 원동력이 바로 성령의 능력이라는 것입니다. 그러므로 날마다 주님과 교제하면서 사시기를 바랍니다. 성령 충만과 성령의 능력을 구하면서, 기도하면서 사시기를 바랍니다. 그래서 성령의 능력으로 소망이 넘치시기를 바랍니다.

고 강영우 박사를 기억하십니까?

강영우 박사는 중학생 때 불의의 사고를 만나 두 눈을 실명했습니다. 맹인이 되었습니다. 그런데 얼마 안 가서 어머니도 돌아가시고 누나도 돌아가셔서 맹인 고아가 되었습니다. 그럼에도 불구하고 이렇게 된 데는 하나님의 뜻이 있을 것이다 생각하고, 낙심하지 않고 미국으로 건너갔습니다. 미국은 장애인에 대한 처우가 좋습니다. 그래서 미국에 가서 열심히 공부하여 한국 최초의 장애인 박사가 되었습니다. 백악관 정책 차관보라는 높은 자리에 올라서 장애인을 위하여 그들의 인권과 복지에 크게 이바지하고 기여했습니다. 그는 한마디로 장애를 축복으로 바꾼 사람입니다.

그분이 책을 여러 권 썼는데, 그분의 유고작 제목이 ≪내 눈에는 희망만 보였다≫입니다. 굉장하지 않습니까?

장애인이, 가족도 아무도 없는 사람이 내 눈에는 희망만 보였다고 합니다. 맹인이므로 아무것도 안 보이고 캄캄합니다. 뭘 볼 수 있다고 하면 절망밖에는 보이지 않는 환경입니다. 그런데도 그의 눈에는 희망만 보였다고 합니다. 그렇게 살아간 것입니다. 항상 희망적으로 생각하고, 희망과 소망을 가지고 살아갔다는 것입니다. 그러다 보니 장애를 극복했고, 도리어 장애에 대해서 하나님께 감사했습니다. "내가 장애인이 되지 않았다면, 세계에 영향을 미치는 사람이 될 수 없었다"라고 말합니다. 그렇게 장애에 대해서 감사하는 사람이 되었습니다. 이것이 참된 크리스천의 모습 아니겠습니까?

요즘 우리나라가 어떻습니까?

국민 대다수가 최순실 병에 걸려 있습니다. '뭐하러 열심히 사나?' 하며 회의감과 무력감과 좌절감에 빠져 있습니다. 실망과 혼란과 불안이 가중되고 있습니다. 분노로 인해서 주말에 있는 촛불 시위에 더욱 많은 사람들이 가담하고 있습니다. "이게 나라냐?"라는 글이 적힌 팻말을 들고 남녀노소를 불문하고 모두가 시위에 참여하고 있습니다. 미국 대선 결과도 우리나라에는 그렇게 좋아 보이지 않습니다. 비관적입니다. 어디에도 희망이 보이지 않는 듯한 이런 사회, 이런 시간을 우리가 살고 있습니다.

그러나 우리는 기억해야 됩니다. 신자의 궁극적인 소망은 이 세상도, 이 세상의 상황도 아니라는 것입니다. 그렇지 않습니까? 우리 신자의 궁극적인 소망은 우리 주변이 어떻게 되어 가느냐, 정치 상황이 어떻게 되어 가느냐가 아니라는 것입니다. 뿐만 아니라 우리가 믿는 하나님은 소망의 하나님이십니다. 우리에게 소망을 주시는 분입니다. 하나님께서는 이런 악한 상황을 통해서도 우리에게 소망을 주십니다.

그러므로 이런 때일수록 신자는 조금의 흔들림도 없어야 됩니다. 소망의 하나님을 바라보고, 기쁨과 평강을 잃지 말아야 한다는 것입니다. 국민을 위해서 일하라고 대통령과 국회의원으로 뽑아 놓았는데, 국민 위에 군림하며 자기 사명을 감당하지 못하는 그들의 모습을 바라보면서, 나는 내 자리에서 하나님이 주신 사명을 제대로 감당하고 있는지 자신의 모습을 돌아보고, 겸손한 마음으로 자신에게 주어진 일과 사명을 바르게 감당해야 되는 것입니다. 뿐만 아니라 소망의 사람이 되어서 절망 중에 있는 국민에게 소망의 바이러스가 되어야 합니다. 소망을 주는 사람이 되어야 됩니다.

소망의 근원 되시는 하나님께서 여러분에게 소망과 기쁨과 평강을 충만하게 주시기를 기원합니다.

19

로마서 15:14-16

바울의 제사장적 사역

"내 형제들아 너희가 스스로 선함이 가득하고 모든 지식이 차서 능히 서로 권하는 자임을 나도 확신하노라 그러나 내가 너희로 다시 생각나게 하려고 하나님께서 내게 주신 은혜로 말미암아 더욱 담대히 대략 너희에게 썼노니 이 은혜는 곧 나로 이방인을 위하여 그리스도 예수의 일꾼이 되어 하나님의 복음의 제사장 직분을 하게 하사 이방인을 제물로 드리는 것이 성령 안에서 거룩하게 되어 받으실 만하게 하려 하심이라"

여러분은 소망의 하나님을 기억하십니까? 오늘 본문 앞의 로마서 15장 13절 말씀이었습니다. 이 시간에도 믿음 안에서 성령의 능력으로 소망이 넘치는 여러분들이 다 되시기를 바랍니다.

로마서의 신학적이고 목회적인 권면, 즉 본론 부분은 이 로마서 15장 13절에서 끝이 납니다. 그리고 오늘 본문 14절부터는 로마서의 결론 부분이 시작됩니다. 오늘 본문에서 바울은 자신이 이 로마서를 쓰게 된 배경과 이유를 기록하고 있습니다. 모든 성경은 하나님의 감동으로 기록이 되었다고 했습니다. 그렇기 때문에 비록 사람이 기록했다고 할지라도 하나님의 감동으로 되었기 때문에 모든 성경은 다 하나님의 말씀이요, 영원한 진리의 말씀인 것입니다.

비록 오늘 본문 말씀이 본론에 속하는 말씀이 아닐지라도, 이신칭의와 같은 위대한 진리의 체계를 진술하는 말씀이 아니라 할지라도, 우리에게 깨달음을 주고 은혜를 줍니다. 그러므로 오늘 말씀을 통해서도 여러분들을 향한 하나님의 뜻을 깨닫고 은혜 받는 시간이 되기를 바랍니다.

먼저 사도 바울은 로마교회 성도들을 칭찬합니다.

14절을 보십시오.

"내 형제들아 너희가 스스로 선함이 가득하고 모든 지식이 차서 능히 서로 권하는 자임을 나도 확신하노라."

사도 바울은 여기에서 세 가지 점을 자기가 확신한다고 하면서 로마교회 성도들을 칭찬합니다.

첫째는, '선함이 가득하다'고 하였습니다.

주유소에 가서 기름을 넣을 때에 "기름을 FULL로 넣어 주십시오"라고 합니다. 가득 넣어달라고 합니다. 그런데 로마교회 성도들은 기름이 아니라 선함이 그들 속에 가득하다고 했습니다. 그들에게는 악한 부분이 없다는 말씀입니다. 다시 말하면 로마의 크리스천들은 다른 사람들에게 악하거나 야비하지 않고, 정직하고 친절과 호의를 베푸는 성도들이었다는 말씀입니다. 성숙한 신앙인의 모습입니다.

울산동부교회 성도 여러분들은 선함이 내 안에 가득하다고 말할 수 있겠습니까? 선함이 가득한 자인지 아니면 아직도 옛 사람의 모습, 죄의 모습이 많이 남아 있어서 교회에, 또 구역에, 다른 성도들에게 가시가 되고 장애물이 되는 성도는 아닌지 모르겠습니다. 여러분은 예수님을 믿을 뿐만 아니라 예수님을 닮아감으로 선한 사람, 선함이 가득한 성도가 되시기를 바랍니다. 그런 사람이 참된 크리스천입니다.

둘째는, '모든 지식이 가득하다'고 했습니다.

여기서 말하는 지식은 학교에서 공부함으로 인해서 얻어지는 지식이 아닙니다. 세상의 지식이나 사회 지식이 아니라, 신앙과 삶에 대한 포괄적인 지식, 성경적인 이해를 말하는 것입니다. 교회를 다니기는 하지만, 또는 교회를 다닌 지 오래되었음에도 불구하고, 성경을 자세히 읽어 본 적도 없고, 교회에서 열리고 있는 성경공부반이나 교리공부반에서 공부한 적이 없어서 마치 그 신앙생활이 속이 텅 빈 강정 같은 분들도 있습니다.

성경을 공부하고 교리를 공부해서 모든 지식이 가득한 사람이 교회에서 참된 교사가 될 수 있고, 참된 직분자가 될 수 있고, 중직자가 될 수 있습니다. 자녀들에게 부지런히 성경을 가르치고, 뿐만 아니라 자신도 교회에서 부지런히 성경을 공부해서 이 말씀대로 모든 지식과 성경적인 가치관이 가득한 사람이 되시기를 바랍니다.

셋째는, 이 로마교회 성도들은 '서로 권하는 자'라고 했습니다.

여기에서 서로 권하는 것은 무슨 음식을 권하고, 밥을 권하고, 술을 권한다는 말이 아닙니다. '권한다'는 말은 영어로 'Admonish'라는 말인데, 이는 '충고한다, 권면한다, 가르친다, 지도한다'는 뜻입니다. 이것은 이 앞에 나온 모든 지식이 가득한 것과 관계가 있습니다. 신앙적인 모든 지식이 없으면 어떻게 남을 권면하는 자가 될 수 있겠습니까? 권하는 자가 될 수 없습니다. 그러나 모든 지식이 가득할 때에 남을 권하는 자가 될 수 있는 것입니다.

이렇게 로마교회 성도들은 선함이 가득하고, 모든 지식이 가득하고, 서로 권하는 자였습니다. 참으로 성숙한 신앙인이었다는 것을 느낄 수 있습니다. 우리 교회를 두고 생각해 보십시오. 선함이 가득한 사람이 얼마나 되겠으며, 모든 지식이 가득한 사람이 얼마나 되겠으며, 다른 사람을 진실로 충고하고 권면할 수 있는 사람이 몇 퍼센트가 되겠습니까?

그런데 로마교회는 성숙한 교회, 성숙한 성도들이었다는 것입니다. 여러분들도 이처럼 성숙한 신앙인이 되시기를 바랍니다.

사도 바울을 보면 대부분의 편지에서 그 교회에 대한 칭찬과 감사를 잊지 않습니다. 사도 바울이 쓴 편지 중에 고린도전·후서를 읽어 보면 고린도 교회가 초대교회 중에서 가장 많은 문제를 안고 있었다는 것을 알 수 있는데, 그는 고린도 교회를 향하여 편지를 쓰면서도 '너희 고린도 교회는 썩었다, 칭찬할 것이 없다, 선한 것이 하나도 없다'라고 말하지 않았습니다.

고린도전서 1장을 읽어 보시면 4절에 "너희에게 주신 하나님의 은혜로 말미암아 내가 너희를 위하여 항상 하나님께 감사한다"라고 했습니다. 그 다음 7절을 보면 "너희가 모든 은사에 부족함이 없이 우리 주 예수 그리스도의 나타나심을 기다림이라"고 합니다. 고린도 교회 성도들에게도 아주 좋은 것이 있었습니다. 풍성한 성령의 은사입니다. "그것을 보면서 나는 너희로 인해서 하나님 앞에 감사하기를 쉬지 않는다"라고 말씀하고 있습니다.

사도 바울은 먼저 교회의 좋은 점을 보고 칭찬하고 있습니다. 마음이 삐뚤어져 있는 사람, 꼬여 있는 사람은 남의 좋은 점은 잘 보지 못합니다. 남의 악한 점, 나쁜 점은 잘 봅니다. 그런 사람은 남을 칭찬하지 못하고 비판만 잘합니다. 그것은 선한 모습이 아닙니다. 선한 사람은 비록 상대방이 여러 가지 문제점을 가지고 있을지라도 그 사람을 매도하지 않고, 불평하지 않고, 그 사람 가운데서 선한 점을 발견하고 그것을 인정하고 칭찬하고 격려하는 사람입니다. 사도행전 11장에 나오는 바나바가 바로 그런 사람입니다.

"바나바는 착한 사람이라 성령과 믿음이 충만한 자라."

그는 이방인 성도들의 나쁜 점을 찾아내지 않고 그들에게 하나님의 은혜가 임한 것을 보며 기뻐하고, 그들을 격려하고 권면하여 믿는 사람이 더욱 많아졌다고 성경은 기록하고 있습니다.

여러분, '먼저 좋은 점을 봅시다. 아내는 남편의 좋은 점을, 남편은 아내의 좋은 점을, 자녀는 부모의 좋은 점을, 부모는 자녀의 좋은 점을, 우리 구역 성도들은 다른 성도들의 좋은 점을, 비록 부족한 점이 많이 있다 할지라도 좋은 점을 먼저 보고 칭찬하고 격려하는 아름다운 성도가 되시기 바랍니다.

지금까지 14절의 말씀을 통하여 로마교회는 성숙한 교회였음을 보았습니다. 그런데 왜 사도 바울은 로마교회가 여러 가지 문제가 많이 있는 것처럼 편지를 썼을까요? 더욱이 자기가 설립한 교회도 아니고, 자기가 방문한 적도 없는 로마교회인데, 뭐가 그렇게 문제가 많아서 이렇게 16장이나 되는 긴 편지를 로마교회에 썼겠습니까? 긴 편지를 쓴 이유가 무엇입니까? 두 가지 이유가 오늘 본문에 나타납니다. 한 가지는 15절 앞부분에 있습니다.

"그러나 내가 너희로 다시 생각나게 하려고."

"다시 생각나게 하려고"라고 하였습니다. 요즘 젊은 세대는 영어 'Remind'라는 말을 많이 씁니다. 'Remind'는 다시 생각나게 하는 것입니다. 그런데 오늘 본문에는 목적어가 빠져 있습니다. 무엇을 다시 생각나게 하려고 하는지, '무엇'이 빠져 있습니까? 무엇을 다시 생각나게 하려고 이 로마서를 썼겠습니까? 우리가 깊이 생각해 보면 바로 이 로마서에 기록된 내용을 생각나게 하려는 것입니다.

다시 말하면 복음을, 기독교의 구원의 진리, 기본 진리를 다시금 생각나게 하려고 쓴 것입니다. 우리의 신앙생활에서 중요한 것 중 하나는 자주 기초로 돌아가야 된다는 것입니다. 'Back to the Basics'라는 말이 있습니다. '기본으로 돌아가라'는 것입니다. 이것은 일반적으로 진리입니다.

종교개혁에 대해 지난번에 말씀을 드렸는데, 개혁이라 하면 지금 있는 것을 전부 두드려 부숴버린다는 생각을 하기 쉬운데, 종교개혁은 영어로 Reformation입니다. 초대교회로 돌아가는 운동이요, 성경적인 교회로 돌아가고 기본으로 돌아가는 운동입니다.

인간의 마음은 죄의 영향을 받았기 때문에 그냥 놔두면 지금 그 상태로 가만히 있지 않습니다. 여름에 음식을 만들어서 냉장고에 넣지 않고 상위에 두면 가만히 있습니까? 한 시간, 두 시간, 하루,

이틀, 사흘 지나갈수록 곰팡이가 생기고 부패해서 썩게 되고 못 먹게 되는 것입니다. 우리 인간의 마음이 그렇습니다. 가만히 놔두면 그대로 있는 것이 아니라 점점 잊어버립니다. 하나님의 은혜를, 예수 그리스도의 사랑을 잊어버리는 것입니다. 마음이 자꾸만 완악하게 됩니다. 불신앙적으로 되는 것입니다.

교회에 장기결석하시는 분들 중에 "나는 예배에 빠져도 내 속에는 하나님이 있습니다. 나에게는 믿음이 있습니다"라고 말하는 분들이 있습니다. 그러나 천만의 말씀입니다. 어느 목사님이 말했습니다. 3개월만 연속으로 교회에 안 나오면 그 사람은 불신자와 똑같다고 말입니다. 안 보면 생각을 안 하게 되는 거예요.

우리 옆집에 살던 누군가와 그렇게 친했는데, 이사를 가고 나니까 처음에는 전화도 하고 메시지를 주고받고 카톡도 하다가 나중에는 어떻습니까? 계속됩니까? 1년, 2년 가면서 나중에는 먼 이웃이 되고 마는 것입니다. 그러므로 신자는 성경을 읽되 한번 읽고 끝나는 것이 아니라 읽고 또 읽고 죽을 때까지 매일 읽고 묵상하는 삶을 살아야 하는 것입니다. 복음의 말씀을 듣고 '내가 다 아는 말씀이야' 그럴 것이 아니라 복음의 말씀을 듣고 또 듣고 계속 들어야 됩니다.

오늘 우리가 부른 찬송가 후렴에 "나 항상 듣던 말씀 나 항상 듣던 말씀 주 예수님의 사랑 또 들려주시오"라고 합니다. '아니, 뻔히 아는 사랑인데, 십자가 사랑인데 뭘 또 들어?' 하는 것이 아닙니다. "나 듣던 말씀, 나 항상 듣던 그 말씀 또 들려주시오." 듣고 또 들을 때에 우리의 마음에 구원의 감격이 식어지지 않고 계속 타오르며,

또 내 속에 성령의 역사와 감동이 계속될 수 있는 것입니다. 하나님의 진리의 말씀을 읽고 듣는 것을 계속 반복해서 구원의 감격이 여러분 속에서 날로 새로워질 수 있기를 바랍니다.

그러면 로마서를 쓴 두 번째 이유는 무엇입니까?

15절 중반을 보시기 바랍니다.

무엇으로 말미암아 썼다고 했습니까?

"하나님께서 내게 주신 은혜로 말미암아."

그러면 하나님께서 사도 바울에게 어떤 은혜를 주셨습니까? 은혜를 주었기 때문에 이 로마서를 썼다고 하는데 어떤 은혜를 주셨습니까? 16절에 나옵니다.

"이 은혜는 곧 나로 이방인을 위하여 그리스도 예수의 일꾼이 되어."

이방인을 위하여 그리스도의 일꾼이 되게 하셨다는 것입니다. 다시 말하면 하나님께서 사도 바울을 이방인을 위한 사도로 삼으셨다는 것입니다. 언제 하나님께서 바울에게 이 은혜를 주셨습니까? 바울의 또 다른 이름은 사울입니다. 사울이라고 불릴 때에 그는 하나님의 교회를 제일 앞장서서 박해하였습니다. 신자들을 잡아서 죽이고 감옥에 가두는 일을 했습니다.

한번은 저 외국에 있는 다메섹, 지금의 시리아의 수도인 다마스쿠스에 예수쟁이가 많다는 소식을 듣고서 그곳에 가서 예수 믿는 사람들을 체포하려고 갔습니다. 그런데 다메섹에 거의 가까이 갔을 때에, 다메섹 도상에서 어떤 일이 일어났습니까? 하늘에서 갑자기 빛이 비추면서 부활하신 예수님께서 사울에게 나타나신 것입니다. 이때 시력을 잃게 되어, 그를 다메섹의 직가라고 하는 거리에 있는 어느 집에다가 데려다 놓았습니다. 하나님께서 그 다메섹에 있는 아나니아라고 하는 제자에게 나타나셔서 말씀하십니다.

"아나니아야 일어나서 저 직가에 가서 사울이라는 사람을 만나게 되면 그에게 안수해서 기도하고 그로 하여금 보게 하라."

그러자 아나니아가 뭐라고 했습니까?

"주님, 그 사람은 앞장서서 교회를 핍박하는 사람입니다. 우리 교회에 얼마나 많은 해를 끼쳤는지 모릅니다. 그런데 그런 사람에게 안수를 하라니요?"

그때에 하나님께서 이 아나니아에게 하신 말씀이 있습니다.

사도행전 9장 15절을 보십시오.

"주께서 이르시되 가라 이 사람은 내 이름을 이방인과 임금들과 이스라엘 자손들에게 전하기 위하여 택한 나의 그릇이라."

여기에 보니 임금들도 있고 이스라엘 자손들도 있지만 맨 앞에 이방인이 있습니다. 그리고 똑같은 말씀을 기록하고 있는 사도행전 22장 21절을 보십시오.

"나더러 또 이르시되 떠나가라 내가 너를 멀리 이방인에게로 보내리라 하셨느니라."

누구에게 보냅니까? 이방인입니다. 참 하나님의 역사는 희한합니다. 이방까지 가서 예수 믿는 신자를 핍박하자 하나님께서 그를 불러 어디까지 보내십니까? 이방까지 보내시는 것을 볼 수 있습니다. 하나님께서 자신을 이방인의 사도로 삼아 주셨기 때문에, 바울은 이방인 교회에 대하여 가르칠 수 있는 권위가 있고, 책임이 있고, 사명이 있는 것입니다. 자신의 그 직무를 잘 감당하기 위해서 이방 교회인 로마교회에 이렇게 담대히 편지를 쓴 것입니다.

그런데 이 이방인을 위한 일꾼을 16절 중반에 보면 또 다르게 표현합니다. 16절 중반을 봅시다. "하나님의 복음의 제사장 직분"이라고 말씀하고 있습니다. 오늘 설교 제목이 '바울의 제사장적 사역'입니다. 바로 이 16절에서 나온 제목입니다.

바울은 이방인을 위한 자기의 사역을 구약의 제사장들이 하나님 앞에 제사드리는 일에 비추어서 설명하고 있습니다. 구약의 제사장들은 제사를 드렸습니다. 사람들이 죄를 짓거나 감사한 일이 있어서 양을 끌고 오고, 소를 끌고 오고, 제물을 가지고 오면 그 사람을 위해 하나님과 죄인 사이에서 하나님께 대신 제물을 드렸던 사람입니다. 이것이 제사장 사역입니다.

그러면 지금 바울은 복음의 제사장 직무를 맡았다고 했는데, 누가 지금 제사장입니까? 바울입니다. 그러면 제사장이 제물을 드려야 하는데, 제물은 무엇입니까? 16절 후반부를 보십시오.

"이방인을 제물로 드리는 것"이 무슨 말입니까? 문자 그대로 이방인을 잡아서 옷을 벗기고 목욕을 시키고 죽여서 하나님 앞에 불태워 올리는 것입니까? 그건 아니지요. 인신 제사를 말하는 것이 아니라 바울이 이방인에게 복음을 전해서, 전도하여 하나님께 데려오면 그것이 바로 이방인을 하나님 앞에 제물로 드리는 것입니다. 이것이 바울의 제사장적 사역입니다.

그런데 이 복음의 제사장 직무는 바울 같은 사도나 목회자나 선교사에게만 주신 것입니까? 중세 천 년 동안은 사제들에게, 신부들에게만 제사장직이 주어졌다고 생각하고 그들에게만 복음 전파의 의무가 주어졌다고 생각했습니다. 그런데 종교개혁 시대에 멜란히톤, 루터 같은 종교개혁자들은 기독신자 모두가 제사장이라는 진리를 발견하였습니다. 이것이 만인 제사장직이라는 교리입니다. '만인 제사장직'이란 것은 이 세상에 있는 모든 사람이 제사장이란 것이 아니라, 예수 믿는 사람은 모든 사람이 제사장이라는 말씀입니다. 베드로전서 2장 9절 말씀을 읽겠습니다.

"너희는 택하신 족속이요 왕 같은 제사장들이요 거룩한 나라요 그의 소유가 된 백성이니 이는 너희를 어두운 데서 불러내어 그의 기이한 빛에 들어가게 하신 이의 아름다운 덕을 선포하게 하려 하심이라."

앞부분에 너희는 왕 같은 제사장들이라고 했습니다. 뭐 하려고 하나님께서 제사장으로 삼으셨습니까? 후반부를 보면 그의 기이한 덕을 선전하게 하기 위해서라고 하였습니다. 기이한 덕이 무엇이겠습니까? 바로 아들을 믿음으로 구원받는 진리, 복음입니다. 이것을 전파하도록 하기 위해서 우리를 제사장으로 삼았다고 했습니다.

모든 성도가 왕 같은 제사장임을 믿으시기 바랍니다. 제사장은 중보 역할을 하는 자입니다. 하나님과 불신자들 가운데서 불신자들에게 복음을 전해서 그들을 이끌어 하나님께로 데려와서 하나님께 바치는 제사장이란 것입니다. 이 제사장 사역을 오늘날 누가 감당해야 합니까? 우리 모든 신자입니다. 모든 성도가 제사장이기 때문입니다. 이것을 꼭 기억하시기 바랍니다. 외쳐봅시다.

"우리는 제사장이다."

"우리는 복음의 제사장이다."

중요한 것은 내가 제사장임을 아는 것이 아니라 실천하는 것입니다. 하나님 앞에 제사장 직무를 받았으면서도 제사를 한 번도 안 드린다면 그것은 직무 유기입니다. 여러분은 복음의 제사장으로서 얼마나 하나님 앞에 제물을 가져와 보았습니까? 얼마나 하나님 앞에 제사를 드려보았습니까?

오늘날 우리가 하나님께 드릴 제물이 무엇입니까?

오늘 이 시간 우리는 하나님 앞에 예배를 드리고 있습니다. 이것은 하나님께서 기뻐 받으시는 제사입니다. 예배 시에 우리가 드리는 헌금, 제물이라고 할 수 있습니다. 지난주일 추수감사헌금을 하나님 앞에 드렸습니다. 저는 두 가지에 깜짝 놀랐습니다. 어떤 성도들은 생각지 못할 정도로 넘치도록 풍성하게 하나님 앞에 드렸고, 또 어떤 분들은 '이건 아닌데' 싶을 정도로 너무 부끄럽게 드려서 놀랐습니다.

여러분, 하나님께서 기쁘게 받으실 헌금을 하나님 앞에 드리시기 바랍니다. 로마서 12장 1절에 보면 무엇을 제물로 드리라고 하셨습니까?

"너희 몸을 하나님이 기뻐하시는 거룩한 산 제물로 드리라."

몸을 제사로 드리라는 말이 무슨 말이겠습니까?

내 삶을 드리라는 것입니다. 내 몸으로 행하는 모든 삶, 엿새 동안 살아가는 그 생활이 거룩하고 깨끗하여서 하나님이 기쁘게 받으실 삶이 되어야 한다는 것입니다. 여러분, 날마다 살아있는 제물이 되시기 바랍니다.

그리고 하나님께서 가장 기뻐하시는 제물, 즉 불신자를 하나님 앞에 제물로 드리는 것입니다. 한 사람은 천하보다 귀한 영혼이기에, 그 한 사람에게 복음을 전해서 그 사람을 예수 믿게 하고 그 사람을 하나님 앞에 데려올 때에 하나님께서 그 제물을 가장 기뻐하시는 것입니다. 누가복음 15장 7절을 보십시오.

> "내가 너희에게 이르노니 이와 같이 죄인 한 사람이 회개하면 하늘에서는 회개할 것 없는 의인 아흔아홉으로 말미암아 기뻐하는 것보다 더하리라."

하나님께서 하늘에서 잔치를 벌이신다고 했습니다.

오늘 바울이 복음의 제사장 직무를 잘 감당하는 모습을 보았습니다. 사도 바울은 그 직무를 잘 감당하기 위하여 각처에서 그리스도를 아는 냄새를 나타내었다고 했습니다. 때를 얻든지 못 얻든지 항상 말씀을 전했습니다. 감옥에 갇혔을 때에도 그곳에서 간수들에게 전도하고, 그곳에서 기도하고, 그곳에서 편지를 써서 복음을 전했습니다. 또한 로마교회를 위하여 쉬지 않고 기도하고, 이렇게 긴 편지를 써서 복음을 다시 생각나게 함으로써 성도들을 바르게 세워가는 것을 볼 수 있습니다.

요컨대 그는 최선을 다해서 복음의 제사장 직무를 수행하였습니다. 여러분, 이 마지막 시대는 하나님께서 저와 여러분을 복음의 제사장으로 세워 주셨습니다. 이 엄청난 특권, 이 영광스럽고 두려운 사명, 바울처럼 이 사명을 잘 감당해서 하나님을 기쁘시게 하는 저와 여러분이 다 되시기를 바랍니다.

20

로마서 15:17-21

바울의 복음전도

"그러므로 내가 그리스도 예수 안에서 하나님의 일에 대하여 자랑하는 것이 있거니와 그리스도께서 이방인들을 순종하게 하기 위하여 나를 통하여 역사하신 것 외에는 내가 감히 말하지 아니하노라 그 일은 말과 행위로 표적과 기사의 능력으로 성령의 능력으로 이루어졌으며 그리하여 내가 예루살렘으로부터 두루 행하여 일루리곤까지 그리스도의 복음을 편만하게 전하였노라 또 내가 그리스도의 이름을 부르는 곳에는 복음을 전하지 않기를 힘썼노니 이는 남의 터 위에 건축하지 아니하려 함이라 기록된 바 주의 소식을 받지 못한 자들이 볼 것이요 듣지 못한 자들이 깨달으리라 함과 같으니라"

하나님의 말씀을 읽는 자와 듣는 자와 그 말씀을 마음에 지키는 자가 복이 있다고 말씀하였습니다. 이 시간, 여러분 모두가 복 있는 사람이 되시기 바랍니다.

우리는 계속해서 로마서를 살펴보고 있습니다. 로마서는 어떤 책입니까? 사도 바울이 로마교회에 쓴 편지입니다. 바울이 1차, 2차,

3차 전도여행을 마칠 무렵, AD 57년에 그리스의 제일 남쪽에 있는 고린도라는 도시에 머물고 있었습니다. 그때 이 편지를 로마교회에 썼습니다.

오늘 본문은 바울이 지난 10년 넘는 세월 동안 자신이 어떻게 복음의 제사장적 사역을 감당했는지, 어떻게 복음 전도 사역을 감당했는지를 기록하고 있습니다. 그러므로 오늘 말씀은 바울의 복음 전도의 간증이라 말할 수 있습니다. 그의 간증은 오늘날 복음의 제사장 사역을 하는 우리에게 본이 되고 도전이 됩니다. 오늘 이 말씀을 한낱 지식으로 듣지 마시고, 여러분의 제사장적 수행을 위한 실제적인 지침으로 받으시기 바랍니다.

먼저 그는 자신의 전도 사역을 자랑스럽게 여기고 있습니다.

17절을 보십시오.

"그러므로 내가 그리스도 예수 안에서 하나님의 일에 대하여 자랑하는 것이있거니와."

여러분은 자랑하는 일에 대하여 어떻게 생각하십니까? 오늘 우리가 교독한 예레미야 9장 말씀은 아주 유명한 말씀입니다.

"지혜 있는 자는 지혜를 자랑하지 말고, 힘 있는 자는 힘을 자랑하지 말고, 부자는 자기의 부함을 자랑하지 말라."

그런데 세상 사람들을 보십시오. 다 그런 것은 아니지만 보통은 함께 모이면 자랑하기를 좋아합니다. 그들의 자랑은 거의 다 세상적인 것입니다. 자식 자랑을 합니다. 학벌 자랑하고, 자기 돈 많은 걸 자랑하고, 땅 많은 걸 자랑합니다. 그런 자랑들은 생각해 보면 다 자기를 나타내기 위한 자랑이고, 자기에게 영광 돌리기 위한 자랑입니다. 그런데 성경을 보면 하나님께서 이런 자랑은 하지 말라고 했습니다.

그러면 신자는 아무것도 자랑하지 말아야 합니까? 그렇지는 않습니다. 예레미야 9장 24절에 보면 "자랑하는 자는 이것으로 자랑할지니"라며 자랑하라고 합니다. 무엇을 자랑하라고 합니까? '하나님 아는 것'을 자랑하라고 합니다.

고린도후서 10장 17절에 보면 "자랑하는 자는 주 안에서 자랑할지니라"고 했는데, 오늘 본문 17절 맨 앞을 보면 사도 바울은 누구 안에서 자랑합니까? 그리스도 예수 안에서 자랑합니다. 합당한 자랑을 하고 있습니다. 그 다음을 보면 하나님의 일에 대하여 자랑을 하고 있습니다. 바울은 자기 성취, 업적, 공로를 자랑하지 않았습니다. 하나님의 일에 대하여 자랑합니다.

주 안에서 자랑하는 것, 하나님의 일에 대해서 자랑하는 것은 나쁜 것이 아닙니다. 잘못된 것이 아니고, 도리어 하나님께 영광을 돌리는 일이 됩니다. 한번 생각해 보십시오.

여러분들이 세상을 살면서 자랑스럽게 여기시는 것이 무엇인지 생각해 보시기 바랍니다. 세상적인 자랑, 인간적인 자랑은 멈추시기 바랍니다. 예수 안에서, 하나님께서 여러분에게 행하신 일, 여러분에게 베풀어 주신 은혜, 그리고 하나님께서 여러분들을 통하여 하신 일들을 자랑하는 사람이 되시기 바랍니다. 그러면 그런 자랑거리가 여러분에게 있는지 생각해 보십시오.

'하나님께서 나를 이렇게 사용하셨다.'

'하나님께서 나에게 이런 은혜를 베풀어 주셨다'라고 자랑할 수 있는 것이 있습니까? 이런 자랑거리, 하나님께서 원하시는 자랑거리가 많아지는 여러분이 되시기를 바랍니다.

17절에서 바울은 하나님의 일을 자랑한다고 했는데, 그 하나님의 일이 무엇이겠습니까? 하나님의 일의 내용이 무엇이겠습니까? 그것은 18절 앞부분에 나옵니다. 그리스도께서 이방인들을 순종하게 했다고 합니다. 이방인들을 순종하게 했다는 이 말이 무슨 뜻이겠습니까? 이방인들에게 복음을 전해서 이방인들로 복음을 받아들이게 했다, 복음을 믿게 했다는 것입니다. 사실 바울은 지난 3차에 걸친 전도여행을 통해서 수많은 이방인들을 믿음의 길로 인도했습니다. 그들을 복음에 순종하게 만들었습니다.

그런데 재미있는 것은, 오늘 성경을 가만히 살펴보면 실제르는 누가 이방인을 순종하게 했느냐는 것입니다. 18절을 보십시오. 누가 이방인들을 순종하게 했습니까? 예수 그리스도께서 하셨다고 했습니다. 전도하러 다닌 사람은 사도 바울인데, 이방인을 순종케 한 자는 예수 그리스도라고 합니다. 그러면 바울은 무엇입니까? 전도의 도구였습니다. 에이전트였습니다. 이런 표현을 사도행전의 여러 곳에서 발견할 수 있습니다. 이를 통해서 우리가 알 수 있는 것은 복음 전도 사역은 궁극적으로 그리스도의 사역이라는 것입니다.

예수님께서 이 땅에 오셔서 천국 복음을 두루 다니면서 전하셨습니다. 그러다가 마지막에 우리 죄인들을 위해서 십자가를 지고 죽으셨습니다. 그리고 부활하시고 승천하셨습니다. 그렇다면 예수님의 지상 사역은 다 끝났습니까? 예수님께서 복음 전도하는 이 사역이 다 끝이 난 것입니까? 그것이 아니라는 것입니다.

2천 년 전에는 누구를 통해서 계속하셨습니까? 사도들을 통하여 주님께서 계속 복음을 전하셨고, 오늘날은 예수 믿는 우리들을 통하여 예수님께서 계속 복음을 전하고 계시는 것입니다.

예수님께서는 승천하실 때에 "볼지어다 내가 세상 끝날까지 너희와 항상 함께 있으리라"고 말씀하셨습니다. 이 말씀은 주님께서 믿는 자들과 제자들과 항상 함께하시면서, 사실은 주님이 주체가 되어 복음을 전하신다는 것입니다.

따라서 복음을 전하는 사람들, 하나님의 일을 하는 사람들은 이 사실을 한시도 잊어서는 안 됩니다. '내가 이 교회를 세우고, 이 교회를 이만큼 성장시켰다?' 아니지요. '주께서 하셨고, 나는 그저 도구일 뿐입니다'라고 말해야 되는 것입니다. 신앙 간증을 하시는 분들이 간증할 때 '내가 이 일도 하고 저 일도 하고 놀라운 일을 했습니다'라고 할 때가 있는데, 하나님께서 저와 같이 부족한 사람을 통하여 이런 일을 하셨다고 간증해야 되는 것입니다.

어떤 목사가 은혜로운 설교를 하고 그 설교로 인하여 많은 사람들이 감동을 받고 변화가 일어났다면, 내가 설교를 잘해서가 아니라 내가 설교할 때에 하나님의 성령이 그 사람 속에 강하게 역사했기 때문에 그런 일이 일어났다고 해야 하는 것입니다. 교회의 직분자들이 충성하고 봉사해서 무언가를 이룬 것이 있고, 교회에 뭔가 열매가 나타난 것이 있다면, 내가 아닌 주님께서 나를 통해서 하신 것인 줄 알고 고백하면서 하나님께 영광을 돌려야 하는 것입니다.

제가 자주 말하는 조지 휫필드는 18세기 대부흥의 도구로 쓰임 받은 사람입니다. 그분이 런던에 있는 잔디 공원에서 한 번 설교할 때마다 보통 3만 명씩 모아놓고 설교를 했습니다. 사람들을 동원해서 그렇게 많은 사람들이 모인 것이 아닙니다. 휫필드가 설교한다고 하면 수많은 사람들이 그냥 몰려왔습니다. 그리고 그가 설교할 때에 엄청난 성령의 역사가 나타나서, 많은 사람들이 울며 변화를 받고 예수 믿고 구원받는 놀라운 역사가 나타났습니다. 엄청난 능력이 나타나니까 사람들이 모두 휫필드를 너무나 칭찬하고 존경하고 우러러봅니다.

그래서 휫필드는 항상 하나님 앞에 기도하는 제목이 있었습니다.

"하나님, 저로 교만하지 않게 해주시옵소서. 저로 겸손하게 해주시옵소서."

많은 사람들이 자기를 따르면 자기도 모르게 교만해질 수 있습니다. 그게 인간입니다. 그래서 그가 늘 했던 말이 "휫필드의 이름은 사라지게 하라. 그리스도의 이름이 영광을 받으시게 하라"고 하였습니다.

하나님의 일에 쓰임 받는 자가 되십시오. 하나님께서 여러분을 써 주실 때에 하나님께 영광 돌리는 사람이 되시기를 바랍니다.

다음으로 복음 전도의 방법, 즉 이방인을 순종하게 한 방법이 무엇이겠습니까?

18절 끝부분부터 보겠습니다.

> "그 일은 말과 행위로 표적과 기사의 능력으로 성령의 능력으로 이루어졌으며."

여기 보니 3가지 '로'가 나왔습니다. 영어성경에는 'By'가 세 번 나옵니다. 이것이 바로 복음이 전파되는 3가지 요소입니다.

첫 번째 요소는, 말과 행위입니다.

말이라는 것은 말 그대로 입으로, 내 말로 복음을 전하는 것입니다. 행위라는 것은 삶으로 복음을 전하는 것입니다. 사도 바울은 전도만 잘했던 사람이 아닙니다. 사도 바울은 복음만 전하지 않고 텐트 만드는 일을 해서 그 일의 수익을 가지고 그 지역에 있는 가난한 사람들을 도와가면서 사역을 했습니다. 헌신적인 삶을 살았습니다. 선한 삶을 살았습니다. 겸손한 삶을 살았습니다.

그의 그런 삶을 바라본 사람들은 사도 바울의 복음 전하는 말도 듣고, 그 바울의 삶의 모습을 볼 때 예수를 믿지 않을 수 없었습니다. 많은 사람이 예수를 믿었습니다. 아무리 말로 전도를 잘해도 삶이 따라 주지 않으면 전도가 되지 않는 것입니다. 말과 행위는 전도에서 없어서는 안 되는 중요한 두 가지 요소입니다.

두 번째 요소는, 표적과 기사의 능력이라고 했습니다.

이것을 하나로 뭉치면 초자연적인 일들, 기적을 말합니다. 사도행전 2장을 보면 초대 예루살렘 교회에는 사도들로 말미암아 기사와 표적이 많이 일어났다고 하였습니다. 그런데 고린도후서 12장 12절에 보면 표적과 기사와 능력은 사도 된 표라고 했습니다. 사도 바울은 12제자가 아님에도 불구하고 다니면서 복음을 전할 때에 이런 역사가 나타났다는 것입니다. 그것은 바울이 사도라는 것을 말합니다. 비록 열두 제자는 아니지만, 바울이 사도인 것을 보여줍니다. 바울이 기록한 편지, 바울이 기록한 이 로마서는 사도적 권위를 가지고 있는 하나님의 말씀이라는 것을 입증합니다.

주님께서 왜 사도 바울의 선교 현장에서 이런 기적을 일으키시겠습니까? 그것은 바울이 전하는 복음 진리가 하나님께로부터 왔음을 입증하는 것입니다. 복음의 진실성, 진정성을 입증하는 것입니다.

한 가지 생각해 봅시다. 오늘날은 왜 기적이 없겠습니까?

초대 예루살렘 교회는 그렇게 많았는데, 사도 바울이 전도하러 다닐 때는 그렇게 기적과 표적이 많았는데 왜 오늘날은 없을까요? 기적은 사도 시대에 한정된 것일까요? 오늘날 기적이 나타날 수 있느냐를 논하는 것은 사실 우스운 이야기입니다. 하나님의 이름 중 하나가 "나는 스스로 있는 자"입니다. 하나님께서 모세에게 나타나셔서 이렇게 말씀하셨습니다.

간단하게 말하면 '자존자'라는 것입니다. 자존자는 스스로 존재하는 자입니다. 저는 스스로 존재합니까? 여러분은요? 인간은 다 지구가 있어야 되고, 공기가 있어야 살고, 물이 있어야 살고, 밥이 있어야 삽니다. 그래서 자존자는 이 세상에 아무도 없습니다. 우리 인간은 얼마나 많은 것에 의존하고 사는지 모릅니다.

그런데 하나님께서는 아무것도 필요 없습니다. 스스로 존재하는 분입니다. 뿐만 아니라 하나님께서는 아무것에도 매이지 않으십니다. 누구에게, 어떤 세력에 의해 제한이 되고, 어떤 시간에, 어떤 세대에 제한이 되지 않습니다. 하나님께서는 하나님 자신이 원하시면 어느 시대든지 어떤 때이든지 어디에서든지 어떤 사람을 통해서든지 기적을 일으키실 수 있는 것입니다. 그분이 바로 우리 하나님이십니다. 하나님께서 원하시면 언제든지 할 수 있는 것입니다.

초대교회는 성령이 강하게 역사하는 교회였습니다. 그러다 보니 기사와 표적이 많이 일어났습니다. 날마다 새로운 일, 놀라운 일이 일어났습니다. 병이 낫고, 귀신이 도망을 가고, 태어나면서부터 앉은뱅이 된 자가 일어나 뛰면서 하나님을 찬송하는 일이 생기고, 건강했던 부부가 갑자기 급사하는 일이 생기고, 죽었던 아주머니가 살아나는 역사가 일어나지 않았습니까?

그러므로 여러분, 우리가 이렇게 모여서 하나님 앞에 예배드릴 때마다 기도하시기 바랍니다.

"성령님, 임재해 주시옵소서. 성령님, 기름 부어 주시옵소서. 성령님, 역사해 주시옵소서."

성령님을 향해서 마음 문을 활짝 열고, 성령의 역사를 강하게 사모하시기를 바랍니다. 그러면 귀신이 나가고, 병 고침을 받고, 술과 담배가 끊어지고, 옛사람이 변하여 새 사람이 되는 역사가 일어날 것이요, 사랑과 용서의 기적이 일어나게 될 것입니다. 사도행전적인 기적이 지금도 나타날 수 있는 것입니다. 그런 역사가 일어날 때에 더 많은 사람들이 복음을 믿고 구원 얻게 될 것입니다.

세 번째 방법이 무엇입니까?

19절 앞부분에 "성령의 능력으로"라고 합니다.

성령의 능력은 두 번째에 나왔던 표적과 기사의 능력과 중복되는 면이 좀 있습니다. 그러나 성령의 능력은 범위가 좀 더 넓습니다. 성령의 능력으로 기적이 나타날 수도 있고, 또 성령의 능력은 말씀을 통해서도 나타날 수 있습니다. 바울은 성령의 능력으로 복음을 전했는데, 고린도전서 2장 4절을 읽겠습니다.

"내 말과 내 전도함이 설득력 있는 지혜의 말로 하지 아니하고 다만 성령의 나타나심과 능력으로 하여."

사도 바울은 이렇게 복음을 전하고 설교를 할 때 자기 말로가 아니라 성령의 나타남과 능력으로 했다고 합니다.

데살로니가전서 1장 5절을 보십시오.

"이는 우리 복음이 너희에게 말로만 이른 것이 아니라 또한 능력과 성령과 큰 확신으로 된 것임이라."

복음 전도는 기본적으로 말로 되어야 합니다. 그런데 말로만 된 것이 아니라 성령의 나타남으로, 성령의 능력으로 되었다는 것입니다. 성령의 능력으로 전하지 않고, 성령의 능력으로 설교하지 않으면, 사람의 지혜와 말솜씨로만 하면 구원의 역사가 일어나지 않습니다. 변화의 역사가 일어나지 않습니다. 그러므로 주일 설교에 하나님의 성령의 역사가 나타나도록 기도하시기 바랍니다.

혹시 주일 설교에서나 부흥 집회에서 또 수련회 말씀에서 성령의 능력을 느껴보신 적이 있습니까? 한 번도 느껴본 적이 없는 분은 큰일입니다. 그렇다면 그때 말씀을 전한 목사님이나 강사에게 문제가 있었거나, 아니면 설교를 들었던 본인에게 문제가 있었거나, 양쪽이 다 문제가 있었음이 틀림없습니다.

여러분, 설교자에게 하나님께서 성령의 기름을 부어 주셔서 성령의 능력으로 설교하도록 기도하십시오. 뿐만 아니라 여러분의 마음에 성령께서 역사하시도록 기도하시기 바랍니다. 전도를 나갈 때에도 성령께서 여러분 속에 역사하시도록 기도하시기 바랍니다. 그래서 성령의 능력으로 설교하고 전도하는 모두가 되시기를 바랍니다.

세 번째로, 바울의 전도의 범위와 원칙은 어떠했습니까?

본문 19절 중반부터 보시기 바랍니다.

"내가 예루살렘으로부터 두루 행하여 일루리곤까지 그리스도의 복음을 편만하게 전하였노라."

전도의 범위가 나타납니다. 어디에서부터 어디까지입니까? 예루살렘에서부터 일루리곤까지입니다. 일루리곤은 지금의 그리스 북부 지역입니다. 그 알바니아 지역까지 복음을 전했다는 것입니다. 하나님께서 가라고 하시는 만큼 가서 복음을 성공적으로 다 전했다는 것입니다. 그리고 이렇게 두루 다니면서 복음을 전할 때에 바울의 전도 원칙이 있었습니다. 20절을 보십시오.

"또 내가 그리스도의 이름을 부르는 곳에는 복음을 전하지 않기를 힘썼노니 이는 남의 터 위에 건축하지 아니하려 함이라."

어떤 원칙입니까? 누군가에 의해서 이미 복음이 전해진 곳에는 가지 않는다는 것입니다. 그래서 사도 바울은 미전도 지역에만 가서 복음을 전했다는 것입니다. 어느 지역에서 3년, 4년, 5년 복음을 전하고, 그래서 교회가 설립되면 그곳에서 이제 고생도 덜하게 되고 대접도 받을 수 있습니다. 그리고 다른 어떤 분이 복음을 전해서 교회가 서 있는 곳에 가서 사역하면 역시 조금 편합니다. 알아주는 사람들이 있으니까 좀 더 편하게 존경 받아 가면서 일할 수 있다는 것입니다.

그런데 사도 바울은 어떻게 합니까?

그렇게 하지 않는다는 것입니다. 그렇게 하지 않고 받은 직분대로, 이방인의 사도, 이방인의 전도자답게 이방에 두루 다니면서 복음을 전했습니다. 힘들다고 한 군데 주저앉아 있는 것이 아니라 두루 다니면서, 그것도 아무도 전도하지 않은 지역으로 다니면서 어찌하든 복음을 전했다는 것입니다.

이것은 사도 바울이 이 세상에서 부하게 사는 것이나 명예를 누리는 것이나 안일한 삶을 사는 것에는 전혀 관심이 없고, 그저 하나님이 자기에게 맡겨주신 그 사명을 성취하는 일에 그의 모든 관심이 있었다는 것을 보여주는 것입니다.

그러면 오늘 우리도 바울의 원칙을 따라서 남이 전도하지 않은 곳에 가서 전도해야 됩니까? 아니지요. 그렇게 하려면 우리가 다 선교사가 되어, 선교사가 전혀 없는 나라의 오지에 가서 복음을 전해야 됩니다. 우리는 그렇게는 할 수 없습니다. 그러나 중요한 것은 그의 정신을 본받아야 됩니다. 평안한 삶과 출세, 명예에 관심이 있는 것이 아니라, 하나님이 주신 사명 감당에 제1의 관심을 두고 살아야 한다는 것입니다. 사도 바울이 그런 사람이었습니다.

말씀을 맺습니다.

세상에는 많은 사람이 살고 있습니다. 그런데 세상에서 성공적인 삶을 살아가는 사람은 어떤 사람이겠습니까? 어떤 사람이 성공적인 삶을 살고 있다고 할 수 있습니까? 신앙적으로 볼 때 아무리 부자가 되고 권력이 있다고 해도 예수 안 믿고 구원받지 못하면 성공한 것입니까? 실패한 것입니다. 몇십 년 그렇게 살다가 지옥에 갈 사람을 성공한 삶이라 할 수 있습니까? 그래서 가장 성공한 삶은 하나님의 은혜로 예수 믿고 구원받는 것임을 믿으시기 바랍니다.

그런데 이게 전부가 아닙니다.

예수 믿고 구원은 받았지만, 내가 하나님의 손에 붙잡혀서 평생을 살았느냐, 아니면 하나님 뜻에는 아무 관심이 없고 내 마음대로, 내 욕심대로 살았느냐 하는 것입니다. 이건 굉장히 중요한 문제입니다. 그래서 예수님을 나의 구주로 믿을 뿐만 아니라 나를 향하신 하나님의 뜻을 발견하고, 하나님께서 주신 그 사명을 따라 하나님의 손에 붙잡혀 하나님의 일을 생각하며 살아간 그 사람이야말로 성공적인 인생을 살았음을 믿으시기 바랍니다.

여러분 모두가 예수 믿고 구원 받아서, 하나님의 손에 사로잡혀 하나님께 쓰임 받고, 하나님께 영광 돌리며, 사명을 완수하는 복된 성도들이 다 되시기를 바랍니다.

21

로마서 15:22-29

바울의 미래계획

“그러므로 또한 내가 너희에게 가려 하던 것이 여러 번 막혔더니 이제는 이 지방에 일할 곳이 없고 또 여러 해 전부터 언제든지 서바나로 갈 때에 너희에게 가기를 바라고 있었으니 이는 지나가는 길에 너희를 보고 먼저 너희와 사귐으로 얼마간 기쁨을 가진 후에 너희가 그리로 보내주기를 바람이라 그러나 이제는 내가 성도를 섬기는 일로 예루살렘에 가노니 이는 마게도냐와 아가야 사람들이 예루살렘 성도 중 가난한 자들을 위하여 기쁘게 얼마를 연보하였음이라 저희가 기뻐서 하였거니와 또한 저희는 그들에게 빚진 자니 만일 이방인들이 그들의 영적인 것을 나눠 가졌으면 육적인 것으로 그들을 섬기는 것이 마땅하니라 그러므로 내가 이 일을 마치고 이 열매를 그들에게 확증한 후에 너희에게 들렀다가 서바나로 가리라 내가 너희에게 나아갈 때에 그리스도의 충만한 복을 가지고 갈 줄을 아노라”

새해가 다가오면 사람들은 지나간 한 해를 돌아보게 되고 다가오는 새해를 계획하게 됩니다. 지금 사도 바울의 모습이 그렇습니다. 본문에 보면, 바울이 지난 3차에 걸친 10년간의 전도여행을 뒤돌아보는 것을 보게 됩니다. 그때에 바울은 하나님에 대하여 자랑할 거리가 있다는 말씀을 했습니다. 우리 역시 인생 중도에, 또는 인생 마지막에 우리 인생의 걸어온 길을 뒤돌아볼 때에 하나님 앞에 자랑거리가 많은 성도가 되시기 바랍니다.

오늘 본문에서 바울 사도은 자신의 현재와 미래 사역에 대해서 말씀하고 있습니다. 오늘 우리가 교독문에서 보았듯이, 구약의 요엘 선지자는 "말세에 내가 내 영을 부어 주리니"라고 예언했습니다. 하나님께서 성령을 당신의 백성들에게 부어 주실 때에, 그때에 하나님의 백성들이 '꿈을 꿀 것이다, 장래 일을 말할 것이다, 환상(비전)을 볼 것이다'고 예언했습니다.

오늘날 많은 사람들이 세상을 살고 있지만 꿈이 없습니다. 미래가 없습니다. 열망하는 것이 없이 그저 되는 대로 인생을 살아가는 경우가 많습니다. 그러나 성령의 사람은 미래가 있습니다. 환상을 보고 꿈을 꿉니다. 그러면 바울은 어떤 미래의 꿈과 계획을 가지고 있습니까?

첫 번째, 땅 끝까지 복음을 전하려고 하는 열망이 그 마음속에 불타오르고 있었습니다.

22절을 보시기 바랍니다. "그러므로 또한 내가 너희에게 가려 하던 것이 여러 번 막혔더니"라고 했습니다. 여기에서 '너희'는 누구겠습니까? 로마교회 성도를 말합니다. 왜 막혔겠습니까? 지난 시간에 보았습니다. 그는 소아시아 지역(지금의 터키 서부), 그리고 지중해 동북부 지역(지금의 그리스 전역)에 복음을 전하는 일에 바빴습니다. 그래서 로마에 가지 못했습니다. 23절에 보면 "이제는 이 지방에 일할 곳이 없다"라고 했습니다. 그는 예루살렘에서 일루리곤까지 하나님께서 허락하시는 모든 곳에 다니면서 복음을 편만하게 전했다고 했습니다. 두루 충분히 전했다고 했습니다. 그래서 이 지역에는 더 이상 일할 것이 없었습니다. 그렇기 때문에 이제 로마로 가려고 합니다.

그런데 로마가 어떤 곳입니까?

로마는 당시에 세계를 주름잡던 초강대국 로마 제국의 수도입니다. 한마디로 세계의 수도라 할 수 있는 곳입니다. 많은 민족, 많은 사람들이 이곳에 모여서 어우러져 살고 있었습니다. 그곳에 가서 복음을 전하고 싶은 것입니다. 이러한 그의 소원은 사도행전에서도 잘 나타나고 있습니다. 사도행전 19장 21절을 보십시오.

"이 일이 있은 후에 바울이 마게도냐와 아가야를 거쳐 예루살렘에 가기로 작정하여 이르되 내가 거기 갔다가 후에 로마도 보아야 하리라 하고."

여기에 참 아름다운 말씀이 있습니다.

"로마도 보아야 하리라."

생각해 보면 사도 바울은 지난 10년간 1차, 2차, 3차 전도여행을 통하여서 소아시아와 헬라 제국 전체에 복음을 전하였습니다. 어떻게 보면 충분하게 사역을 잘 감당했다고 할 수 있습니다. 그것만 해도 기독교 선교 역사에서 아무와도 비교할 수 없는 대역사를 이룬 것입니다. 그러면 자족하고 '이제 나는 할 만큼 했으니까 은퇴해서 쉬어야겠다'라고 생각할 수 있고 말할 수도 있는 것입니다. 그런데 그는 그렇게 하지 않습니다.

"로마도 보아야 하리라."

영혼 구원의 열망과 갈망이 그의 속에 계속 불타오르고 있음을 볼 수 있습니다.

그뿐입니까? 23절과 28절을 보십시오. 우리에게 익숙하지 않은 지명이 하나 나옵니다. "서바나"라는 곳입니다. 로마에 간 이후에는 서바나로 가겠다고 말하고 있습니다. 서바나가 어디입니까?

스페인입니다. 지금의 이베리아 반도라는 곳입니다. 프랑스에서 남서쪽으로 네모 모양으로 뻗어 있는 반도입니다.

얼마 전에 '꽃보다 할배'라는 프로그램에서 영감님들이 그곳으로 여행을 가서 우리나라에도 많이 알려져 있고 많은 사람들이 그곳으로 관광을 가고 있습니다. 그 서바나 지역은 로마 제국의 곡창 지대였습니다. 그래서 많은 인구가 그곳에 머무르고 있었습니다.

자연히 많은 사람에게 복음을 전하고자 하는 사도 바울에게는 아주 흥미롭고 마음이 끌리는 곳이었습니다. 뿐만 아니라 한 가지 이유가 더 있었습니다. 예수님께서 승천하시기 전에 "오직 성령이 너희에게 임하시면 너희가 권능을 받고 예루살렘과 유대와 사마리아와 땅 끝까지 이르러 내 증인이 되리라"고 말씀하셨는데, 당시 사람들은 지구가 둥글지 않고 평평하다고 생각했습니다.

그래서 저 땅끝에 가면 툭 떨어져서 어디론가 끝없이 떨어질 것으로 생각했습니다. 그 땅 끝을 어디라고 생각했느냐 하면 바로 서바나입니다. 유럽의 지도를 보면 방금 말했던 서바나가 바로 땅 끝에 있습니다. 사도 바울은 항상 예수님의 말씀을 마음속에 새기고 있었습니다. "땅끝까지 이르러 내 증인이 되리라"고 예수님이 말씀하셨으니까, 그 말씀대로 이방인의 사도인 내가 땅끝인 서바나에 가서 복음을 전하리라고 결심하고 있었다는 것입니다. 요컨대 그는 복음이 아직 전해지지 않은 땅끝까지 가서 복음을 전할 야망으로 불타오르고 있었습니다.

그런데 오늘 하나님 앞에 예배드리는 여러분들은 어떻습니까?

여러분들은 무슨 꿈과 계획을 가지고 살고 계십니까?

아마 나름대로 다 꿈이 있을 것입니다. '언젠가 아파트를 사고, 또 언젠가 무엇을 하고…' 다 좋습니다.

그러나 여러분에게 하나님을 위한 꿈이 있습니까?

이 악한 시대에 하나님을 더 잘 섬기려고 하는 열광이 있습니까? 진리를 따라서 하나님 앞에 의롭게 살겠다는 열광을 가지고 계십니까? 거룩한 삶을 살겠다는 열망이 있습니까? 이런 선한 열망을 가지고 사시기 바랍니다. 무엇보다도 성도가 직장에서, 교회에서 은퇴를 해도 끝까지, 주님 부르시는 그날까지 가지고 있어야 될 최고의 열망은 복음 전도의 열망입니다. 천하보다 귀한 영혼, 잃어버린 한 영혼을 구원하는 일보다 이 세상에서 더 귀하고 중요하고 선한 일은 절대로 없는 것입니다.

여러분은 D.L. 무디(드와이트 무디)를 아실 것입니다. 무디는 예수 믿고 나서 하나님 앞에 약속을 했습니다. "하루에 한 사람 이상 꼭 전도를 하겠습니다"라고 해서 그가 평생 동안 날마다 전도해서 하나님 앞에 많은 영혼을 이끌었는데, 한 번은 밤 10시가 되어서야 그날 한 번도 전도를 안 했다는 사실이 생각났습니다. 그래서 집에서 뛰어나가서 한 사람에게 전도를 했는데, 그 사람이 "이 사람 미쳤나?" 하면서 아주 반응이 안 좋았지만 나중에 그 사람이 예수 믿고 장관이 되었다는 것입니다. 하나님의 놀라우신 역사가 일어난 것입니다.

여러분, 무디처럼 하나님을 위한 열망과 전도를 위한 열망을 가지시기 바랍니다.

두 번째, 로마에 가려는 계획과 열망의 이유가 무엇입니까?

방금 우리가 본 대로 첫째는, 무엇보다 복음을 전하기 위해서였습니다. 둘째는, 사귐을 위해서였습니다. 즉 교제를 위해서였습니다. 24절을 보십시오.

> "이는 지나가는 길에 너희를 보고 먼저 너희와 사귐으로 얼마간 기쁨을 가진후에."

여기서 사귐이란 말은 바로 교제를 말하는 것입니다. 로마교회 성도들과 교제를 위해서였습니다. 그 만남과 교제를 통해서 하나님의 복을 나눠주기 원했습니다. 29절을 보십시오.

> "내가 너희에게 나아갈 때에 그리스도의 충만한 복을 가지고 갈 줄을 아노라."

무엇을 가지고 간다고 했습니까? 예수 그리스도의 충만한 복을 가지고 갈 것이라고 하였습니다. 같은 말씀이 서론에도 있습니다. 로마서 1장 11절을 보겠습니다.

> "내가 너희 보기를 간절히 원하는 것은 어떤 신령한 은사를 너희에게 나누어 주어 너희를 견고하게 하려 함이니."

앞에 있는 말씀에 보니 충만한 복을 가져간다고 했는데, 1장 11절에는 신령한 은사, 영적인 선물을 나눠주고 싶다고 합니다. 요약하면 사도 바울이 얼마나 성령 충만한 사람입니까? 이 성령 충만한 사도 바울이 로마교회에 가서, 그 성도들을 만나 성령 충만한 말씀으로 그들에게 은혜를 끼치고 영적 은사를 끼쳐서, 그 로마교회 성도들의 믿음을 더욱더 견고하고 바르게 만들고 싶다는 말씀인 것입니다. 얼마나 아름다운 말씀입니까?

성도의 만남, 즉 성도의 교제는 바로 이렇게 되어야 하는 것입니다. 어떤 사람들은 만나면 좋은 이야기보다 안 좋은 이야기들을 더 많이 합니다. 남 비방하는 말, 시험들 이야기, 덕이 안 되는 이야기, 불평하고 원망하는 이야기, 듣고 나서 돌아서면 뭔가 찝찝한 이야기를 많이 하는 분들이 있습니다. 그런 분들이 되지 마시고, 본문의 사도 바울처럼 은혜를 나누어 주고, 충만한 복을 전달해 주고, 평화를 주고, 덕을 세우는 성도가 되시기 바랍니다. 얼마나 귀합니까?

로마에 가려고 하는 세 번째 이유는 후원을 받기 위해서였습니다.

24절 후반부를 보시기 바랍니다.

"후에 너희가 그리로 보내주기를 바람이라."

바울은 지금까지 1차, 2차, 3차 전도여행을 하는 동안은 안디옥교회의 후원을 받았습니다. 사도행전 13장에 보면, 처음에 안디옥교회가 바울과 바나바를 선교사로 파송했습니다. 그런데 이제는 로마에 가서 로마를 통해 서바나로 선교하러 가려고 합니다. 서바나 지역은 안디옥과는 거리가 아주 멀리 떨어져 있었습니다.

뿐만 아니라 안디옥 교회는 어떻게 보면 작은 교회입니다. 그런데 이제는 서바나 지역의 선교 전초 기지가 로마교회가 되어야 한다는 것입니다. 그래서 "로마교회가 이제는 나를 서바나 지역에 선교사로 보내 주기를 원하노라. 너희가 나를 위해서 기도로, 물질로 후원해 주기를 원하노라"는 말씀이 바로 이 본문입니다.

사도 바울의 전도 사역을 전적으로 책임진 교회는 안디옥 교회였지만, 성경을 읽어 보면 그 외에도 빌립보 교회가 많은 후원을 했습니다. 빌립보서 4장 18절을 보십시오.

> "내게는 모든 것이 있고 또 풍부한지라 에바브로디도 편에 너희가 준 것을 받으므로 내가 풍족하니 이는 받으실 만한 향기로운 제물이요 하나님을 기쁘시게 한것이라."

끝 부분을 보십시오. 사도 바울이 빌립보 교회에서 받은 그것을 무엇이라고 표현합니까? 향기로운 제물이고 하나님을 기쁘시게 한 것이라고 했습니다. 선교 사역을 위해서 드리는 것, 복음 전도를 위해서 드리는 것은 단순히 그 선교사, 목회자, 전도자를 돕는 것으로 끝나는 것이 아니라는 것입니다. 그것은 바로 하나님께 바쳐 드리는 제물, 하나님께서 기뻐 받으시는 향기로운 제물이라는 것을 우리에게 말씀해 주는 것입니다.

우리 교회는 새해에 20여 명의 선교사를 후원하게 됩니다. 그중에 3명은 우리 교회가 파송한 선교사입니다. 그래서 우리 교회는 교회 크기에 비하면 우리 교단에서 어느 교회 못지 않은 선교 사역을 하고 있습니다. 이 일을 위해서 우리 성도들이 특별선교헌금을 연말에 작정해서 매달 하나님 앞에 드리고 있습니다.

너무나도 귀한 일입니다. 그뿐만 아니라 어떤 분들은 공적으로 할 뿐만 아니라 사적으로도 선교헌금을 드려서 선교 사역을 후원하고 있습니다. 여러분, 이러한 일은 향기로운 제물이요, 복된 일임을 믿으시기 바랍니다. 그리고 그러한 일이 바로 축복의 씨앗이 된다는 사실을 잊지 마시기 바랍니다.

사도 바울이 로마에 가려는 이유는 자기의 개인적인 욕망이나 호기심이나 출세를 위해서 간 것이 아니라, 첫 번째는 복음을 위해서, 두 번째는 신앙의 교제를 통해서 하나님의 복과 은사를 나눠주기 위해서, 세 번째는 선교 후원을 받기 위해서였습니다. 우리의 여행, 우리의 방문, 우리의 만남, 우리의 사귐과 교제도 이처럼 아름다운 것이 되기를 바랍니다.

세 번째로는, 구제를 위해서 예루살렘으로 가는 계획이 있었습니다.

25절을 보십시오.

"그러나 이제는 내가 성도를 섬기는 일로 예루살렘에 가노니."

무엇을 위해서 예루살렘에 간다고 했습니까? 성도를 섬기기 위해서입니다. 성도를 섬기는 일이 무엇인지는 그 다음 절 26절에 구체적으로 나타납니다.

"이는 마게도냐와 아가야 사람들이 예루살렘 성도 중 가난한 자들을 위하여 기쁘게 얼마를 연보하였음이라."

여기에 보면 두 지역이 나옵니다. 마게도냐와 아가야입니다. 사도 바울의 2차 전도여행 때 하나님께서는 그를 유럽으로 보내셨습니다. 그가 배를 타고서 유럽으로 향한 곳이 지금의 그리스 북부 지역인 마게도냐입니다. 그 지역에서 제일 먼저 복음을 전한 곳이 빌립보 성이었습니다. 빌립보, 데살로니가, 베뢰아로 옮겨갔는데 가는 곳마다 다 교회가 섰습니다. 거기가 바로 마게도냐 지역의 교회들입니다. 다시 저 남쪽으로 내려갑니다.

그리스 남쪽 지역에 있는 아덴(아테네)에 가서 복음을 전하고, 또 그 옆에 있는 고린도에서 복음을 전하는데, 그 지역이 바로 아가야 지역입니다. 그곳에도 다 교회가 섰습니다. 그래서 마게도냐 지역과 아가야 지역에 있는 성도들이 예루살렘 교회에 있는 성도들을 위해서 구제 헌금을 하였는데, 기쁘게 했다고 했습니다. 기쁜 마음으로 구제 헌금을 모금했는데, 이것을 예루살렘 교회에 전달하기 위해서 예루살렘에 간다는 것입니다.

예루살렘 교회 성도들이 왜 그렇게 가난하고 어렵게 되었습니까? 예루살렘 지역에 큰 흉년이 들었기 때문입니다. 기근으로 인해 고통받고 있는 예루살렘 교회 성도들을 위해서 이방인 교회 성도들이 기쁘게 헌금을 했는데, 이것은 아름답고 자연스런 일이었습니다. 한편으로 보면 이것은 마땅한 일이라고 했습니다. 왜 마땅한 일일까요? 구원의 복, 영적인 복이 어디에서 시작했습니까? 유대인에게서 시작했습니다. 다른 말로 하면 예루살렘에서 시작되었습니다.

복음이 예루살렘에서 안디옥으로 가고, 안디옥에서 선교사를 파송해 온 세계로 퍼져나갔습니다. 따라서 모든 이방인들은 유대인들에게 복음의 빚을 지고 있습니다. 영적인 빚을 지고 있는 것입니다. 그렇기 때문에 자기들에게 영적인 복을 전해준 예루살렘 교회가 심히 물질적으로 어려울 때에 예루살렘 교회 성도들을 돕는 것은 너무나도 당연하고 마땅한 일이라는 것입니다.

바울은 자신이 가서 복음을 전하는 곳마다 구제헌금을 모으는 것을 볼 수 있습니다. 모르긴 해도 상당 액수가 되는 것 같습니다. 그것을 예루살렘 교회에 전달하려고 먼저 예루살렘으로 올라간다는 것입니다. 지금 이 로마서를 쓰고 있는 곳은 고린도입니다. 발칸 반도에 있는 고린도는 이탈리아 반도에 있는 로마와 상당히 가깝지만 예루살렘과의 거리는 아주 멉니다. 그래서 로마서를 고린도에서 쓰면서 로마로 갈 예정이었습니다.

고린도에서 로마로 가면 거리도 가깝고 얼마나 편하고 쉽겠습니까? 그런데 예루살렘으로 가려고 하면 완전 역방향으로 가야 합니다. 역방향으로 2천 마일, 3천 킬로미터가 됩니다. 우리나라 부산에서 신의주까지 세 번 가는 거리입니다. 얼마나 먼 거리입니까. 그것도 2천 년 전에 그 먼 길을 가려면 죽을 위험도 많이 넘겨야 합니다.

그럼에도 불구하고 자기가 가는 것입니다. 더구나 다른 사람을 시키지 않고 자기가 직접 갑니다. 남을 못 믿어서가 아닙니다. 이 구호 헌금 전달이 그만큼 중요한 의미를 가지고 있기 때문입니다. 이것은 단순히 가난한 사람들, 불쌍한 사람들을 구호하는 정도가 아닙니다. 이방인 교회와 유대인 교회를 연결해 주는 아름다운 의미가 있는 것입니다. 이렇게 해서 이방인 신자와 유대인 신자의 관계를 더욱더 공고히 해주는 것입니다.

사도행전을 보면 예루살렘 교회의 가난한 성도들을 위해서 이방인 교회가 구제헌금을 보내는 것이 이번만이 아닙니다. 사도행전 11장 끝에 보면 약 10년 전에, 바울과 바나바가 기근 중에 있는 예루살렘 교회를 위해서 안디옥 교회에서 구제헌금을 모아 예루살렘에 전달하는 모습을 볼 수 있습니다. 여기서 구제의 중요성을 엿볼 수 있습니다.

바울의 선교 여행에 그림자처럼 항상 따라다닌 것이 구제헌금이었습니다. 구제는 우리 기독교의 본질적인 사명은 아닙니다. 우리 교회의 제일가는 사명은 사람들에게 생명의 복음을 전해서 잃어버린 영혼을 구원하는 것입니다. 그런데 기독교의 사랑을 가장 잘 보여주고, 복음 전도의 가치를 가장 높여주는 것이 바로 구제라는 것입니다. 복음 전도에 있어 그림자처럼 따라다니는 사역이 구제입니다.

제가 자주 말씀 드리는 18세기 대부흥운동의 도구로 쓰임 받은 조지 휫필드라는 사람은 보통 설교할 때 3만 명 정도를 들판에 앉혀놓고 설교를 했는데, 설교하고 나서 항상 헌금을 모았습니다. 그 헌금을 자기 주머니에 넣기 위해서가 아닙니다. 다 구제헌금이었습니다. 신대륙 아메리카 조지아 주에 있는 고아들을 위한 고아원을 새로 짓기 위해 구제헌금을 모아서 보냈습니다. 그것이 성경적입니다. 사도 바울의 사역에도 언제나 구제헌금이 따라왔듯이, 휫필드의 사역에도 그리했다는 것입니다.

우리나라 목사님들의 귀감이 되고, 가장 존경 받는 목사님이 고 한경직 목사님이십니다. 한경직 목사님은 본래 남한 사람이 아닙니다. 북한 사람입니다. 저 북한 신의주에서 신의주 제2교회에서 목회하시던 분입니다. 이분이 목회할 때에 그 교회에 양로원을 만드셨습니다. 양로원만 만들었습니까? 그때 시대가 참 어려워서 고아들을 위해서 고아원을 만들었습니다. 그 고아원 이름이 보린원입니다. 제 아들 이름 보린이가 바로 거기서 나왔습니다. 제가 학생 때 부산 보수동의 유스호스텔에서 군목 후보생 훈련을 받으러 갔는데, 거기 보니까 큰 기둥에 애린이라는 말이 한자로 적혀 있는 것을 보았습니다. 저는 애린이라는 말을 그때 처음 보았습니다. 사랑 애(愛)자에다 이웃 린(隣), 즉 '이웃 사랑'이라는 뜻에서 애린이라는 딸 이름을 얻었습니다.

그 후 어느 날 책을 읽는데 보린을 보았습니다.

'이웃 보호'(保隣)라는 뜻입니다. 그 말이 얼마나 좋은지, 그래서 저는 결혼하기 전에 애들 이름을 다 지어놓았습니다. 그대르 되었습니다. 그 한경직 목사님께서 나중에 남한으로 피난을 내려오셔서 영락 교회를 세웠는데, 이후 6.25가 터져서 또 보린원을 시작하셨습니다. 그리고 지금도 그 교회에서 보린원을 운영하고 있습니다.

여러분, 성도는 사치하거나 낭비해서는 안 되지만, 인색하면 안 됩니다. 사람에게도 인색하지 말고, 하나님에게도 인색허서는 안 됩니다. 팔레스타인에 가면 사해, 죽음의 바다가 있지 않습니까? 왜 죽음의 바다입니까? 요단강에서 내려오는 물은 받는데, 지형이 물이 빠져나갈 수 없게 되어 있습니다. 꽉 막혀 있습니다. 그러서 위에서 내려온 물이 이곳에 모여서 빠지지 않고 태양열에 증발되다 보니 물이 짠 물이 되어서 아무 생물도 살지 못하는 죽음의 바다가 된 것입니다.

성경에 보면 예수님께서 성도들에게 나누어 주라고 말씀하시면서, 주면 더 풍성하게 받게 될 것이라고 하십니다. 여러분, 받으려면 주어야 합니다. 그러면 더 풍성한 역사가 일어나는 것입니다. 마지막으로 디모데전서 6장 18-19절을 보십시오.

> "선을 행하고 선한 사업을 많이 하고 나누어 주기를 좋아하며 너그러운 자가 되게하라 이것이 장래에 자기를 위하여 좋은 터를 쌓아 참된 생명을 취하는 것이니라." 아멘!

말씀을 맺습니다.

오늘 바울의 미래 계획을 보았습니다. 사도 바울은 꿈이 있는 사람, 비전이 있는 사람이었습니다. 그는 하나님을 위한 열망, 특별히 복음 전도의 열망을 불태우고 있었습니다. 앞으로 로마도 가고, 로마를 거쳐 서바나 땅끝까지 가서 복음을 전할 야망을 가지고 있었습니다. 복음을 전하는 일뿐만 아니라 성도들과 교제하면서 그들에게 하나님의 복과 은사를 나누어 줄 선한 야망을 가지고 있었습니다. 또한 그는 구제 사역을 위해서 예루살렘으로 가고자 하는 아름다운 계획도 가지고 있었습니다.

살펴보면 그의 모든 계획은 자신의 욕망을 위한 것은 하나도 없습니다. 악한 것이 하나도 없습니다. 살아도 주를 위해 살고 죽어도 주를 위해 죽겠다는 그의 신앙 고백이 그대로 묻어나지 않습니까?

여러분, 이제 다가오는 새 해에도, 그리고 우리의 남은 생애에도 믿음 안에서 선한 꿈, 선한 계획, 선한 열망을 가지고 이 땅 위에 하나님 나라를 아름답게 이루어 가시는 여러분 모두가 되시기를 바랍니다.

22

로마서 15:30-33

바울의 기도 부탁

"형제들아 내가 우리 주 예수 그리스도와 성령의 사랑으로 말미암아 너희를 권하노니 너희 기도에 나와 힘을 같이하여 나를 위하여 하나님께 빌어 나로 유대에서 순종하지 다니하는 자들로부터 건짐을 받게 하고 또 예루살렘에 대하여 내가 섬기는 일을 성도들이 받을 만하게 하고 나로 하나님의 뜻을 따라 기쁨으로 너희에게 나아가 너희와 함께 편히 쉬게 하라 평강의 하나님께서 너희 모든 사람과 함께 계실지어다 아멘"

주님의 이름으로 모일 때마다 항상 하나님의 임재를 사모하고 간구하여 하나님의 임재 가운데 그 임재를 느끼면서 예배하는 여러분 모두가 되시기를 바랍니다.

여러분, 바울의 미래 계획을 기억하십니까?

예루살렘의 가난한 성도들을 구호하기 위해서 헌금을 가지고 예루살렘으로 가서 전달한 후에, 로마로 가서 로마교회 성도들을 만나 그들과 교제를 나누면서 영적인 은사와 충만한 복을 그들에게 나누어 주는 것, 더 나아가 그 로마교회의 지원을 받아 서바나, 즉 땅 끝이라 불리는 스페인으로 가서 선교 사역을 하는 것, 이것이 사도 바울의 계획이었습니다.

그의 미래 계획은 아주 분명하였습니다. 그런데 많은 성도들이 자기의 뜻과 계획이 아주 분명하게 되면, 더 이상 하나님 앞에 기도하지 않고 의지하지도 않는 모습도 보게 됩니다. 그렇지만 "사람이 마음으로 자기의 길을 계획할지라도 그의 걸음을 인도하시는 이는 여호와시니라"고 말씀했습니다. 여러분은 그 말씀을 믿습니까? 내가 아무리 철저하고 완벽하게 계획을 해놓아도 다 내 뜻대로 이루어지는 것이 아니라는 것입니다.

그러므로 나의 계획을 어떻게 해야 되겠습니까? 하나님께 맡기고 하나님의 도움을 구해야 합니다. 잠언 16장 3절에 "너의 행사를 여호와께 맡기라 그리하면 네가 경영하는 것이 이루어지리라"고 말씀하고 있습니다. 사도 바울이 바로 그렇게 했습니다. 그의 계획은 아주 분명했지만, 그의 계획을 위해서 구체적으로 하나님께 기도하였습니다. 하나님의 도우심과 인도하심을 구하였습니다.

오늘 말씀 30절 후반을 보시기 바랍니다.

"너희 기도에 나와 힘을 같이하여"라는 말이 있습니다. 이 말을 조금 더 정확하게 해석하면 "너희가 기도함으로써 나의 시련에, 나의 간절한 기도에 동참하라"고 말씀하는 것입니다. 이 말씀을 보면 바울 자신도 자신의 계획을 위해서 간절히 기도하고 있고, 자기도 기도하면서 동시에 로마교회 성도들에게 기도를 부탁 하는 것을 볼 수 있습니다.

여러분들은 남에게 기도를 부탁해 보신 적이 있습니까? 기도 부탁을 한 번도 한 적이 없는 분은 아마도 기도를 믿지 않거나, 좀 교만한 분이 아닐까 생각합니다. 우리가 다른 성도에게 기도를 부탁할 때 보통 어떤 사람에게 기도를 부탁합니까? 자기보다 믿음의 연수가 짧고 직분이 낮은 사람에게 합니까, 아니면 믿음이 더 깊고 기도를 많이 하는 사람에게 합니까? 믿음이 좋고 기도를 많이 하는 사람에게 기도 부탁을 합니다.

오늘 본문에 나오는 이 바울이 어떤 사람입니까?

바울은 사도 아니겠습니까? 그것도 대사도입니다. 최고의 사도입니다. 그가 영적인 아버지라고 한다면 그의 편지를 받는 성도들은 전부다 영적으로 그의 자녀요, 영적 어린아이라고 할 수 있습니다. 신앙이 좋은 믿음의 가장이 초등학생 아들에게 기도 부탁을 하겠습니까? 우리 새 가족부의 새 가족을 가르치는 교사들이 자기가 가르치는 새 가족에게 기도를 부탁하겠습니까? 잘 안 합니다.

그런데 바울 사도는 자식과 같은 성도들에게 기도를 부탁하고 있습니다. 이런 모습은 그의 편지에 자주 보입니다. 적어도 다섯 번 이상 나타납니다. 편지의 제일 앞 인사에서는 "나는 여러분들을 위하여 쉬지 않고 기도합니다"라고 말했다가, 맨 끝에 가서는 "여러분, 나를 위해 기도해 주십시오"라고 한다는 것입니다. 그것이 바울 사도의 모습입니다. 참 이해가 되지 않는 일입니다. 우리는 절대로 그러지 못할 것 같습니다. 바울 사도 같은 대사도가 어떻게 영적인 자녀와 같은 자들에게 기도 부탁을 할까요? 그것은 사도 바울이 기도의 능력을 믿기 때문에 어린 자녀와 같은 성도들에게 기도를 부탁하는 것입니다.

기도가 필요 없는 사람은 세상에 아무도 없습니다. 다른 사람의 기도가 전혀 필요 없는 사람은 이 세상에 없다는 것입니다. 바울 사도조차 성도의 기도가 필요했습니다. 그러므로 기도를 믿는 성도는 다른 성도들에게도 기도의 부탁을 할 수 있어야 하는 것입니다.

물론 자기는 기도를 안 하면서 남에게만 기도 부탁을 한다면 그것은 미신적이고 불신앙적인 태도입니다. 잘못된 것입니다. 누구보다도 자신이 가장 힘써서 기도하면서 아울러 남에게도 기도를 부탁해야 되는 것입니다. 여러분, 기도를 믿고 힘써서 기도하고, 또 남에게도 기도를 부탁하는 성도가 되시기를 바랍니다.

다음으로 바울 사도는 무엇을 위해서 기도해 달라고 부탁합니까? 31절과 32절에 보면 세 가지 기도 부탁을 하게 됩니다.

첫째는, 자신의 안전을 위해서 기도를 부탁합니다.

31절을 보십시오.

"나로 유대에서 순종하지 아니하는 자들로부터 건짐을 받게 하고."

여기서 순종하지 않는 자는 복음에 순종하지 않는 사람, 복음을 믿지 않는 사람입니다. 여러분, 기억하십시오. 복음을 믿지 않는 사람은 하나님께 순종하지 않는 자요, 하나님께 순종하지 않는 자는 마지막 날 하나님 앞에서 심판을 받아 영원한 멸망의 형벌을 받으리라고 하나님께서 말씀하셨습니다.

그런데 "유대에서 순종하지 않는 자"라는 것은 유대인 불신자를 말하는 것입니다. 사도 바울이 구제헌금을 가지고 예루살렘에 올라

갈 것인데, 예루살렘에는 바울을 미워하고 적대시하는 유대인 불신자들이 많이 있습니다. 바울도 유대인이고 자기들도 똑같은 유대인인데 왜 같은 유대인인 바울을 적대시하겠습니까?

바울은 온 이방에 다니면서 이신칭의의 복음을 전했습니다. 오직 믿음으로써 의롭게 되고 구원 받는다는 복음을 널리 전하고 다녔습니다. 이 말을 거꾸로 하면, 유대인의 율법을 지키고 할례를 받아야 의롭게 되고 구원받는 것이 아니라는 것입니다. 그러니 유대인들이 볼 때 바울은 모세의 율법을 무시하고 유대인의 전통을 깨어버리는 악한 놈, 민족을 팔아먹는 놈처럼 보였습니다. 그래서 많은 유대인들이 바울에 대해서 적대감을 가지고 있었습니다.

그런데 지금 바울이 고린도에서 이 로마서를 쓰고 있는 것입니다. 그리고 나중에 배를 타고 예루살렘으로 올라가는데 거기서 어떤 일이 일어납니까? "바울이 왔다!"라고 하면서 유대인들이 몰려와 바울을 체포했습니다. "이런 놈은 없애야 할 자이다!" 하면서 죽이려고 얼마나 애를 썼는지 모릅니다. 그런 자들로부터 보호 받고 구원 받도록 기도 부탁을 합니다. 그래야 앞으로 로마도 가고 서바나도 가서 주의 복음을 널리 전할 수 있기 때문입니다. 자기가 호강하고 오래 살기 위해서가 아니라는 것입니다. 그는 "하나님 나라와 복음을 위해서 하나님께서 나를 악한 자들에게서 구원해 주시도록 너희가 나를 위해 기도해다오"라고 기도 부탁을 했습니다.

둘째는, 성공적인 구제금 전달을 위해서 기도를 부탁합니다.

31절 중반부를 보십시오.

"또 예루살렘에 대하여 내가 섬기는 일을 성도들이 받을만하게 하고."

여기에 섬기는 일이 나오는데, 섬기는 일이 무엇인지 바로 나오지 않습니다. 그런데 지난 주일에 보았던 25절에 섬기는 일이 또 나옵니다.

"그러나 이제는 내가 성도를 섬기는 일로 예루살렘에 가노니."

여기서도 "성도를 섬기는 일"이 나옵니다. 이것이 무엇인지 그 다음 26절에 나왔습니다. 예루살렘의 가난한 성도들을 위하여 이방에서 거둔 구제헌금을 가지고 예루살렘 교회 성도들에게 전달해 주는 것, 이것이 바로 성도를 섬기는 일이라는 것입니다. "이렇게 구제헌금을 가져가는데, 유대인들이 이 헌금을 잘 받도록 기도해다오" 하는 것입니다. 어떻게 보면 이해가 잘 되지 않습니다. 제가 어릴 때만 해도 성탄절이 가까이 오면 미국에서 보내오는 구호물자가 많았습니다. 모자도 보내주고, 옷도 보내주고, 신도 보내주어서 저도 많이 이용했습니다. 그래서 구호물자가 나오면 모두다 환호했습니다. 너무 좋아서요. 참 부족한데 이런 좋은 것을 보내주니 얼마나 좋습니까? 그것이 사람의 마음입니다.

지금 가난한 예루살렘 교회 성도들은 먹고 살기가 매우 어려운 상황입니다. 그런데 사도 바울이 구제헌금을 많이 가져오면 상식적으로 좋겠습니까, 안 좋겠습니까? 좋겠지요. 얼마나 좋겠습니까? 문제는 이 일이 그렇게 간단하지가 않습니다. 유대인의 율법에 열심이 있고 할례를 중시하는 자들이 그 구제헌금을 받아들이면, 유대인의 율법과 전통을 무시하는 바울의 처신에 동조하는 것으로 비춰질 수 있는 것입니다. 그래서 받지 않을 수가 있습니다. 만일 그 구제헌금이 거절된다면, 유대인 신자와 이방인 신자 간에 돌이킬 수 없는 틈이 벌어지게 될 것입니다.

반면에, 그 헌금을 예루살렘 성도들이 기쁨으로 받아들이게 된다면 유대인 성도들과 이방인 성도들이 서로 사랑 안에서 화목하고 연합하고 하나가 될 것입니다. 다시 말해서 그 헌금을 유대인들이 잘 받아 주어야 이방 교회의 수고와 노력과 사랑이 헛되지 않고 참 보람이 될 것입니다. 그러기 때문에 이건 대단히 중요한 문제입니다. 그래서 "로마교회 성도들에게 내가 이 헌금을 가져가는데, 예루살렘 교회 성도들이 헌금을 좋은 마음으로 기쁘게 잘 받을 수 있도록 기도해 달라"고 부탁을 하는 것입니다.

셋째는, 그 후에 로마교회 방문이 아름답도록 기도해 달라고 부탁합니다.

32절을 보십시오.

> "나로 하나님의 뜻을 따라 기쁨으로 너희에게 나아가 너희와 함께 편히 쉬게 하라."

여기서 바울은 '내가 너희에게 가서 너희를 가르치려고 한다.

너희의 부족한 점을 메우려고 한다. 너희를 교훈하려고 한다. 너희를 안위하려고 한다'고 말하지 않습니다. 권위적으로 말하지 않고 "너희와 함께 편히 쉬게 하라"고 말씀합니다. "내가 너희에게 나아가서 너희와 교제함으로 나도 쉼을 얻고 나도 은혜를 입고 그리하여 편안하게 되기를 원한다"라고 말씀합니다.

1장 12절 서론에도 같은 맥락의 말씀이 있습니다.

> "이는 곧 내가 너희 가운데서 너희와 나의 믿음으로 갈미담아

피차 안위함을 얻으려 함이라."

이 말씀도 자세히 보십시오. "나의 믿음으로 말미암아 너희가 안위함을 얻게 하려는 게 아니라 너희와 나의 믿음으로 말미암아 피차 안위함을 얻으려 함이라"고 말씀하고 있습니다. 이 말씀을 볼 때 무엇이 느껴지십니까? 사도 바울이 교만합니까, 겸손합니까? 참 겸손합니다. 사도로서 권위적으로 말할 수 있는데 전혀 그렇지 않습니다. 상대방을 자기와 똑같이 여기고 있다는 것입니다. 바울의 겸손한 마음과 모습을 볼 수 있습니다.

성도는 하나님의 교회에서 섬길 때에, 목사로 섬기거나 장로로 섬기거나 권사로 섬기거나 집사로 섬기거나 일반 성도로 섬기거나 '나는 무언데' 하는 자세가 필요한 것이 아닙니다. 이런 사도 바울의 겸손한 자세, 같이 은혜 받고, 같이 위로 받고, 같이 힘내는 자세를 가져야 되는 것입니다. 그것이 하나님의 뜻입니다.

이렇게 사도 바울은 자기의 계획을 위해서 자기도 기도하고, 로마교회 성도들에게도 기도해 달라고 부탁했는데, 여기에서 우리는 기도에 대한 여러 가지 교훈을 얻게 됩니다. 그의 기도 제목을 보십시오. 바울의 기도 제목이 추상적입니까, 구체적입니까? 아주 구체적입니다. 자기 생활에서 일어나는 일에 대해서 구체적으로 하나님의 보호와 인도를 간구하였습니다. 그는 장래에 모든 것을 위해서 기도하였고 오늘도 세 가지 기도 부탁을 하는데 다 시간 순서대로, 날짜 순서대로 되어 있습니다.

삶의 모든 일을 위해서 빠뜨림 없이 하나님께 기도하시기를 바랍니다. 오늘 하루의 일과 만남을 위해서 기도하고, 내일의 중요한 일을 생각해 보고 기도하고, 이 주간에 남아있는 일 중 중요한 일들, 그리고 이 달에 남아있는 중요한 일들, 올해에 남아있는 중요한 일들을 돌아가면서 하나님 앞에 기도하시라는 것입니다. 이것이 하나님의 뜻입니다.

저는 새벽에 기도할 때 언제나 이렇게 합니다. 처음에는 하나님께 들은 말씀을 가지고 영적인 교제를 하고 묵상을 하다가, 그 다음 마지막에 가면 오늘 있게 될 모든 일들, 즉 오전, 오후, 저녁에 있을 일들을 하나하나 기억하면서 기도를 합니다. 이 주간에, 이 달에 있을 일들을 위하여 순서적으로 하나님 앞에 기도하는 것입니다.

여러분, 전능하신 하나님의 섭리를 벗어나서 일어나는 일은 이 세상에 아무것도 없습니다. 만물이 하나님께로부터 나오고, 하나님께로부터 말미암는다고 했습니다. 일부가 아닙니다. 이 세상의 모든 일이 100% 하나님으로 말미암고, 하나님의 섭리에 의해 일어나는 것입니다. 우리가 이것을 정말 믿는다면, 모든 일에 하나님께서 역사하실 수 있다는 것을 믿는다면, 모든 일을 하나님 앞에 가지고 가서 기도해야 되는 것입니다.

바울이 세 가지 기도 부탁을 했는데, 이 기도들이 다 어떻게 되었을까요? 때로는 위기도 있었고 기도가 응답되지 않는 것처럼 보였지만, 결국에는 이 기도들이 다 응답이 되었습니다. 그래서 바울은 예루살렘으로 올라갔습니다. 죽이려는 사람들이 많이 있었지만 거기서 죽지 않았습니다. 그리고 헌금을 전달하고, 로마로 가서 로마교회 성도들과 교제하는 모습이 사도행전에 기록되어 있습니다. 사도행전 28장 30절과 31절을 봅시다.

"바울이 온 이태를 자기 셋집에 머물면서 자기에게 오는 사람을 다 영접하고 하나님의 나라를 전파하며 주 예수 그리스도에 관한 모든 것을 담대하게 거침없이 가르치더라."

어디에서 일어나는 상황이겠습니까? 로마입니다. 그래서 사도행전 26-27장에 보면, 로마로 가는 배를 타고 가다가 폭풍을 만나고, 우여곡절 끝에 마지막 28장에 가면 드디어 로마에 도착합니다. 도착해서 셋집에 2년 동안 머물렀습니다. 가택 연금 상태가 된 것입니다. 그러나 그곳에 머무는 동안 죄인이라고 바깥에 있는 사람과 못 만난 것이 아닙니다. 집으로 찾아오는 자들을 영접했다고 했습니다. 로마교회 성도들이 찾아왔습니다. 그들을 영접하고, 교제하고, 그들에게 하나님의 말씀을 가르쳤습니다. 오늘 바울이 내놓은 세 가지 기도 제목이 다 응답이 되었습니다.

요한일서 5장 14절 말씀을 기억하십니까?

그의 뜻대로 우리가 무엇을 구하면 들으신다고 했습니다.

"그의 뜻대로 무엇을 구하면 들으심이라."

바울이 내놓은 기도 제목은 자신의 사욕을 위한 것이 아니었습니다. 자신의 쾌락을 위한 것도 아니었고, 돈을 벌기 위한 것도 아니었습니다. 오직 하나님의 뜻을 위하여, 하나님이 기뻐하시는 일을 위하여 계획을 세우고 기도하고 그것을 기도해 달라고 부탁했습니다. 하나님의 뜻대로 기도했기 때문에 그 기도가 응답이 된 것입니다. 바울과 로마교회 성도들은 하나님 뜻대로 기도했고 하나님께서 응답하셨는데, 여러분들에게도 이런 은혜가 있기를 바랍니다. 이런 기도를 하나님 앞에 하시고, 그래서 응답의 역사가 있게 되기를 바랍니다.

마지막으로 생각할 것은, 중보기도의 필요성과 중요성을 보게 됩니다.

신자는 자신을 위해서 기도할 뿐만 아니라 가족을 위해서, 성도를 위해서, 모든 사람을 위해서 기도해야 합니다. 얼마 전에 제사장적 직분에 대해서 설교한 적이 있는데, 이 제사장적 직분이라는 것은 불신자를 전도해서 하나님 앞에 제물로 드리는 의미에서도 제사장 직분이지만, 다른 사람을 위하여 중간에 서서 하나님 앞에 기도한다는 점에서도 제사장적 사명을 감당해야 하는 것입니다. 디모데전서 2장 1절을 보십시오.

> "그러므로 내가 첫째로 권하노니 모든 사람을 위하여 간구와 기도와 도고와 감사를 하되."

누구를 위해서 기도하라고 했습니까? "모든 사람을 위해 기도하라"고 했습니다. 그 다음을 보면 "도고"라는 말이 나옵니다. '대도, 즉 중보기도'라고도 합니다. 영어로 'Intersession'이라는 말인데, 하나님과 인간 사이에 서서 그 사람을 위해 기도하는 것이 바로 도고라는 것입니다. 중보기도를 하라고 말씀했습니다. 무엇보다도 먼저 성도들은 가족을 위해 기도해야 합니다. 창세기 18장에 보면, 하나님께서 아브라함에게 나타나셔서 한 가지 비밀을 가르쳐 주십니다.

"저 죄 많은 소돔과 고모라 성을 내가 유황불을 내려 멸망시키겠다."

그 말을 들었을 때에 아브라함이 깜짝 놀랐습니다.

아브라함은 소돔이나 고모라 성에 살고 있지 않았습니다. 왜 아브라함이 놀랐습니까? 소돔에 조카 롯이 살고 있었기 때문입니다. 그래서 하나님 앞에 간절히 기도하지 않습니까?

> "하나님, 그 성에 의인 50명이 있으면 멸망시키지 않으시겠습니까? 45명이 있으면? 40명이 있으면? 30명이 있으면? 20명이 있으면? 10명이 있으면?"

10명까지 내려옵니다. 그리고 기도를 마쳤습니다. 그러나 그 성에는 의인 10명이 없었습니다. 그래서 하나님께서 그 성을 유황불로 멸망을 시키시는데, 중요한 말씀이 있습니다.

하나님께서 소돔을 멸망시키실 때에 아브라함을 기억하사 롯을 구출해 내셨다고 했습니다. 하나님께서 아브라함의 중보기도를 기억하셨습니다. 아브라함이 기도할 때 "조카가 죽으면 안 됩니다. 조카를 구원해 주십시오"라고 기도하지 않았습니다. 그러나 그 아브라함의 뜻을 하나님께서 아셨습니다. 그래서 하나님께서 구원해 주시지 않았습니까?

여러분, 여러분 가족을 위해서 기도하시기 바랍니다. 특별히 믿지 않는 가족이 있으면 하나님 앞에 간절히 아브라함처럼 기도하십시오. 하나님께서 역사하실 것입니다.

두 번째, 높은 사람을 위해서 기도해야 됩니다.

디모데전서 2장 2절을 보십시오.

> "임금들과 높은 지위에 있는 모든 사람을 위하여 하라."

특별히 우리가 모든 사람을 위해서 하되, 지위가 높은 사람들과 임금들을 위해서 기도해야 됩니다. 지금 우리나라가 어려움 가운데 있는데, 황교안 대통령 대행과 국무위원들, 국회의원들이 나라를 잘 다스려 가도록 간절히 하나님 앞에 기도해야 됩니다.

세 번째, 우리 성도들 중에 힘든 문제로 고통 받는 성도들이 있으면, 우리가 기도함으로써 도울 수 있습니다.

우리가 기도하면 하나님께서 역사하실 것입니다. 선교의 현장에 가지 못해도 기도함으로써 선교에 동참할 수 있습니다. 한 번도 만난 적 없는 사람을 위하여 기도함으로 그들의 문제에 우리가 힘 쓸 수가 있는 것입니다. TV에 나오는 불쌍한 사람들, 아프리카 사람들, 어른들이나 아이들이 너무 불쌍하지 않습니까? 그런데 후원금을 보내 줄까 말까만 생각하지 마십시오. 그 장면을 보면 하나님 앞에 바로 그들을 위해서 기도하시기 바랍니다.

제가 감동받은 노래 하나가 있습니다. 제목이 "I'm gonna pray for Korea, 나는 코리아를 위해 기도하네"입니다. 가사가 이렇습니다.

> "나는 코리아를 위해 기도하네. 이 밤 코리아를 위해 기도하네. 그 분단된 코리아가 통일이 되기를, 코리아에 성령 부어 주시기를, 코리아에 성령께서 변화 주시기를, 코리아가 새롭게 되어지기를."

이 노래는 한국에 한 번도 와본 적이 없는 외국인 아달(Adahl)이라 하는 유명한 스웨덴 듀엣이 부른 노래입니다. 그런데 이것이 쉬운 일이겠습니까? 우리가 저 스웨덴이나 노르웨이에 사는 사람을 위해, 그 나라를 위해 기도하기가 쉽습니까? 쉽지 않습니다. 그런데 코리아를 위해 이렇게 간절히 기도했습니다. 이들의 기도가 헛되지 않을 것을 저는 믿습니다.

오늘 우리는 바울의 기도 부탁과 그 기도의 응답을 살펴보았습니다. 이를 보면서 중보기도를 믿고 이 나라와 나라의 지도자를 위해서, 교회와 교회의 지도자를 위해서, 우리 성도들을 위해서, 가족들을 위해서 쉬지 않고 하나님 앞에 기도하는 성도가 다 되시기를 바랍니다.

23

로마서 16:1-2

우리 자매 뵈뵈

"내가 겐그레아 교회의 일꾼으로 있는 우리 자매 뵈뵈를 너희에게 추천하노니 너희는 주 안에서 성도들의 합당한 예절로 그를 영접하고 무엇이든지 그에게 소용되는 바를 도와 줄지니 이는 그가 여러 사람과 나의 보호자가 되었음이라"

2013년 7월부터 이 로마서를 강해 설교해 왔습니다. 3년 반이 흘렀습니다. 지난 3년 반 동안 하나님께서 로마서를 통하여 저와 여러분의 영혼에 많은 복을 주신 줄 믿습니다. 이제 마지막 장 16장을 살펴보게 되었는데, 이 16장에는 어떤 특별한 진리의 말씀이 기록되기보다는 사도 바울이 로마교회 성도들에게 그들의 이름을 하나하나 불러가면서 문안 인사를 하는 것을 볼 수가 있습니다.

이 문안 인사에서 제외되는 한 사람이 있는데, 그 사람이 바로 오늘 본문에 나오는 '뵈뵈'라고 하는 사람입니다. 뵈뵈는 문안 인사의 대상이 아니라 바울이 로마교회 성도들에게 추천하는 추천의 대상입니다. 1절을 보십시오.

"내가 겐그레아 교회의 일꾼으로 있는 우리 자매 뵈뵈를 너희 에게 추천하노니."

끝에 보니까 '추천한다'고 했습니다. 제가 목사가 되다 보니 가끔 사람들을 추천해야 하고 추천서를 써야 하는 경우가 있습니다. 제가 3년 반 동안 있었던 영국에서는 추천서가 대단히 중요하고 의미가 있었습니다. 왜 그런가 하니, 추천서는 믿을 수 있는 것이기 때문입니다. 영국 사람들은 추천서를 써 달라고 하면 아주 정직하게 씁니다. 그래서 믿을 수가 있고 그만큼 중요한 가치를 가집니다.

그런데 우리나라의 추천서는 대부분이 믿을 수가 없습니다. 믿을 수 없는 추천서, 가치가 없는 추천서를 써주니 신뢰를 하지 않습니다. 하지만 사도 바울의 추천서는 어떻습니까? 믿을 수가 있습니다. 왜 그런가 하면 사도 바울이 성령의 감동으로 쓴 편지이기 때문에, 이것은 하나님의 말씀이기 때문에, 여기에 거짓이 있을 수 없는 것입니다. 이 시간 사도 바울의 추천을 받는 뵈뵈라는 여인을 통해 은혜의 시간이 되기를 바랍니다.

그런데 왜 사도 바울이 문안에 앞서서 먼저 뵈뵈를 추천하고 있을까요? 그것은 학자들이 생각하기로 그녀가 바로 이 로마서라고 하는 긴 편지를 로마교회에 전달하는 역할을 했기 때문에 그녀를 추천한 것이라고 봅니다. 그러면 바울 사도는 그녀를 어떻게 언급하면서 추천하고 있습니까?

첫째로, '우리 자매' 라고 말합니다.

1절 둘째 줄을 보십시오. "우리 자매 뵈뵈"라고 하였습니다. 우리 자매라고 사도 바울이 말했는데, 이 말씀은 이 뵈뵈라고 하는 여인이 정말 사도 바울의 육신적인 자매라는 뜻이 아닙니다. 요한복음 1장 12절에 보니 "예수 이름을 영접하는 자 곧 그 이름을 믿는 자들에게는 하나님의 자녀가 되는 권세를 주신다"라고 하였습니다. 이것은 정말 놀라운 말씀입니다. 예수를 믿으면 죄 용서하시고 구원해 주시는 것으로 끝나지 아니하고 나아가서 하나님의 자녀가 된다는 것이니 얼마나 큰 특권인지 알지 못합니다.

여러분들은 모두가 다 예수를 믿음으로 죄 용서받고 구원받아서 하나님의 자녀가 되는 놀라운 특권을 받으시기 바랍니다. 그러기 때문에 예수를 믿어서 성도가 된 사람은 더 이상 외인이 아니요, 나그네도 아니요, 하나님의 권속, 즉 하나님의 가족이라고 하였습니다. 우스갯소리로 김 씨든 이 씨든 박 씨든 이제는 예수님을 믿어서 하나님의 자녀가 된 사람들은 전부 다 성이 바뀌어서 하나님의 하 씨가 된다는 얘기가 있습니다. 그래서 바울은 믿는 남자들을 전부다 형제로 부르고, 믿는 여자들은 전부다 자매로 불렀습니다. 그래서 뵈뵈도 우리 자매 뵈뵈라고 부른 것입니다.

바울의 편지를 받는 대부분의 신자들은 이방인입니다.

사도 바울은 이방인의 사도 아닙니까? 이방 지역에 다니면서 전도하여 교회를 세웠고 그 교회들에게 이렇게 편지를 보냈습니다. 그런데 그 이방인들이 하나님도 모르고, 하나님의 말씀도 모르기 때문에 우상을 섬기면서 자기들의 죄악 된 욕망을 따라 죄를 먹고 마시면서 부도덕한 삶을 살았습니다. 그래서 유대인들은 이방인들을 사람 취급하지 않았습니다. 교제하지 않았습니다. 그러나 예수 안에서 그 모든 장벽이 무너지고 영적으로 한 가족이 되었습니다. 여러분, 예수 그리스도 안에서는 더 이상 서로를 차별하고 구별하고 따돌리고 가로막는 어떤 장벽도 있어서는 안 됩니다. 예수 안에서는 이 세상의 어떠한 것도 서로를 가로막는 장벽이 되어서는 안 되는 것입니다. 갈라디아서 3장 28절을 보십시오.

> "너희는 유대인이나 헬라인이나 종이나 자유인이나 남자나 여자나 다 그리스도 예수 안에서 하나이니라."

지금은 별로 이 말씀에 감동이 없겠지만, 2000년 전에는 종하고 자유자는 엄청난 차이가 있었습니다. 그런데 사도 바울이 편지를 통하여 종이나 자유자나 남자나 여자나 다 동등하고 하나님의 자녀라고 말씀하고 있는 것입니다. 그러므로 누구든지 예수 안에 있는 자는 다 형제와 자매로 여기시고 받으시는 여러분이 되시기를 바랍니다. 예수 안에서 모든 사람들이 한 가족이라면 성도들을 대하는 태도도 달라야 됩니다.

디모데전서 5장 1절과 2절을 보십시오.

> "늙은이를 꾸짖지 말고 권하되 아버지에게 하듯 하며 젊은이에게는 형제에게 하듯하고 늙은 여자에게는 어머니에게 하듯 하며 젊은 여자에게는 온전히 깨끗함으로 자매에게 하듯 하라."

사도 바울이 에베소에서 목회하고 있는 디모데에게 이 말씀을 했습니다. 네가 교역자로서 성도들을 대할 때에, 늙은 남자들은 아비처럼 대하고, 젊은 사람들은 형제처럼 대하고, 나이 든 여자들은 어머니처럼 대하고, 젊은 여인들은 자매처럼 대하라고 합니다. 한마디로 가족처럼 대하라는 것입니다. 이중에서 우리가 특별히 기억할 것은 끝에 있는 말씀입니다. "젊은 여자에게는 온전히 깨끗함으로 자매에게 하듯 하라"고 했습니다.

최근에 어거스틴의 참회록을 다시 꼼꼼하게 읽어보았습니다. 어거스틴이 서른이 넘어서 회심하고 하나님의 종이 되었는데, 하나님의 종이 되어 사역하면서 지나간 세월을 되돌아보면서 하나님 앞에 자기의 범죄 한 것을 하나하나 생각하며 회개하였는데, 그것을 기록한 책이 참회록입니다.

참회록 앞부분에 보면 특별히 무엇을 많이 참회하느냐 하면, 자기가 여자들을 볼 때에 대부분의 여자들을 자기의 성적 대상으로, 성적 관심을 가지고 바라보았던 것을 하나님 앞에 회개하고 있습니다. 남자 성도님들은 여성도들을 볼 때에 특별히 젊은 여성도들을 볼 때에 여성이 아닌 자매로 볼 수 있기를 바랍니다. 사도 바울이 그랬습니다. 그래서 뭐라고 불렀습니까? "우리 자매 뵈뵈"라고 하였습니다.

두 번째, 겐그레아 교회의 일꾼이라고 소개합니다.

1절 첫 줄을 보니 "내가 겐그레아 교회의 일꾼으로 있는 우리 자매 뵈뵈"라고 했습니다. 겐그레아는 고린도에 속해 있는 항구로, 고린도는 당시 그리스 제일 남쪽에 있는 세계적으로 유명한 큰 항구도시였습니다. 마치 우리 울산도 울산항이 있지만 저쪽 끝에 가보면 방어진항이 있지 않습니까? 그와 같이 고린도라고 하는 큰 항구가 있으면 거기에서 동쪽으로 8km쯤 떨어진 곳에 고린도의 입구가 되는 항구가 바로 겐그레아였습니다.

사도 바울은 이 로마서를 고린도에서 썼습니다. 그렇다면 이 로마서를 써서 로마로 보낼 때에 누구를 시키겠습니까?

일반적으로 생각하면 고린도에 지금 있는 성도, 집사, 일꾼 중에 한 사람을 택해서 보낼 법하지 않습니까? 그런데 20여 리나 떨어진 겐그레아 교회의 일꾼, 그것도 여자 성도에게 이렇게 편지를 보내는 중요한 일을 맡깁니다. 왜 그럴까요? 좀 이상합니다. 그것은 아마도 그녀가 사업상 로마에 자주 왕래하기 때문에, 그리고 무엇보다도 그녀가 어떤 일이든지 충직하게 잘 감당하기 때문에, 아주 일을 잘 해내기 때문에 그래서 그녀를 이렇게 로마서를 보내는 중요한 사명을 맡긴 것 같습니다.

그녀는 겐그레아 교회의 일꾼이라고 했는데, 이 일꾼이라는 말은 헬라어로 '디아코노스'라고 합니다. '디아코노스'란 말의 뜻은 섬기는 자, 시중드는 자로 사실은 집사와 같은 말입니다. 그래서 어떤 분들은 '뵈뵈는 겐그레아 교회의 여집사였다'라고 말하기도 합니다. 오늘날은 집사가 너무 흔하고 무게가 없습니다만 초대교회 때는 그렇지 않았습니다. 교회의 지도자이고 중요한 일꾼이었습니다. 그녀는 교회를 탁월하게 잘 섬긴 그런 사람이었다는 것입니다.

이 자매의 이름이 뵈뵈입니다. 우리나라 말로는 좀 우스꽝스러운 이름입니다. 그렇지만 영어 표기로는 피비입니다. 지금도 영어권에서는 이 이름이 있습니다. 영화를 좋아하시는 분들은 피비 케이츠(Phoebe Cates)라는 여배우 이름을 들어보셨지요? '파라다이스'라고 하는 유명한 영화가 있었는데 그 영화의 여주인공이었습니다. 우리나라 신애라 씨를 닮은 분입니다. 그런데 본래 그 이름은 달의 여신 이름입니다. 여기서 우리가 알 수 있는 것은, 이것은 성경적인 이름이 아니라 달의 여신 이름입니다. 예수 믿기 전에는 이교도 신자였다는 것입니다. 우상을 섬기던 여인이었습니다. 그런데 복음을 듣고서 기독교로 개종했습니다. 그리고 예수를 믿게 되었을 뿐만 아니라, 오늘 말씀에 보니 믿고 교회의 일꾼이 되었습니다. 중요한 사람이 되었습니다. 얼마나 귀한 일입니까.

여러분, 우리 신자들을 보면 어떤 이는 하나님의 은혜로 교회로 나와서 예수님을 믿기는 믿는데 평생 어중간한 신자로 살아갑니다. 그래서 믿는 건지 안 믿는 건지 알 수가 없습니다. 교회를 나왔다가 안 나왔다가 하다가 나중에 겨우 세례 받고 인생을 마감하는 경우가 많이 있습니다. 그러나 그것은 하나님께서 기뻐하시는 모습이 아닙니다. 하나님께서 원하시는 것은 예수를 믿고, 그의 믿음이 계속 자라가기를 원하십니다. 믿음이 자라서 성숙한 사람, 장성한 믿음의 어른이 되기를 원하십니다.

믿음의 아이로 있을 때는 다른 사람을 위해서 하나님의 일을 할 수가 없습니다. 그러나 믿음의 어른이 되면 힘이 있기 때문에 남을 돌아볼 수 있고 하나님을 위해서도 교회를 위해서도 일을 할 수 있는 것입니다. 믿음의 어른이 되어서 이제는 자기 자신을 하나님 나라를 위해, 주의 몸 된 교회를 위해 헌신해서 일하기를 하나님께서 원하시는 것입니다.

오늘 뵈뵈를 보십시오. 신자인데 일꾼이 되었습니다. 일꾼인데 그냥 일꾼이 아니라 아주 충실한, 사도 바울이 믿고 추천할 수 있는 일꾼, 사도 바울이 자기의 편지를 믿고 맡길 수 있는 신실하고 충성된 일꾼이 되었습니다.

여러분은 목사가 기쁘게 추천할 수 있는 성도입니까? 자신을 돌아보시기 바랍니다. 하나님의 은혜로 믿음이 자라서 좋은 일꾼이 되기를 바랍니다.

제가 군목으로 있을 때에 군인 교회를 섬겼는데, 군인 교회는 군인들만 있는 것이 아니고 민간인들도 있습니다. 혹간 군인 교회 주변에 민간인 교회가 없어서 이렇게 군인 교회에 와서 예배를 드리는 사람도 있긴 하지만 민간인이라는 것은 대부분이 장교들의 가족입니다. 장교들의 가족도 버스 타고 주일이 되면 안에 들어와 교회에서 예배를 드립니다. 그런데 또 어떤 장교들은 연세 있는 부모님을 모시는 분도 있습니다.

제가 부산에서 군목으로 근무할 때에 거기에 나이가 드신 할머니 권사님이 한 분 계셨습니다. 어느 주일날에 제가 하나님 말씀을 전한 것을 아직도 기억합니다. 그날 제가 전한 말씀은 "먼저 된 자가 나중 되고 나중 된 자가 먼저 되리라" 하는 예수님의 비유의 말씀이었습니다. 그런데 예배가 끝난 후 이 할머니 권사님이 와서 화가 나서 저에게 따지는 겁니다.

"목사님, 이럴 수는 없습니다. 이럴 수는 없습니다. 어떻게 먼저 된 자가 나중이 되고 나중 된 자가 먼저 된다고 합니까?" 그래서 "권사님, 그거 제 말 아니고 예수님 말씀입니다."

그러자 권사님은 자기는 먼저 된 자로 생각하고 있는데, 갑자기 목사님이 주일날 먼저 된 자가 나중 되고 나중 된 자가 먼저 된다니까 화가 난 거예요. 그런데 예수님께서 그렇게 말씀하신 의도를 잘 알아야 합니다. 먼저 된 모든 사람이 다 나중이 되고 나중 된 모든 사람이 다 먼저 된다는 말씀이 아닙니다. 먼저 된 사람 중에 나중 될 사람이 많다는 말씀입니다.

저는 차를 운전할 때에 항상 그 말씀을 생각합니다. 교회에서 성안에 있는 집에 갈 때에 성신고 옆으로 해서 쭉 가서 좌회전 신호를 받아 북부순환도로로 한 300m 달려가면 거기에 횡단보도가 있습니다. 그런데 다른 차들이 다 횡단보도 위에 빨간 신호가 들어와서 기다리고 있습니다. 그런데 제 차가 그 횡단보도 앞에 올 때가 되면 그린라이트로 싹 바뀌어버립니다. 그러면 저는 브레이크를 밟을 필요도 없이 그대로 4차선으로 해서 성산으로 올라가는데, 먼저 온 차들은 다 서 있는 것입니다. 그런데 저는 그대로 밟아서 가니까, 어느 때는 뒤를 보면 100m 이상 차이가 납니다.

꼴찌로 가던 제 차가 일등으로 가던 차보다도 100m나 더 빨리 달려가면 아주 신이 나지요. 속으로 무슨 생각을 합니까?

"먼저 된 자가 나중 되고 나중 된 자가 먼저 되리라."

그 말씀이 떠오르는 겁니다. 그러나 때로는 제가 또 거꾸로 당하기도 합니다. 저는 한참 서서 기다리는데 오던 차가 딱 신호를 받아서 먼저 앞으로 가는 거 보면 별로 마음이 편치가 않습니다.

신앙 세계에도 이런 일이 많습니다. 늦게 믿어도 잘 믿어서 좋은 일꾼 되는 경우를 많이 보지 않습니까? 어떤 사람은 믿은 지 3-4년밖에 안 되었는데도 30년 믿은 사람보다 더 앞서가는 좋은 신앙인이 있습니다. 반면에 일찍 믿었는데도 시원찮게 믿어서 평생 미지근한 사람으로 제자리걸음을 하고 있는 사람도 있는 것입니다. 그러므로 일찍 믿은 여러분들은 나중 되지 않도록 하나님 앞에서 힘쓰시기를 바랍니다. 나중 믿은 성도들은 오늘 하나님 말씀대로, 제가 드린 말씀대로 먼저 되기 위해서 힘쓰시는 성도가 되시기를 바랍니다.

세 번째, 그녀는 여러 성도와 바울의 보호자라고 했습니다.

여러분 2절 끝을 보시길 바랍니다.

"그가 여러 사람과 나의 보호자가 되었음이라."

여러분 이 말씀은 뵈뵈가 무술이 능해서 사도 바울의 보디가드가 되었다는 말이 아닙니다. 여기에서 보호자라는 말은 후원자라는 말입니다. 영어에 '페이트런'(patron)이라는 말이 있습니다. 후원자란 말입니다. 우리가 알고 있는 중세, 근세의 유명한 음악가들, 미술가들 많이 있습니다. 그 사람들은 사실 음악이나 미술만 해서는 먹고 살기가 어렵습니다. 영광을 누리기 어렵습니다. 그들 뒤에는 후원자가 있었습니다.

왕족이든지 귀족이든지 재산가든지 이런 사람들이 그 사람들의 삶을 책임져 주는 것입니다. 그래서 마음 놓고 음악을 하고 미술을 하고 이런저런 예술을 해서 유명한 예술가가 된 것입니다. 지금도 사실은 알고 보면 인기 있는 종목 말고 어떤 특별한, 골프나 등산이나 특별한 스포츠를 하는 사람들은 뒤에 후원자가 있습니다.

그러니까 뵈뵈는 사업가든지 아니면 상당한 재산가로서 자신의 재능과 재력을 가지고서 교회를 후원하고 돕고, 교회의 가난한 성도들을 도와주고, 사도 바울의 전도 사역을 후원해 주었다는 말씀입니다. 참 귀한 성도이지요.

구약성경에도 보면 그런 성도가 많이 있습니다. 엘리야 시대 때 사르밧 과부는 흉년이 되어서 마지막으로 남은 가루로 떡을 해먹고 죽으려고 했습니다. 그런데 그때에 엘리야 선지자가 자기에게 먼저 그것을 가져다 달라고 하자, 그 여인은 그 말에 순종하여 엘리야 선지자를 대접합니다. 그러자 그 가정에 기적이 일어나서 그 흉년이 끝날 때까지 이 엘리야 선지자를 집에서 대접하는 것을 볼 수 있습니다.

엘리야의 후계자인 엘리사 시대 때에도 수넴 여인이라는 사람이 있었습니다. 엘리사 선지자가 어쩌다가 순회를 하는데, 엘리사 선지자가 편히 쉬고 갈 수 있도록 자기 집에 옥상을 만들어 거기다가 책상도 두고 촛불도 두고 모든 편의시설을 마련해서 쉴 수 있도록 해주었습니다.

신약시대 때에도 사도행전 16장에 보면, 사도 바울이 2차 전도여행 때 유럽으로 넘어가서 거기 빌립보라는 곳에서 전도를 합니다. 그곳에는 유대인이 적어서 회당이 없었습니다. 회당이 없으니까 안식일이 되어서 혹시 강가에 기도소가 있는지 가보니까 기도소가 있고, 거기에 여인 몇 사람이 기도하고 예배드리고 있었습니다.

그것을 보고 거기에 가서 복음을 전합니다. 그때 하나님께서 한 여인의 마음을 열어주셨습니다. 루디아라는 여인의 마음을 열어서 사도 바울이 전하는 마음을 다 받아들이도록 만들어 주십니다. 그녀가 복음을 믿고 신자가 되었습니다. 신자가 되었을 때에 그녀는

"나를 주 믿는 자로 알면 내 집에 들어와 유하라"고 했습니다. 무슨 말씀인지 아시겠습니까? 내가 정말 예수 믿는 자로 당신이 나를 인정하신다면, 이 빌립보에서 전도하는 동안에 다른 데 가지 말고 우리 집에 와서 숙식을 하라는 말입니다. 그래서 그녀의 집이 빌립보의 전도센터가 된 것입니다. 전도 기지가 되었습니다.

18세기 영국에는 헌팅돈 백작 부인이라는 분이 있었습니다. 본명이 '셀리나'인데, 그녀는 동년배들의 추잡한 쾌락과는 거리가 먼 깨끗하고 의로운 삶을 살았습니다. 그래서 그녀는 마음속에 생각하기를 '나는 나의 의로 말미암아 구원을 얻을 거야'라고 생각을 하고 있었는데 한번은 중병에 걸려서 병상에 누웠습니다.

병상에 눕고 보니 자기가 얼마나 연약한지 깊이 느끼고 주님을 의지하게 되었습니다. 자신을 예수님께 맡겼고 구원을 확신하였습니다. 당시에는 귀족들이 하는 일이 없었습니다. 간간히 자신의 응접실에 귀족들을 초청하여 거기에서 유흥을 즐기고 방탕한 생활을 하였습니다.

이 셀리나도 자기 남편 백작이 돌아가시고 나서 자기 집에 한 주에 두 번씩 런던에 있는 유명한 귀족들을 불러 모았습니다. 그런데 그녀는 목적이 달랐습니다. 그때가 18세기 부흥의 시대 아닙니까. 당시 런던에 하나님의 대부흥의 역사가 있었는데, 거기에 조지 휫필드, 요한 웨슬리 같은 사람들이 사역할 때인데, 이 셀리나가 자기 집에 귀족들을 한 주에 두 번씩 불러 모아서 조지 휫필드 목사님을 오시게 했습니다. 휫필드 목사님은 당시 너무나도 위대한 설교자였는데, 이 목사님으로 하여금 복음을 전하게 하는 거예요. 그렇게 해서 교만으로 가득 찼던 이 귀족들에게 하나님의 복음을 듣고 구원을 얻을 수 있는 기회를 제공해 주었습니다. 그들이 휫필드의 전도 사역에 많은 재산을 들여서 후원했습니다. 휫필드의 후원자가 되었습니다. 역사에 유명하게 이름을 남기게 되었습니다.

이들은 천국에서 빛나고 영광스러운 이름이 되었습니다. 오늘 나오는 뵈뵈, 루디아, 헌팅돈 백작 부인 등이 복음 전도자의 후원자로 천국에서 빛나는 영광스러운 이름들이 되었습니다. 여러분은 누구를 후원하고 있습니까? 누구를 돕고 있습니까? 가난한 자를 돕고, 전도자를 돕고, 성도들을 돕는 아름다운 후원자가 되시기를 바랍니다.

이렇게 뵈뵈를 세 가지로 추천을 했습니다. 첫째는, 우리 자매 둘째는, 겐그레아 교회의 일꾼 셋째는, 우리의 보호자, 후원자로 소개를 했습니다. 추천을 하고서는 2절 말씀을 보면 "너희는 주 안에서 성도들의 합당한 예절로 그를 영접하고"라고 하였습니다. 당시는 여성이 사람대접을 못 받던 때였습니다. 그래서 자칫 잘못하면 이렇게 귀중하고 중요한 사역을 하는 이 여인 뵈뵈일지라도 저 로마에 가서 푸대접을 받을 수도 있는 것입니다. 그렇기 때문에 미리 이런 내용으로 다 주의를 시킵니다. "너희는 세상 사람이 아니지 않느냐. 로마교회 성도들아, 너희들은 하나님이 택하신 구원 받은 성도 아니냐. 그러니까 성도답게, 성도가 마땅히 보여줄 사랑과 예의를 갖추어서 그녀를 영접하라"는 것입니다.

그리고 뭐라고 합니까? "무엇이든지 그에게 소용되는 바를 도와주라"고 했습니다. 이 말씀은 참 의미가 있습니다. 이 말씀 앞에 보니 그녀는 성도들과 사도 바울의 '후원자가 되었다. 돕는 자가 되었다' 고 했습니다. 그녀는 평생을 살아오면서 전도자를 돕고 성도들을 도왔습니다. 그렇게 예수 믿고 나서 많이 도왔는데, 지금 사도 바울이 뭐라고 말합니까? 그녀가 필요로 하는 건 무엇이든지 너희가 도와주라고 말씀합니다. 도와주는 생애를 지금까지 살아왔기 때문에 이제는 또 도움을 받을 수 있도록 되었다는 것입니다.

남에게 도움을 베푼 자는 남에게 다시 도움을 받습니다. 심은 대로 거두게 되는 것입니다. 많은 사람을 도우면서 사시기 바랍니다. 그러면 하나님이 갚아주실 것입니다. 심으면 때가 이르면 어떻게 됩니까? 거두게 될 것입니다.

오늘 사도 바울이 로마교회에 추천한 한 사람에 대해 살펴보았습니다. 그녀 이름이 무엇입니까? 뵈뵈입니다. 그녀는 이방인 신을 섬기는 이교도 여인이었지만 하나님의 은혜로 예수를 믿고, 믿을 뿐만 아니라 귀한 일꾼이 되었습니다. 뿐만 아니라 자신의 재능과 재산을 들여서 성도들과 바울을 후원하고 도왔습니다. 그녀의 이름이 하나님의 말씀인 이 로마서 16장 1절에 기록이 되어서 영원히 전해지고 있고, 오늘 또 우리 동부교회 강단에서 그녀의 이름이 여러분에게 이렇게 전해지고 있습니다. 이런 은혜가 저와 여러분에게도 있기를 바랍니다.

로마서 16:3-5

온전히 헌신된 부부

"너희는 그리스도 예수 안에서 나의 동역자들인 브리스가와 아굴라에게 문안하라 그들은 내 목숨을 위하여 자기들의 목까지도 내놓았나니 나뿐 아니라 이방인의 모든 교회도 그들에게 감사하느니라 또 저의 집에 있는 교회에도 문안하라 내가 사랑하는 에배네도에게 문안하라 그는 아시아에서 그리스도께 처음 맺은 열매니라"

우리는 앞에서 초대교회 여집사 뵈뵈에 대해 살펴보았는데, 오늘은 브리스가와 아굴라 부부에 대해 생각하고자 합니다. 브리스가와 아굴라 부부를 통해 우리 모두가 헌신을 다짐하는 복된 시간이 되기를 바랍니다. 사도 바울은 16장에서 로마에 있는 26명의 성도와 다섯 개 정도의 공동체에 문안을 하고 있는데, 가장 먼저 문안을 하는 사람이 여기 나오는 브리스가와 아굴라입니다. 브리스가는 본래 이름이 브리스길라인데 요약해서 쓴 이름입니다.

요즘 우리나라도 짧게 말하는 것이 유행이 되어서 혼술, 혼밥 등

등 약칭들이 많습니다. 브리스길라를 약칭으로 브리스가라고 합니다. 이 부부 이름이 성경에 여러 번 나오는데, 아내 이름이 먼저 나오는 것은 아마도 아내가 주의 일에 더 헌신적이었던 것 같습니다.

문안을 하면서 이 부부에 대해서 뭐라고 언급하는지 세 가지로 살펴봅니다.

첫째는, 나의 동역자라고 말합니다.

3절을 보십시오.

> "너희는 그리스도 예수 안에서 나의 동역자들인 브리스가와 아굴라에게 문안하라."

영어성경에 동역자는 'Fellow worker, 동료 일꾼'이라는 말입니다. 제가 신학교에 들어가 전도사로 있을 때만 해도 교회에서 조사라는 말을 많이 했습니다. 그래서 전도사를 이 조사, 박 조사, 김 조사 이렇게 불렀습니다. 조사라는 말이 무슨 뜻이겠습니까? 도울 조 자를 써서 돕는 사람, 목사를 돕는 사람입니다. 조사라는 말은 한마디로 담임목사에게 부속되는 격이 낮은 말이었습니다. 그렇지만 오늘 본문에 나오는 동역자라는 말은 조사가 아닙니다. 같이 일하는 동급의 사람입니다.

그런데 바울과 이 부부가 어떻게 만나서 동역자가 되었을까요? 사도행전 18장에 보면, 사도 바울이 2차 전도여행 때에 유럽으로 건너가서 맨 처음 간 곳이 빌립보입니다. 빌립보에서 복음을 전하고 교회가 서고 그 옆에 데살로니가로 갔다가 또 베뢰아로 갔습니다. 그 지역이 마게도냐, 즉 그리스 북부 지역에 속합니다. 그리고는 남쪽으로 내려가서 아덴(아테네)에 갔다가, 그 다음에 그 밑에 있는 고린도에 가서 복음을 전하는데, 그곳에 갔을 때에 브리스길라 아굴라 부부를 만났습니다.

이 부부는 유대인인데 어떻게 이곳에 살게 되었을까요? 이 사람들은 본래 로마에 살던 부부였습니다. 성경에 보면 글라우디오 황제가 나오는데, 로마 황제 글라우디오가 AD 49년에 로마에서 사는 유대인들은 전부 로마를 떠나라는 추방령을 내렸습니다. 로마에서 유대인들이 자꾸 소란을 피운다고 추방령을 내렸는데, 그들이 어디로 갈까 생각하다가 당시 큰 도시였던 고린도로 온 것입니다.

남편 아굴라가 하는 일은 텐트메이커(장막 제조자)였습니다. 요즘은 공장에서 한꺼번에 제조하지만 당시에는 가죽과 두꺼운 실을 사용하여 완전히 집을 대신하는 것으로 굉장한 기술이 있어야 만드는 것이었습니다. 텐트메이커로 아굴라가 장막업을 하는데 사도 바울도 장막업을 하는 겁니다. 여러분, 같은 직종의 사람들은 같은 곳에 모여 일을 하게 마련입니다. 우리 동네 근처에도 가구 골목이 있는데, 고린도에도 장막업을 하는 사람들은 근처에 모여서 일했던 겁니다. 아굴라 부부가 사도 바울과 동종의 일을 하다 보니 만나게 되어 일을 하게 되었고, 알고 보니 예수 믿는 부부였던 것입니다.

사도 바울이 로마에 가지도 않았는데 어떻게 로마에 있는 유대인들이 예수님을 믿게 되었을까요? 사도행전 2장에 보면 오순절을 지키기 위해 예루살렘의 저 먼 곳, 각 지방에 있는 사람들이 모여들지 않습니까? 그중에 로마에 있는 유대인들도 왔습니다. 오순절에 성령 충만한 베드로의 설교를 듣고 3,000명이나 예수를 믿고 세례를 받았습니다.

로마에서 온 사람들도 마찬가지입니다. 복음을 듣고 로마에 돌아가 교회를 세우고 전도를 하여 교회가 자꾸자꾸 늘어난 겁니다. 그래서 사도 바울을 만남으로 인해서 자기들의 부족한 신앙 지식과 여러 가지 훈련을 통하여 성숙한 신앙인 부부가 되고, 사도 바울은 이 부부를 통하여 로마교회에 대해서 아주 상세하게 이야기를 듣게 되고 서로 도움을 받게 되었습니다. 사도행전 18장에 보면, 그들은 일을 같이하면서 함께 살았습니다. 나이도 비슷했던 것 같습니다. 그러니까 아주 좋은 친구가 되고 동역자가 된 것입니다.

1년 6개월 후에 바울이 고린도를 떠나서 에베소로 갈 때 이 부부도 바울을 따라갑니다. 사도 바울이 에베소에 잠시 머물러 있다가 안디옥으로 돌아갈 때에 이 부부는 에베소에 남아있으라고 합니다. 이에 그들은 에베소에 남아서 에베소 교회를 섬깁니다. 당시 아볼로라는 유명한 성경학자가 에베소에 들려서 집회를 하며 사람들을 가르치는데 아굴라 부부가 들어보니 조금 약하고 고쳐야 할 곳이 있었습니다. 그래서 마치자마자 자기 집에 데려가 약하고 부족한 부분을 이 부부가 고쳐 줍니다. 이 부부는 사도 바울을 통하여 신앙적으로나 신학적으로 아주 성숙한 신앙인이 되었던 것입니다.

이 부부는 바울과 동행하기도 하고 때로는 바울의 지시에 따라 필요한 곳에 머물며 사역을 하기도 했습니다. 누구의 동역자가 되었습니까? 바울의 동역자가 되었습니다. 기독교 역사에서 가장 훌륭한 신앙인, 가장 훌륭한 선교사, 가장 훌륭한 전도인인 사도 바울의 동역자가 된다는 것이 얼마나 영광스런 일입니까?

전도자 바울의 동역자가 되려면 자신들의 삶이나 시간이나 재산을 포기하고 희생을 해야 됩니다. 희생 없이 어떻게 전도자 바울의 동역자가 되겠습니까? 때로는 원치 않게 이사를 해야 하는 일도 있었습니다. 그러나 그것이 손해가 아니라 이득이었습니다. 객관적으로 보면 손해 보는 것 같고 잃어버리는 것 같지만 도리어 훨씬 큰 이익이었다는 것입니다.

어떻게 텐트 만드는 평범한 부부가 바울 사도의 동역자가 되며, 초대교회의 유명한 부부가 되고, 성경에 여러 번 기록되는 영광을 얻겠습니까? 자기들을 희생해서 사도 바울의 동역자가 되었기 때문입니다. 누가복음 18장 29-30절을 보십시오.

> "이르시되 내가 진실로 너희에게 이르노니 하나님의 나라를 위하여 집이나 아내나 형제나 부모나 자매를 버린 자는 현세에 여러 배를 받고 내세에 영생을 받지 못할 자가 없느니라 하시니라."

이 땅에 사는 동안에 하나님의 복음을 위하여서 희생하고 수고한 만큼 하나님께서 이루 헤아릴 수 없는 영광으로 갚아 주시는 것을 믿으시기 바랍니다. 그리고 복음 전도자인 바울의 동역자는 곧 누구의 동역자인 것입니까? 고린도전서 3장 9절을 보십시오.

> "우리는 하나님의 동역자들이요 너희는 하나님의 밭이요 하나님의 집이니라."

사도 바울은 말하기를 우리는 하나님의 동역자라고 했습니다. 하나님은 당신의 나라가 이 땅에서 확장되도록 일하고 계십니다. 그래서 우리가 잘 부르는 찬양 중에 "세상 모든 민족이 구원을 얻기까지 쉬지 않으시는 하나님"은 오늘도 쉬지 않고 일하시고 역사하고 계신다는 것입니다.

사도 바울과 그 동료들이 하는 일을 생각해 보십시오.

하나님께서 하시는 일과 사도 바울이 하는 일이 다른 일입니까? 모두 하나님 나라를 확장시키는 똑같은 일입니다. 그런 점에서 하나님과 바울 사도는 어떤 관계입니까? 같은 일을 한다는 점에서 동역자입니다. 그러면 바울을 도와서 바울과 같은 일을 하는 사람 역시 하나님의 동역자입니다. 여러분, 하나님의 동역자가 얼마나 귀하고 영광스러운 일입니까?

이 땅에서 사는 동안에 복음 전도의 동역자가 되시기를 바랍니다. 여러분도 '내가 어떻게 선교사가 될 수 있을까? 내가 어떻게 목사님의 동역자가 될 수 있을까'를 많이 생각해 보시기 바랍니다. 그래서 복음 전도자의 참 동역자가 되면 오늘 말씀대로 하나님의 동역자가 되는 것입니다. 자신의 부귀와 영화를 조금 제쳐놓고 포기하고 희생하고 복음을 위해서 살고 헌신할 때에 하나님께서 비교할 수 없는 영광으로 갚아 주실 것입니다.

둘째는, 이 부부는 바울을 위해서 생명을 내놓았다고 했습니다.

4절을 보십시오.

"그들은 내 목숨을 위하여 자기들의 목까지도 내놓았나니."

예수님께서는 요한복음 15장 13절에서 "사람이 친구를 위하여 자기 목숨을 버리면 이보다 더 큰 사랑이 없나니"라고 하셨습니다. 이 부부는 자기들의 목숨보다 바울을 더 사랑했다는 것을 알 수 있습니다. 구약에 보면 요나단도 그랬습니다. 요나단은 다윗을 자기 생명처럼 사랑했다고 했는데, 오늘 이 부부도 그런 것 같습니다. 보통 사람은 평생을 살면서 한두 번, 또 많은 경우 두세 번 죽음의 위기를 넘기는 것 같습니다. 그런데 바울 사도는 다릅니다. 바울 사도는 죽음의 위기를 얼마나 많이 넘겼는지 모릅니다.

고린도전서 15장 31절에 보면, 사도 바울은 "나는 날마다 죽노라"고 했습니다. 왜 죽겠습니까? 어떤 사람들은 사도바울이 날마다 자기의 정욕을 십자가에 못박고 자기를 부인하며 살았다는 식으로 해석하나 그것은 잘못된 해석입니다. 문맥을 보면 날마다 복음을 전하며 핍박을 받아 죽을 위험이 날마다 있었다는 것입니다. 한 번은 1차 전도여행 때 루스드라에 갔을 때에 복음을 전한다고 사람들이 둘러서서 돌로 쳐 죽였습니다. 바울이 죽은 줄 알고 그 사람들이 성으로 들어갔습니다. 그러나 하나님께서 그를 살려 주셨습니다. 그리고 고린도전서 15장 32절에 보면 또 에베소에서 맹수와 싸웠다고 기록되어 있습니다. 저희가 터키 성지순례를 갔을 때에 에베소에 갔는데, 그곳에 원형경기장이 있었습니다. '저 원형경기장에서 사도 바울이 맹수와 싸웠겠구나'라고 생각했습니다. 사도 바울은 목숨이 위태로울 때가 수없이 많았습니다.

그런데 언제 이 부부가 바울을 위해 자기들의 목까지 내놓았습니까? 학자들은 사도행전 19장 23-40절을 이야기합니다. 바울이 에베소에서 전도할 때에 믿는 자들이 자꾸 늘어납니다. 이 말은 우상을 섬기는 자들이 갈수록 줄어드는 것을 말합니다. 지금도 에베소 유적지에 가면 아데미 신전 유적이 남아 있습니다. 엄청난 기둥이 있습니다. 세계 7대 불가사의에 꼽히기도 합니다. 이 에베소는 아데미 신전을 많이 섬기는 도시로 유명했습니다.

사람들이 신전에 나와서 우상을 섬기기도 하고, 자기들이 섬기는 신을 은이나 금으로 자그마하게 만들어서 팔았습니다. 그러면 그것을 사서 자기 집 벽에 붙여놓고 거기에 빌고 절하고 향을 피웠습니다. 그런데 그것이 큰 사업이었습니다. 그래서 금은을 가지고 아데미상을 만들어 놓는 사람들을 금장색, 은장색이라고 했습니다. 은장색들은 사람들이 예수를 많이 믿게 되어 아데미상 장사가 안 되자 사도 바울 일행을 향하여 폭동을 일으켜 온 시가 시끄러워졌습니다.

그때 사도 바울이 죽을 뻔했는데, 이 부부가 목숨을 걸고 지켜주었던 것입니다. 이 사건은 너무 유명해서 온 이방 교회에 소문이 났습니다. 이후로 온 이방교회는 사도 바울을 목숨을 걸고 살린 브리스가와 아굴라 부부에게 감사를 표했습니다. 이방 교회는 거의가 사도 바울 때문에 세워졌으니 사도 바울은 영생의 은인입니다. 그런데 이 부부가 목숨을 걸고 사도 바울을 살게 해주었으니 자기들에게는 얼마나 감사한 일입니까? 그래서 이방 교회들이 부부에게 감사한다는 것입니다. 4절을 보십시오.

"그들은 내 목숨을 위하여 자기들의 목까지도 내놓았나니 나뿐 아니라 이방인의 모든 교회도 그들에게 감사하느니라."

저는 이 부부가 우정을 가지고도 바울을 위하여 목을 내놓을 수 있는 사람들이라고 생각합니다. 그러나 이 부부가 바울을 위하여 기꺼이 목숨을 내놓은 것은 우정을 넘어서 바울은 하나님께서 정말 귀하게 예비하시고 천국 복음 전파를 위해서 너무나도 귀하게 사용하시는 분이기 때문에 바울을 위해서 목숨이라도 내놓고자 했던 것입니다.

결국 이 부부는 하나님을 위해서 복음을 위해서 목숨을 내놓은 것이라고 할 수 있습니다. 여러분, 마태복음 10장 4절에 예수님께서 제자들을 두 사람씩 짝을 지어 파송하시면서 "내가 보낸 너희를 영접하는 자는 나를 영접하는 것이고 나를 영접하는 자는 나 보내신 이를 영접하는 것이다"라고 말씀하셨습니다. 곧 하나님을 영접하는 것이라는 겁니다.

사도 바울을 위하여 목을 내놓은 자들은 결국 예수님을 위하여, 나아가 아버지 하나님을 위하여 목을 내놓은 것이라고 말할 수 있는 것입니다. 요컨대 브리스가와 아굴라 부부는 순교적인 정신과 자세로 신앙생활을 헌신적으로 했다는 것입니다. 여러분은 복음 사역자를 위해서 복음을 위해서 여러분의 무엇을 드려 보셨습니까? 무엇을 헌신해 보셨습니까? 희생해 보셨습니까? 아굴라 부부처럼 목숨이라도 내놓을 수 있는 성도가 되시기 바랍니다.

셋째는, 그들의 집을 교회로 사용했습니다.

5절 앞부분을 보십시오.

"또 저희의 집에 있는 교회에도 문안하라."

유대인 로마 추방령을 내린 글라우디오 황제가 5년 만에 죽었습니다. 그래서 그 추방령이 취소가 됩니다. 이 부부는 다시 자기들이 살던 로마로 돌아갔습니다. 돌아가 로마교회를 섬기는 중에 자기 집을 교회로 사용했습니다. 전에도 말씀드렸지만 초대교회 때에는 교회당 건물이 없었습니다. 성도 중에 넓은 집을 가진 사람이, 그리고 열심 있는 성도가 자기 가정집을 교회로 제공했습니다. 여기서 말하는 가정교회는, 최근 우리 교회계에 유행하는 최영기 목사의 가정교회를 말하는 것이 아닙니다.

천주교가 우리나라에 처음 들어왔을 때에 남인 학자들이 경기도 천진암이라는 암자에 모여 '강학회'라는 모임으로 모였습니다. 그때는 비밀리에 학문적인 모임을 가졌습니다. 그런데 이것이 조금 더 커져 서울로 옮겨지면서 서울에서 공식적인 천주교 모임이 시작되는데 그곳이 서울의 명동, 그때는 '명례방'이라 했습니다. 김범우라는 신자가 자기 집을 내놓아 그 명례방에서 모임을 시작했습니다. 그 명례방 자리에 지금의 명동성당이 세워진 것입니다. 명동성당 옆에 영락교회가 있습니다. 그 지역은 완전히 종교부지처럼 되어 있는 것을 보았습니다.

제가 아주 어릴 때에 제 고향 교회도 마찬가지입니다. 교회당이 생기기 전 제 친척 집에서 모였는데, 제가 두세 살 정도였을까요? 한 가지 기억이 남는 것이 어머니의 손을 잡고 친척집에 들어갔는데, 방마다 동네의 모든 여성도들과 남성도들이 그 집에 모였고, 여성도들은 가르마를 타서 참빗으로 머리를 빗어 뒤로 땋아서 올리고, 남녀 모든 성도들도 모두 다 흰옷을 입고 하나님 앞에 너무 정성되게 예배를 드렸습니다. 그때도 집에서 모였습니다.

이렇듯 아굴라 부부도 자기 집을 교회로 내어 드렸습니다. 로마 교회가 이 한 집에 모였다고는 할 수 없습니다. 왜냐하면 16장을 자세히 보면 또 다른 여러 개의 공동체가 나옵니다. 로마에 있는 여러 교회 중 한 교회가 이 부부의 집에 모였는데, 이런 모습은 로마에서만 볼 수 있는 장면이 아닙니다. 고린도전서 16장 19절을 보십시오.

> "아굴라와 브리스가와 그 집에 있는 교회가 주안에서 너희에게 간절히 문안하고."

고린도전서는 에베소에서 썼습니다. 이 부부가 에베소에 살 때는 그곳에서도 자기 집을 교회로 내어놓았다는 이야기입니다.

우리도 매주 구역예배를 드립니다. 어쩌다 차례가 되면 구역예배를 위해 집을 내어놓는 것과는 성격이 다릅니다. 이 부부를 보십시오. 이 부부는 매 주일 자기 집을 예배 장소로 내어놓았습니다. 주일예배 때는 성도들이 모두 모입니다. 그리고 예배 후 뭔가 다과를 제공했을 것입니다. 이 부부가 성도를 위해 교회를 위해 얼마나 희생했는지 알 수 있습니다. 누가 하라고 해서 의무적으로 한 것이 아니라 자원하여 했다는 것입니다.

이 부부는 직업도 자기들이 잘 살기 위해서 한 것이 아니라 복음 전파의 수단으로 사용 했고, 목숨도 사도 바울을 위해서 내어놓을 정도로 복음을 위해서, 집도 가정도 하나님을 위해서 성도를 위해서 기꺼이 사용했습니다. 자기의 삶과 복음 전도의 삶이 따로 구분되어 있지 않았습니다. 가정의 삶과 복음 전도의 삶이 구분되어 있지 않았습니다. 한마디로 복음을 위한 부부, 평신도이면서 하나님께 온전히 헌신된 부부의 삶이었던 것입니다. 여러분은 이 헌신의 삶을 살 수 있습니까? 이 부부가 하나님 앞에 헌신하며 살았던 삶을 생각해 보면 저의 헌신은 헌신 축에도 못 들어간다는 생각을 하게 됩니다.

이 부부가 살았던 때가 2000여 년 전입니다.

우리나라 삼국시대 이전입니다. 우리는 옛날 사람들을 미련하고 둔하게 보는 경향이 있습니다. 그러나 고대 시대에 살았던 부부지만 이들의 헌신의 깊이는 우리보다 훨씬 더 깊었습니다. 오늘날 악이 더해가고, 헌신자가 적어지고, 헌신의 깊이가 갈수록 약해지는 이런 시대에 우리가 살고 있습니다.

빌립보서 2장 21절에 보면 사도 바울이 이런 탄식을 합니다.

> "사람들이 자기의 일은 많이 구하는데 그리스도 예수의 일은 구하지 않는다."

그런 경향이 갈수록 많아지고 있습니다. 예수 그리스도의 일이 있고 자기의 일이 구분이 되어 있어서 사람들은 예수 그리스도의 일을 구하지 아니하고 갈수록 자기의 일만 구하는 모습이 나타나고 있습니다. 그런데 이 부부는 예수 그리스도의 일만 구하면서 살았다는 것입니다.

이 마지막 때에 진정 하나님께서 찾으시는 자가 누구이겠습니까? 이런 때에 하나님께서 찾으시는 자는 브리스가와 아굴라 같은 온전히 헌신된 자를 하나님께서 더 찾지 않으시겠습니까?

"이 시대에 브리스가와 아굴라 같은 헌신된 부부로 살게 하여 주시옵소서"라고 기도하면서 온전히 헌신하시는 여러분 모두가 되시기를 바랍니다.

25

로마서 16:3-16

문안의 교훈(1)

"너희는 그리스도 예수 안에서 나의 동역자들인 브리스가와 아굴라에게 문안하라 그들은 내 목숨을 위하여 자기들의 목까지도 내놓았나니 나뿐 아니라 이방인의 모든 교회도 그들에게 감사하느니라 또 저의 집에 있는 교회에도 문안하라 내가 사랑하는 에배네도에게 문안하라 그는 아시아에서 그리스도께 처음 맺은 열매니라 너희를 위하여 많이 수고한 마리아에게 문안하라 나 친척이요 나와 함께 갇혔던 안드로니고와 유니아에게 문안하라 그들은 사도들에게 존중히 여겨지고 또한 나보다 먼저 그리스도 안에 있는 자라 또 주 안에서 내 사랑하는 암블리아에게 문안하라 그리스도 안에서 우리의 동역자인 우르바노와 나의 사랑하는 스다구에게 문안하라 그리스도 안에서 인정함을 받은 아벨레에게 문안하라 아리스도불로의 권속에게 문안하라 내 친척 헤로디온에게 문안하라 나깃수의 가족 중 주 안에 있는 자들에게 문안하라 주 안에서 수고한 드루배나와 드루보사에게 문안하라 주 안에서 많이 수고하고 사랑하는 버시에게 문안하라 주 안에서 택하심을 입은 루포와 그의 어머니에게 문안하라 그의 어머니는 곧 내 어머니니라 아순그리도와 블레곤과 허메와 바드로바와 허마와 및 그들과 함께 있는 형제들에게 문안하라 빌롤로고와 율리아와 또 네레오와 그의 자매와 올름바와 그들과 함께 있는 모든 성도에게 문안하라 너희가 거룩하게 입맞춤으로 서로 문안하라 그리스도의 모든 교회가 다 너희에게 문안하느니라"

여러분은 성경을 읽으면서 이름들이 많이 나오는 곳을 만나 보셨을 겁니다. 마태복음 1장이나 누가복음 3장을 읽어 보면 예수님의 족보가 나옵니다. 가장 놀라운 것은 역대상 앞부분을 읽어 보면 온통 족보와 수많은 이름들을 만나게 됩니다. 오늘 본문 로마서 16장에도 사도 바울이 로마교회 성도들에게 문안하는 모습이 나오는데, 무려 26명의 이름이 쏟아지고 있습니다.

우리가 이렇게 성경을 읽다가 많은 이름을 만나면 보통은 어떻게 하십니까? '아이구' 하며 건너 뛸 때가 많습니다. 그리고 읽기는 읽어도 눈으로 대충 읽고 건너갑니다. 필요가 없는 부분이라 생각합니다. 그러나 필요가 없으면 왜 성경에 기록이 되었겠습니까? 족보에 기록된 이름들은 성경의 역사성과 메시아에 이르는 구속역사의 연속성을 보여줍니다. 그리고 오늘 본문처럼 문안에 기록된 이름들은 교회의 특성과 성도 간의 아름다운 교제를 우리에게 보여주는 것입니다. 성경에 족보는 많이 나오지만 오늘 본문처럼 많은 이름이 문안에 나오는 것은 없습니다.

그런 점에서 오늘 본문은 특별성을 가진다고 할 수 있습니다. 이 본문의 문안이 우리에게 어떠한 교훈을 주겠습니까?

첫째로, 성도들을 향한 바울의 관심과 사랑을 보여줍니다.

바울이 고린도에서 쓴 이 로마서는 뵈뵈라는 여집사를 통해 로마교회에 전달이 됩니다. 편지를 쓴 당시에 사도 바울은 로마에 다녀온 적이 있었을까요? 다녀온 적이 없습니다. 로마교회에 간 적도 없고, 로마에 가서 사도 바울이 전도를 해서 로마교회가 생긴 것도 아닙니다. 그렇다면 로마교회에 대표 몇 사람 정도는 사도 바울이 안다고 하면 이해가 되는데 무려 26명의 이름을 여기에 기록하고 있다는 것은 참으로 이해가 되지 않습니다. 그것도 이름만 기록하는 것이 아닙니다. 상당수의 성도들은 이름뿐만 아니라 그들의 수고와 그들의 공로, 그들의 특징에 대해서도 간단하게 기록하면서 그들을 인정하고 칭찬하고 격려해 주는 것을 볼 수 있습니다. 예를 들어서 브리스가와 아굴라, 또 9절에 나오는 우르바노는 사도 바울의 동역자라고 말했습니다.

복음을 전하는 사도 바울의 동역자라는 말은 어떤 의미입니까? 이들은 복음을 전하는 사람들이라는 말입니다. 그런데 대사도인 바울이 이들을 동역자라고 말해 줌으로써 이들을 크게 인정해 주는 것을 볼 수 있다는 것입니다. 그런데 브리스가와 아굴라는 바울을 위해 목숨도 아끼지 않았다고 칭찬하고 있습니다.

5절에 보면 에배네도가 나오는데 아시아에서 처음 익은 열매라고 했습니다. 아시아에서 처음으로 예수를 믿은 사람이라고 인정해 줍니다. 6절에 마리아, 12절에 버시는 많이 수고한 사람으로 기록을 합니다. 우리 교회에 직분자들이 많이 있고 성도들이 많이 있지만, 우리 하나님 앞에서 교회를 위해서 많이 수고한 사람으로 인정받게 되기를 바랍니다.

7절의 안드로니고와 유니아는 사도들 중에서 유명하다고 했습니다. 그들은 바울보다 먼저 예수님을 믿은 자들이라고 인정해 주고 있습니다. 10절에 아리스도불로는 그리스도 안에서 먼저 인정받은 자라고 하였습니다. 여러분, 사도 바울이 어떻게 이 많은 이름과 그들의 수고와 특징을 기억하고 있겠습니까? 여러 가지로 추측해 볼 수 있습니다. 당시에 유명한 말이 있지 않습니까?

"모든 길은 로마로."

로마는 세계의 수도였습니다. 그래서 수많은 사람들의 잦은 왕래가 로마에 있었을 것입니다. 그리고 아시아에서 사도 바울이 복음을 전해서 예수 믿은 사람들 가운데 로마로 들어가서 그곳에서 일하면서 신앙생활 하는 사람들도 있었을 겁니다. 그리고 고린도에서 만난 브리스가와 아굴라는 본래 로마에서 살다 온 사람 아닙니까? 그들과 사도 바울이 함께 지내는 동안에 로마와 로마교회 성도들에 대해서 많이 들었을 것이라고 추측할 수 있습니다.

그런데 가장 설득력 있는 이유는 로마서 1장 9절에 나옵니다.

> "내가 그의 아들의 복음 안에서 내 심령으로 섬기는 하나님이 나의 증인이 되시거니와 항상 내 기도에 쉬지 않고 너희를 말하며."

항상 쉬지 않고 기도하고 성도들의 이름을 불러가면서 하나님 앞에 기도했기 때문에, 그들의 이름이 바울의 마음속에 새겨져 있습니다. 그랬기 때문에 이렇게 그들의 이름을 불러가며 문안할 수가 있었습니다. 바울의 이런 점을 보면서 목회자로서 참 부끄러움을 느낍니다. 우리 교회의 교역자들, 교회 지도자들, 구역장님들, 그리고 교사들도 오늘 이 사도 바울의 모습을 본받아서 성도들을 향한 사랑과 관심, 내가 맡은 자녀들에 대한 사랑과 관심을 많이 가질 수 있기를 바랍니다. 특별한 직분이 없는 성도도 마찬가지입니다.

제가 우리 교회에 처음 부임했을 때에 여러 집사님들이 그런 말을 했습니다. 자기들이 우리 교회에 처음 왔을 때에 정착하기 어려웠답니다. 우리 교회 성도들이 그때만 해도 자기들끼리만 어울리고 새 가족은 아는 척도 안 했다는 겁니다. 그러나 요즘 우리 교회에 오신 새 가족들은, 새 가족부 교사들과 우리 교회 성도들의 사랑과 관심에 대단히 만족하고 감사하고 있습니다. 참 감사한 일입니다. 우리 교회 성도가 다른 성도, 특히 모르는 성도에게 또 새 가족들에게 반갑게 인사하고 말도 걸어주고 친구가 되어 주는 역사가 있기를 바랍니다.

둘째로, 본문의 이름들은 성도에 대한 하나님의 사랑과 관심을 보여줍니다.

이 문안에 나오는 이름들은 성도에 대한 바울의 관심과 사랑뿐만 아니라 성도에 대한 하나님의 사랑과 관심을 보여준다는 것입니다. 다른 서신서에는 이처럼 긴 문안이 없습니다. 이름들이 이렇게 많이 나오지 않습니다. 사도 바울이 고린도 교회, 갈라디아 교회, 에베소, 빌립보, 골로새, 데살로니가 교회에 편지를 쓸 때는 이렇게 많은 사람들의 이름을 불러가면서 문안하지 않습니다. 다 하나님의 뜻이 있는 것입니다.

하나님께서 다른 교회 성도에게는 관심도 없고 사랑도 없고, 저 세계적인 수도에 있는 로마교회 성도에게만 관심이 있어서 그럴까요? 그렇지 않다는 것입니다. 그렇게 한다면 너무 많아서 모든 교회 성도들의 이름을 성경에 다 기록할 수가 없습니다. 그렇기 때문에 하나님께서 로마교회 성도들의 이름이 대표적으로 성경에 기록되게 하심으로써 하나님께서는 모든 교회, 모든 성도에 대해서 사랑과 관심이 있음을 대표적으로 보여주고 계신 것입니다.

사람들은 어려움에 처했을 때에 하나님의 사랑을 의심합니다. 우리가 구약성경을 읽어 보면 특히 시편이 그렇습니다. 많은 성도들이 어려운 가운데서 '하나님이 나를 잊으셨는가? 하나님이 우리를 잊으셨는가? 하나님이 우리와 함께하신다면 우리가 이렇게 큰 어려움에 빠질 수가 없지' 하는 생각을 많이 했습니다. 이사야 선지자 때에도 역시 그렇게 말하는 사람들이 있었습니다. 그때 하나님께서 무엇이라고 말씀하시는지 이사야 49장 14-16절을 보십시오.

> "오직 시온이 이르기를 여호와께서 나를 버리시며 주께서 나를 잊으셨다 하였거니와 여인이 어찌 그 젖 먹는 자식을 잊겠으며 자기 태에서 난 아들을 긍휼히 여기지 않겠느냐. 그들은 혹시 잊을지라도 나는 너를 잊지 아니할 것이다 내가 너를 내 손바닥에 새겼고 너의 성벽이 항상 내 앞에 있나니."

아이를 잉태해서 그 아이를 낳아서 젖 먹이던 여인이 그 자식을 잊을 수가 있겠습니까?

혹시나 그런 일이 일어날지라도 하나님께서는 절대로 사랑하는 당신의 백성들을 잊지 아니하시겠다는 말씀입니다. 너희의 이름을 어디에 새겼다고 하셨습니까? 하나님의 손바닥인데, 하나님의 손바닥이 어디 있습니까? 없습니다. 인간적인 표현입니다.

그런데 손바닥에 새긴 이름을 잊어버리는 사람이 있겠습니까?

이 말씀은 하나님께서는 당신의 택하신 백성들을 결단코 잊지 아니하시겠다는 말씀입니다. 요한계시록 20-21장에 보면 하나님께서는 택한 백성을 당신의 생명책에 다 기록해 놓았다고 했습니다. 생명책이 있고 그 책에 빠짐없이 기록하고 계시다는 겁니다.

우리는 하나님에 대해서 생각할 때에 인간의 관점에서 생각할 때가 많습니다. 인간적인 경험과 지식으로 생각하면 처녀 마리아가 아이를 낳을 수가 있겠습니까? 불가능합니다. 그래서 예수를 안 믿겠다는 사람도 많습니다. 그런데 하나님은 전능하신 신이십니다. 아무것도 없는 무에서 천지 만물을 창조하셨습니다. 아무것도 없는 가운데서 천지 만물을 창조하신 하나님이시라면, 우리가 그 하나님을 믿는다고 하면 이미 존재하고 있는 인간 마리아에게서 아기 예수님을 탄생케 하시는 것은 아무것도 아닌 아주 쉬운 일입니다. 사람들이 믿지 못하는 것은 하나님을 언제나 인간 차원에서 생각하기 때문에 그렇다는 겁니다. 알고 보면 하나님에 대한 의심은 다 자신의 관점과 자신의 지식에서 생각하기 때문입니다.

'하나님이 어떻게 수십 억 되는 사람들을 다 기억하시고 아신다는 말인가? 하나님께서 21세기에 대한민국 울산 땅에 있는 울산동부교회 성도인 이름도 없는 '나'를 어떻게 기억하신다는 말인가?' 하고 생각하기가 쉽습니다. 그런데 하나님께서 모르실까요? 하나님은 다 아십니다. 이름도 아십니다. 내가 나를 아는 것보다 하나님이 나를 더 잘 아시는 겁니다.

시편 139편 2절에 보면 "주께서 나의 앉고 일어섬을 아시며 멀리서도 나의 생각을 밝히 아시나이다"라고 말씀했습니다. 요한계시록에 나오는 소아시아 7교회를 향해서 예수님께서는 "내가 너희의 행위를 아노라" 하시고 서머나 교회를 향해서는 "내가 너희의 환난과 궁핍을 아노라"고 말씀하셨습니다. 환난을 당하고 궁핍에 처하면 사람은 하나님이 나를 모르신다고 말하기 쉽지만, 예수님께서는 서머나 교회 성도들을 향해서 내가 너희의 환난도 알고 있고 궁핍도 알고 있다고 말씀하셨습니다. 누가복음 12장 6절을 보겠습니다.

"참새 다섯 마리가 두 앗사리온에 팔리는 것이 아니냐 그러나 하나님 앞에는 그 하나도 잊어버리시는바 되지 아니하는도다."

앗사리온은 동전의 가장 작은 단위입니다. 저희 아파트 입구에는 호떡 장사가 한 번씩 와서 팝니다. 참 맛있습니다. 어제도 산보를 가면서 아내와 사먹었는데 좀 비싸요. 호떡 하나가 천 원입니다. 그런데 2천 원을 주면 몇 개를 줄까요? 보통은 3개를 주는데 그 할머니는 꼭 두 개밖에 안줍니다.

오늘 이 말씀이 관련이 있습니다. 참새 다섯 마리가 동전 두 개에 팔린다고 했습니다. 산수 문제입니다. 그러면 동전 하나에는 몇 마리가 팔린다는 겁니까? 두 마리가 팔린다는 겁니다. 동전 하나에 두 마리가 팔리는데 동전 두 개에 성경에는 다섯 마리가 팔린다고 했으니 한 마리는 덤으로 주는 겁니다.

그러나 하나님께서는 우리를 그렇게 취급하지 않는다는 것입니다. 한 사람도 덤으로 생각하거나 한 사람도 원인 없이 생각하거나 하시는 법이 없다는 겁니다. 누가복음 12장 7절도 보겠습니다.

"너희에게는 심지어 머리털까지도 다 세신바 되었나니 두려워하지 말라 너희는 많은 참새보다 더 귀하니라."

앞에 나오는 6절과 7절의 차이를 알아야 합니다. 앞의 6절은 너희를 하나님께서 다 각자 한 사람 한 사람 기억하고 계신다는 것이고, 7절은 각자를 기억하고 계시는 정도가 아니라 그 사람의 머리털까지도 다 세시고 계신다는 겁니다. 그렇게 하나님께서는 자세히 아시고 계신다는 겁니다. 여러분 중에 머리카락이 몇 개인지 알고 세시고 계신 분 있습니까? 여러분 중에 여러분의 사랑하는 아내나 남편과 날마다 함께 자지만 그 배우자의 머리털을 다 세신 분이 있습니까? 저는 그래도 한 사람은 압니다. 옛날 만화에 나오던 고바우 영감은 머리카락이 딱 하나 세워져 있습니다.

그런데 하나님은 우리의 머리털까지 다 세시고 아신다고 하십니다. 그러면 이 말은 하나님께서 꼭 우리의 머리털만 아신다는 겁니까? 하나님께서는 우리의 모든 것을 그렇게 자세히 아신다는 겁니다. 하나님께서는 택함 받은 백성을 다 아시고 사랑하십니다. 내 이름을, 여러분 이름을 다 아시고 계시는 것입니다. 우리의 현재도 아시고, 우리를 어떻게 도와주실지도 아시고, 우리의 장래도, 우리의 삶에 대해서 모든 계획을 가지고 계시는 것입니다.

하나님은 예레미아 29장 11절에서 "너희를 향한 나의 생각을 내가 아나니 평안이요 재앙이 아니라 너희에게 장래와 미래와 희망이 있게 하는 것이니라"고 말씀했습니다. 하나님은 우리 각자에 대해서 깊은 사랑과 관심을 가지고 계십니다. 천국 가는 그날까지 우리와 함께 하시고 우리를 인도하실 것입니다. 그 하나님을 믿고 더욱 의지하시기를 바랍니다.

셋째로, 본문의 이름들은 교회의 다양성과 통일성을 보여줍니다.

오늘 문안에 나오는 이름들은 우리에겐 외국 이름이고 낯선 이름이어서 이 이름들이 가지고 있는 특징을 모릅니다. 외국인들이 우리나라 사람의 이름을 보고 여자이름인지 남자이름인지 잘 모르듯이 말입니다. 그러나 알고 보면 본문의 이름들은 매우 다양합니다. 본문에는 인종적으로 보면 유대인 이름도 들어있고, 이방인 이름도 섞여 있습니다. 그리고 성별 면에서도 남자 이름도 있지만 여자 이름이 무려 9개나 됩니다. 그것은 초대교회 사역에 여인들도 아주 중요한 위치를 차지했음을 우리에게 보여줍니다. 신분 면에서도 다양합니다.

8절과 9절을 보십시오. 8절에 암블리아가 나오고 9절에는 우르바노와 스다구가 나오는데 이 이름들은 당시에 노예 이름이었습니다. 그런데 그 다음 나오는 아리스도불로라는 이름은 헤롯 대왕의 손자이며 황제의 친구가 되는 사람입니다. 그 다음에 나오는 나깃수라는 사람은 아주 큰 부자로 황제에게 큰 영향력을 행사하는 높은 신분의 사람이었습니다.

이렇게 다양하지만, 오늘 본문을 자세히 읽어 보면 통일성이 있습니다. 어떤 말이 많이 나오느냐 하면 "주 안에서"라는 말과 "예수 안에서"라는 말이 9번이나 나옵니다. 이렇게 다양한 사람들이 모두 주 안에서 예수 안에서 교회 공동체로 묶어져 있다는 것입니다. 통일성이 있습니다. 갈라디아서 3장 28절을 같이 보겠습니다.

> "너희는 유대인이나 헬라인이나 종이나 자유인이나 남자나 여자나 다 그리스도 예수 안에서 하나이라."

예수 안에서 모두다 하나로 묶어져 있는 것입니다. 로마교회 성도들은 인종, 지위, 성별을 가리지 않고 예수 안에서 하나가 되었고, 함께 모여 서로 교제하며 하나님을 섬겼습니다. 그리스도께서 십자가로 인간들 간의 장벽을 다 허물어 주셨기 때문에 하나가 된 것입니다. 세상에는 공동체가 참 많습니다. 단체도 많고 모임도 많습니다. 그런데 가만히 생각해 보면 남녀노소, 빈부귀천을 가리지 않고 하나의 공동체로 되어 있는 것은 하나님의 교회밖에 없습니다. 교회 말고 그런 공동체가 또 있습니까? 이 세상에는 없는 것입니다. 그래서 존 스토트 목사님은 교회를 가리켜 '가즈 뉴 소사이어티'(God's new society), 즉 '하나님의 새로운 사회'라고 말했습니다. 교회의 이런 모습은 장차 천국에 가면 너무나도 분명하게 드러나게 될 것입니다. 요한계시록 7장 9-10절을 보시겠습니다.

"이후에 내가 보니 각 나라와 족속과 백성과 방언에서 아무도 능히 셀 수 없는 큰 무리가 나와 흰옷을 입고 손에 종려가지를 들고 보좌 앞과 어린양 앞에 서서 큰 소리로 외쳐 이르되 구원하심이 보좌에 앉으신 우리 하나님과 어린 양에게 있도다 하니."

천국에서 셀 수 없는 많은 무리들이 하나님을 찬양하는데, 그 사람들이 한 곳에서 온 사람들이 아니라 다양한 곳에서 와서 한 교회를 이루어 하나님의 한 백성이 되어 하나님을 찬양하게 된다는 것입니다. 여러분, 우리나라 서울에 세워진 첫 교회를 아십니까?

1885년 아펜젤러와 언더우드 선교사가 들어와서 서울에 세운 첫 교회는 1885년 감리교의 아펜젤러 선교사가 세운 정동감리교회이고, 두 번째 세운 교회는 1886년 언더우드 선교사가 세운 첫 장로교회인 새문안교회입니다. 그리고 두 번째 장로교회는 곤당골 교회입니다. 지금의 승동교회입니다. 소공동 롯데호텔 자리에 세워진 교회인데 사무엘 무어 선교사와 의료선교사인 에비슨 선교사가 협력하여 세웠습니다.

이 교회는 처음에는 양반 교회로 출발했습니다. 그런데 당시 교회 근처에 백정촌이 있었습니다. 무어 선교사가 그 백정촌에 있는 백정들, 조선 시대에는 약 4개 정도의 신분의 차이가 있었는데 백정은 천민 중에서도 가장 열악하고 안 좋은 천민이었습니다.

가장 멸시 받는 사람들의 모습을 보고 너무 충격을 받아 예수님의 복음이 가장 필요한 사람들은 바로 저 사람들이구나 생각하며 관심을 갖고 기도를 하는데, 마침 박성춘이라는 사람이 장티푸스에 걸렸습니다. 당시에 조선은 이런 병에 걸리면 대부분의 사람들이 점을 치고 굿을 했습니다. 그런데 굿을 해도 낫지 않으니 에비슨 선교사의 소문을 듣고 그에게 가서 "저를 고쳐 주십시오" 하고 사정을 해서 선교사님이 치료를 했고 완쾌가 된 것입니다. 얼마나 감사합니까? 죽을 사람이 산 것입니다.

백정 박가가 친구 백정들에게 복음을 전하기 시작했고 많은 백정들을 데리고 출석하였습니다. 그런데 교회에 일찍 나오기 시작한 양반들이 백정들과 함께 예배를 드릴 수 없다며 안 나오기 시작했습니다. 그러자 무어 선교사가 교회는 신분이나 위세를 부리는 곳이 아니라며 양반들을 나무랐습니다. 예수 안에서 다 하나 되는 것이 교회라고 설득해서 다시 양반들이 한 사람씩 나오고, 나중에는 정말 백정들과 양반들이 한 자리에서 예배를 드리게 되었습니다. 이후 박성춘이라는 백정이 장로가 되고, 왕손 중에서 한 사람이 장로가 되어 신분이 가장 낮은 사람과 최고 높은 사람이 한 자리에 앉아서 교회 일을 의논하는 아름다운 역사가 있었다는 것입니다. 놀라운 일이 아닙니까?

예수 안에서 모든 장벽이 무너지고 하나가 됩니다. 이것이 바로 교회임을 믿으시기 바랍니다. 교회에서 자신의 신분이나 재산이나 권세로 인해서 남을 멸시하거나, 남에 대해 우월감을 갖거나, 남에 대해 열등감을 가지거나 해서는 안 됩니다. 예수 안에서 다 동등하고 하나이니 서로서로 받아주는 사람들이 되어야 합니다.

말씀을 맺습니다.

오늘 바울 사도가 로마교회 성도들에게 문안하는 말씀을 통하여 우리는 세 가지 교훈을 배웠습니다.

첫째는, 성도들을 향한 바울의 관심과 사랑을 보여줍니다. 우리 교회 모든 성도들도 이 모습을 본받아서 서로에 대해 관심을 가지고 사랑하며 살아가는 성도들이 되시기 바랍니다.

둘째는, 바울의 관심뿐만 아니라 성도에 대한 하나님의 사랑과 관심을 보여줍니다. 그렇기 때문에 하나님께서 우리 각자에 대하여 깊은 관심과 사랑을 가지고 계신다는 것을 깨닫고 이 확신을 가지고 사시기 바랍니다.

셋째는, 교회가 어떤 곳인지 교회의 다양성과 통일성을 보여줍니다. 우리 교회의 모든 성도들도 교회의 다양성과 통일성을 해치지 않고 잘 지켜가는 귀한 성도들이 되시기를 바랍니다.

로마서 16:17-20

마지막 권면

"형제들아 내가 너희를 권하노니 너희가 배운 교훈을 거슬러 분쟁을 일으키거나 거치게 하는 자들을 살피고 그들에게서 떠나라 이같은 자들은 우리 주 그리스도를 섬기지 아니하고 다만 자기들의 배만 섬기나니 교활한 말과 아첨하는 말로 순진한 자들의 마음을 미혹하느니라 너희의 순종함이 모든 사람에게 들리는지라 그러므로 내가 너희로 말미암아 기뻐하노니 너희가 선한 데 지혜롭고 악한 데 미련하기를 원하노라 평강의 하나님께서 속히 사탄을 너희 발 아래에서 상하게 하시리라 우리 주 예수의 은혜가 너희에게 있을지어다"

어제 저는 먼 길을 다녀왔습니다. 아침 일찍 논산 연무대에 모여서 진중 세례식을 가졌는데 4,800명이 세례를 받았습니다. 세계에서 그런 역사가 일어나는 곳은 우리나라밖에 없습니다. 외국 어디에서 몇 백 명이라도 모여서 함께 세례를 받을 수 있습니까? 하나님께서 우리나라에 주신 복입니다.

그런데 설교 전 순서 중에 중령군목 목사님이 그날 세례 받는 사람들이 받을 선물을 소개하였습니다. 영상으로 보여주면서 소개하는데, 그 선물 속에는 십자가도 있고 샴푸도 있고 마지막에는 콜라 하니까 모두다 '와~~' 하면서 박수를 치고 야단입니다. 그 다음에 목사님이 뭐라 하시는지 아십니까? 최고의 선물은 무엇입니까? 하니까 앉아 있는 사병들이 "하나님의 말씀!"이라고 합니다. 모두들 교육을 잘 받아서 한목소리로 외쳤습니다. 그러고 나서 총회장 목사님께서 나와 하나님의 말씀을 전했습니다.

이 성경 말씀은 하나님의 영원한 진리의 말씀입니다.

우리가 어떻게 구원 받는지, 우리가 어떻게 살아야 하는지를 정확하게 보여주는 절대적인 진리, 우리 인생의 나침반이 되는 귀한 말씀입니다. 그래서 우리는 이 말씀을 읽고 들을 때마다 하나님 앞에 '최고의 선물은 당신의 말씀입니다' 하는 마음을 가지고 감사함으로 이 선물을 받으시기를 바랍니다.

오늘 본문에는 로마교회 성도들을 향해서 바울이 마지막 권면을 주고 있습니다. 그런데 이 마지막 권면을 자세히 들여다보면 두 가지 권면이 있고, 이어서 한 가지 확신이 있고 그리고 마지막에 축복을 하고 마치는 것을 볼 수 있습니다.

오늘 이 권면의 말씀을 통해서 은혜 받고 교훈과 지혜를 얻으시는 여러분이 되시기를 바랍니다.

첫 번째이면서 가장 핵심적인 권면은 오늘 17절에 기록이 되어 있습니다.

17절을 함께 읽어보겠습니다.

"형제들아 내가 너희를 권하노니 너희가 배운 교훈을 거슬러 분쟁을 일으키거나 거치게 하는 자들을 살피고 그들에게서 떠나라."

여기에 두 가지 종류의 사람을 주의하라고 말하고 있습니다. 어떤 사람입니까? 분쟁을 일으키는 자들, 거치게 하는 자들이라고 했습니다. 거치게 하는 자들이 어떤 자들이냐 하면 장애물이 되어서 다른 성도로 하여금 믿음에서 넘어지게 하는 자를 말합니다. 이런 자들을 조심하라는 것입니다. 로마교회에 앞으로 거짓교사들이 나타나서 분쟁을 일으키고, 또 로마교회 성도들이 이미 받았고 가르침을 받았던 순수한 복음 진리를 왜곡해서 전함으로 여러 성도들을 믿음에서 넘어지게 하는 일이 있을 것이니 조심해야 된다는 말씀입니다.

이 거짓 교사들이 어떤 사람입니까? 이단이나 사이비를 말합니다. 오늘날 같으면 신천지, 하나님의 교회 등이라고 할 수 있습니다. 이런 일은 근본적으로 누구의 일입니까? 성도를 넘어지게 하고 교회에 분쟁을 가져오는 일은 근본적으로 누가 하는 일입니까?

20절 첫 줄을 보십시오.

첫 줄에 누가 나옵니까? 사탄이 나옵니다. 그래서 근본적으로 사탄의 일이요, 그래서 거짓 교사는 사탄의 도구, 사탄의 하수인이다 하는 것을 볼 수 있습니다. 보고서에 따르면 최근 6년간 신천지 이단에 끌려가서 정식 교육을 받은 사람이 21만2천 명입니다. 그중에서 신천지 교리를 받아들인 사람은 11만3천 명으로 절반 이상이 신천지 교리를 믿고 따라갔다는 것입니다. 지금 신천지 이단이 매

년 3만6천 명 이상의 정통교회 성도들을 미혹하고, 그중에 절반 이상을 자기들의 교리를 성공적으로 주입시키고 있다는 말입니다.

이단이 누구를 미혹합니까? 신자를 미혹합니다. 그 신천지에 속한 사람들은 다 예수 잘 믿던 사람들입니다. 교회에서 일하던 사람들이 거기 가서 열심히 하고 있습니다. 이 사탄의 사역으로 인해, 거짓 교사들로 인해 교회에 분쟁이 일어나고 성도가 넘어지는 일이 일어나는 것입니다. 그래서 우리 성도들은 영적으로 깨어서 이런 이단의 밥이 되지 않도록 조심해야 됩니다. 나는 믿음이 좋기 때문에, 나는 열심히 믿기 때문에, 나는 절대로 넘어가지 않는다고 생각하면 안 됩니다. 그렇게 생각하던 사람들이 많이 넘어졌습니다.

여기서 우리가 한 가지 생각할 것이 있습니다. 꼭 거짓교사만 교회에서 분쟁을 일으키고 성도를 넘어지게 하느냐? 그렇지 않습니다. 우리 성도도 얼마든지 그렇게 할 수 있습니다. 잘못된 말과 행실, 부정적이고 과격한 말, 남을 왜곡하고 덕이 되지 않는 모습은 얼마든지 교회에서 분열을 일으킬 수 있고 다른 성도로 하여금 넘어지게 할 수 있다는 말씀입니다. 여러분, 어느 교회든지 낙심하는 성도가 있습니다. 시험에 드는 성도가 있습니다. 낙심하고 시험에 드는 성도들이 바깥에 있는 누구 때문에 그렇게 되는 경우는 별로 없습니다. 자기 교회에 있는 다른 성도 때문에 그렇게 될 때가 많습니다.

분쟁을 일으키는 자들, 남을 넘어지게 하는 자들은 결국에 누구의 일을 하는 것입니까? 결국은 사탄의 일입니다. 우리 성도들은 신앙생활을 할 때에 늘 조심하고 두려워해야 합니다. 거짓교사의 교훈을 받지 않도록 조심하여야 하고 자기 자신이 사탄의 도구가 되어서 분쟁을 일으키거나 다른 성도를 넘어지게 하는 사람이 되지 않도록 조심해야 하는 것입니다.

하나님의 교회에서 분열하게 하는 자가 되지 말고 서로 화목하게 하는 자가 되시기를 바랍니다. 그리고 남을 넘어지게 하는 자가 되지 말고 넘어진 자를 세워주는 복 된 성도가 되시기를 바랍니다.

그러면 당시에 거짓교사들은 누구였겠습니까?

그 정체에 대해서는 본문에서 구체적으로 말하지 않습니다. 그런데 그들의 본질적인 모습은 오늘 본문에 두 가지로 말씀하고 있습니다. 18절을 보십시오.

> "이 같은 자들은 우리 주 그리스도를 섬기지 아니하고 다만 자기들의 배만 섬기나니 교활한 말과 아첨하는 말로 순진한 자들의 마음을 미혹하느니라."

먼저 이 사람들은 우리 주 예수 그리스도를 섬기지 않는다고 했습니다. 겉으로 보면 교회 안에서 예수님을 섬깁니다. 그런데 실제적으로 누구를 섬깁니까? 18절 둘째 줄에 보면 다만 자기들의 배만 섬긴다고 했습니다. 비슷한 말씀이 빌립보서 3장에 나옵니다. 빌립보 교회에 십자가의 원수로 행하는 자들이 있었다고 했습니다. 그들의 마지막은 멸망이요, 그들의 신은 배라고 했습니다. 배를 신으로 섬긴다는 것이 무슨 말입니까? 배는 식욕, 즉 욕심과 관련이 됩니다. 배가 고프면 뭘 하고 싶습니까? 먹고 싶습니다. 배가 부르도록 많이 먹고 싶습니다. 탐욕이, 식욕이 막 일어나는 것입니다. 그처럼 배를 섬긴다는 것은 자기 욕심, 자기 이익, 자기 영광을 추구한다는 것입니다.

다시 말해 거짓 교사는 그리스도를 섬기는 것 같지만 실제로 그리스도에 대한 사랑도 없고, 그리스도를 섬기지도 아니하고 그리스도께 영광을 돌리는 것 같지만 실제로 자기의 유익과 영광을 위하여 교회에서 활동한다는 말씀입니다. 또 한 가지는 이들은 18절에 보면, 이 목적을 위해서 교활한 말, 아첨하는 말로 순진한 성도들의 마음을 속인다고 했습니다. 여기 나오는 '교활한' 이란 말이 영어 성경에는 'smooth'라고 합니다. 우리도 '스무스'라는 말을 쓰지 않습니까? 스무스란 걸리는 것이 없이 부드럽게 달콤하게 넘어가는 겁니다. 상대방의 환심을 사기 위해 아첨하는 말, 과장된 말을 한다는 겁니다. 그래서 순진한 성도들의 마음을 속인다는 것입니다.

누가 정도 이상으로 지나치게 여러분에게 좋은 말을 하면서 여러분을 치켜세우면 정말 그 말이 옳은가 하여 흐뭇해하지 말고 조심하셔야 됩니다. 저는 속은 적이 있습니다. 나중에 보니 그 사람은 다른 사람에게도 다 그리하는 겁니다.

두 번째 권면은 19절에 있습니다.

"너희의 순종함이 모든 사람에게 들리는지라 그러므로 내가 너희로 말미암아 기뻐하노니 너희가 선한 데 지혜롭고 악한 데 미련하기를 원하노라."

이 권면은 첫 번째 권면과 아주 직접적인 관련이 있습니다.

이 두 번째 권면은 한 가지 칭찬으로 시작하고 있습니다. 너희의 순종함이 모든 사람에게 들리는지라. 여기서 순종은 믿음이라고 할 수 있습니다. 로마서 1장 8절 말씀을 보시기 바랍니다.

"먼저 내가 예수 그리스도로 말미암아 너희 모든 사람에 관하여 내 하나님께 감사함은 너희 믿음이 온 세상에 전파됨이로다."

여기에서는 '믿음' 이라고 했지만 본문에서는 '순종'이라고 했습니다. 그래서 이 로마교회 성도들의 믿음과 순종이 온 세상에 전파되었다고 말씀하고 있습니다. 로마교회 성도들의 순종과 믿음은 소문이 났습니다. 다시 말하면 하나님의 말씀이 그들에게 주어지면 그들은 아무 의심 없이 그대로 다 받아들였습니다. 그리고 그 말씀을 따라서 행합니다. 순종합니다. 그 소문을 들을 때에 사도 바울의 마음이 어떻겠습니까? 로마서 1장 8절에 보니 내가 감사한다고 했습니다. 오늘 본문 19절에는 내가 기뻐한다고 했습니다. 참 좋은 일입니다. 그러고 나서 하는 권면이 "너희가 선한 데 지혜롭고 악한 데 미련하기를 원하노라"입니다. 원문에는 이 말씀 앞에 '그러나'가 붙어있습니다.

"그러나 너희가 선한 데는 지혜롭고 악한 데는 미련하기를 원하노라."

그래서 우리가 이 말씀의 관계를 잘 알아야 합니다. 무슨 말입니까? 너희가 순종을 잘하는 것은 좋은데, 너희가 잘 믿는 것은 좋은데, 누가 뭐든지 주는 대로 다 받아먹으면 안 된다, 누가 가르치는 대로 다 믿고 따라서는 안 된다는 것입니다. 이유가 무엇입니까? 그러는 중에 거짓교사가 있기 때문입니다. 거짓 교사들이 순수한 복음의 말씀을 왜곡해서 던져주고 가르치는 일도 있기 때문에, 너희들이 주는 대로 순종하고 믿는 것은 좋지만, 가르치는 대로 다 받아들이는 것은 조심해야 된다는 뜻에서 선한 데는 지혜롭고 선한 말씀, 선한 교훈, 선한 일은 잘 깨닫고 잘 받아들이고 사랑하고 순종하고 따라가야 된다는 말씀입니다.

요즘 제가 전도를 많이 강조하고 있습니다. 전도하는 일이 선한 일입니까? 악한 일입니까? 선한 일이지요. 제가 전도를 많이 생각하고 기도를 하니까 하나님께서 전도에 대한 지혜를 많이 주셨습니다. 주일학교 교사, 주일학교 부장, 부장의 일, 교사의 일, 얼마나 선한 일입니까? 그것을 잘 감당하고 싶은 마음이 제 속에 생겨서 그것을 생각하고 기도하다 보면 하나님께서 좋은 아이디어를 많이 생각나게 해주시는 겁니다.

그것이 바로 선한 데에 지혜로운 것입니다. 반대로 악한 데는 미련하라고 하였습니다. 미련하다는 말이 영어성경에는 'innocent. 순수한, 순진한, 무죄'의 뜻입니다. '악한 데 미련하라'는 말은 번역이 조금 부족합니다. 도리어 '악에는 순수해라, 아무 관계도 지식도 없어라'는 말입니다. 즉 악에는 조금도 물들지 말라는 것입니다.

어릴 때 저희 집은 소를 키웠습니다. 소를 키워 일도 하고 거름을 내야 하니까 저녁이면 소죽을 끓여야 합니다. 작은 방이 있는 부엌에서 소죽을 끓이며 고구마를 구워 먹고 또 다른 일도 합니다. 예수 믿는 사람들은 담배를 안 피우지만, 호기심이 생겨서 종이를 돌돌 말고 그 안에 나뭇잎을 구겨 넣어 한 번 쭉 하고는 눈물을 흘리고 캑캑거리고 할 때가 있었습니다. 그러나 어릴 적 장난스런 그런 일조차 아름다운 일이 아니라는 것입니다.

데살로니가전서 5장 22절에 보면 "악은 모양이라도 버리라"고 했습니다. 내용은 없고 껍데기에 불과할지라도 버리라고 말씀합니다. 로마서 12장에서도 "너희는 이 세대를 본받지 말라"고 했습니다. 여러분, 악은 모양이라도 버리시기 바랍니다. 조금도 관련이 없어야 합니다. 교리도, 생활도, 선한 것에는 지혜로운 전문가가 되고 악한 것에는 순수한 자가 되어야 한다는 것입니다. 어떤 사람들이 말하기를 목사가 되려면, 좋은 설교자가 되려면 이것저것 다 경험해 보아야 된다고 합니다. 그 말속에는 술도 여자도 죄도 경험해 봐야 한다는 뜻이 숨어 있습니다. 여러분, 그것이 옳은 말입니까? 그럴듯하지만 그른 말입니다.

죄는 우리가 하나님 앞에 회개하면 용서를 받습니다.

그러나 늘 기억해야 할 것은 용서는 받지만 흔적은 남는다는 것입니다. 전쟁에 나가서 총탄을 맞으면 얼마나 아픕니까? 수술을 해서 총알을 끄집어냅니다. 그러나 흉터가 남습니다. 그리고 비가 오는 날, 날씨가 흐린 날에는 상처가 아픕니다. 신경이 쓰인다는 말입니다. 죄는 흔적이 남아서 평생 괴롭히고 틈만 있으면 유혹의 실마리가 된다는 것입니다. 올무가 됩니다.

어거스틴의 ≪참회록≫에 보면 그는 회심하기 전에 음란한 삶을 살았습니다. 그런데 회심한 이후에도 옛날의 음란한 삶 때문에 성적 이미지가 떠오르는 것입니다. 한 번도 죄를 짓지 않았다면 그런 상상이 안 되었을 텐데, 과거가 있기 때문에 쉽게 상상의 죄를 짓게 된다는 겁니다. 그래서 오늘 말씀에 악한 일에는 '순수하라, 미련해라, 조금도 때가 묻지 말라'고 하는 것입니다. 때가 묻으면 용서받아도 나중에 흔적이 남게 된다는 겁니다. 여러분, 선한 데는 지혜롭고 악한 데는 순수한 자가 되시기를 바랍니다.

두 가지 권면이 끝나고 바울 사도는 20절에서 확신을 보여줍니다.

"평강의 하나님께서 속히 사탄을 너희 발아래서 상하게 하시리라 우리 주 예수의 은혜가 너희에게 있을지어다."

하나님은 평강의 하나님이십니다.

로마서 15장 33절에도 "평강의 하나님께서 너희 모든 사람과 함께 계실지어다 아멘"이라고 하십니다. 하나님은 평강의 하나님이십니다. 데살로니가후서 3장 16절에도 "평강의 주께서 친히 때마다 일마다 너희에게 평강을 주시고"라고 했습니다.

여기서도 주님은 평강의 주님이라고 하셨고 하나님은 평강 주시기를 원하십니다. 그러나

사탄은 분쟁을 일으키고 불화를 일으킵니다. 오늘 말씀에도 보니 앞으로 로마교회에 거짓교사를 일으켜 거짓교리를 가르쳐 분쟁이 일어나게 하고 불화가 일어나도록 할 것이라고 했습니다. 그런 사탄을 멸하시기 위해서 하나님은 우리 주 예수님을 이 세상에 보내주셨습니다.

골로새서 2장 15절에 보면 주님은 십자가로 사탄을 '멸하셨다, 정복하셨다'고 했습니다. 사탄의 죄의 세력이 주님에 의해 정복이 되었지만 그 세력이 멸절된 것은 아닙니다. 지금도 세상에서 교회에서

성도의 삶에서 계속 유혹하고 괴롭히고 있습니다. 아니 정복을 당했다면 어떻게 그렇게 합니까? 십자가에서 정복을 당했지만, 마치 장어나 뱀의 머리를 쳐도 몸통이 막 움직이는 것처럼, 사탄이 십자가에서 결정타를 맞았지만 지금 최후의 발악을 하고 있는 것입니다. 그러나 끝이 있습니다.

"평강의 하나님께서 속히 너희 발아래서 상하게 하시리라."

언제 그런 일이 일어납니까? 우리 주 예수님께서 재림하시는 날에 우리를 괴롭히고 유혹하고 시험에 들게 하고, 우리 가정과 개인에게 온갖 문제와 갈등을 일으킨 이 사탄으로 하여금 우리 발아래 밟히게 하실 것이란 말씀입니다.

여러분, 성경은 궁극적으로 선이 악에 승리함을 증거합니다. 오늘날 우리의 삶에 사탄으로 인해 죄의 문제가 많이 일어나고 있습니다. 때론 죄와 악이 승리하고 있는 것처럼 보입니다. 그러나 마지막 날 하나님께서는 이 모든 죄와 악과 그 근원 되는 사탄을 멸하실 것입니다. 진리가 의가 선이 승리하도록 만드실 것입니다. 이 확신을 가지고 고통과 시련 중에도 낙심하지 말고 끝까지 인내하면서 의롭고 선하게 살아가시기를 바랍니다.

20절 끝에는 축복된 기원이 있습니다.

"우리 주 예수 그리스도의 은혜가 너희에게 있을지어다."

사람은 하나님의 은혜로 구원받습니다. 이 자리에 아직 예수님을 안 믿고 못 믿는 분이 계실지 모르겠습니다. 사람은 자기의 선한 행실로 하나님 앞에 구원받을 수 없습니다. 사람은 하나님의 은혜로, 하나님이 불쌍히 여겨 주셔야 구원받을 수 있습니다. 우리는 다 주 예수님의 은혜로 구원받은 것입니다. 은혜로 구원 받아서 더 이상 은혜가 필요 없습니까? 아닙니다. 사탄이 이 세상에서 활동하는 한, 우리의 생명이 이 세상에 살아 있는 한 무엇이 필요합니까? 하나님의 은혜가 필요합니다. 우리는 구원 받았지만 죄성이 우리 속에 남아 있기 때문에, 우리의 환경이 너무나도 악하고 위협이 많기 때문에 우리의 능력으로 다 감당할 수 없습니다. 주님께서 은혜를 주셔야 죄를 이기고 승리하면서 살아갈 수가 있다는 말씀입니다.

사탄과 사탄의 활동에 대한 승리는 주의 은혜 없이는 불가능합니다. 그러므로 주의 은혜를 구하시기 바랍니다. "하나님, 저는 참으로 부족합니다. 저는 강한 것 같아도 참으로 연약합니다. 주님, 저는 주님의 은혜가 필요합니다. 하나님, 오늘 하루도 은혜 베풀어 주시옵소서" 이렇게 기도하시면서 날마다 주의 은혜로 원수를 이기며 승리하시는 여러분이 되시기를 바랍니다.

로마서 16:21-23

문안의 교훈(2)

"나의 동역자 디모데와 나의 친척 누기오와 야손과 소시바더가 너희에게 문안하느니라 이 편지를 기록하는 나 더디오도 주 안에서 너희에게 문안하노라 나와 온 교회를 돌보아 주는 가이오도 너희에게 문안하고 이 성의 재무관 에라스도와 형제 구아도도 너희에게 문안하느니라"

요한복음 17장은 예수님의 기도입니다. 예수님께서는 그 기도 중에 자기의 제자들을 기억하시고 위하여 기도하십니다. 뭐라고 기도하십니까? "저들을 거룩하게 하옵소서. 저들을 진리로 거룩하게 하옵소서. 당신의 말씀은 진리이니이다"라고 했습니다. 하나님의 말씀은 진리라는 말씀입니다. 오늘날 이 사회는 거짓으로 만연합니다. 이럴 때에 진리의 말씀인 하나님의 말씀으로 가득 채워서 진리로 살아가는 성도가 되시기를 바랍니다.

오늘 설교의 제목은 문안의 교훈(2)입니다. 얼마 전 저는 16장 3절에서 16절의 말씀을 가지고 문안의 교훈(1)이라는 제목으로 설교를 한 적이 있습니다. 그리고 지난 주일 17절에서 20절을 본문으로 '마지막 권면'이라는 제목으로 설교를 했습니다.

앞으로 로마교회에 거짓교사들이 일어나서 그 거짓 교리르 분쟁을 일으키고 성도들을 넘어지게 할 것이라고 하면서, 선한 데에는 지혜롭고 악한 데에는 미련하라고 권면했습니다. 그러고 나서 오늘 본문 21절에서 23절에 또 다른 문안이 나옵니다.

여러분, 샌드위치 아시지요? 그래서 오늘 이 로마서 끝에 있는 말씀은 샌드위치처럼 마지막 권면을 가운데에 두고, 그 앞에 문안이 있고, 또 그 뒤에도 문안이 있는 것을 볼 수 있습니다. 그 차이가 무엇입니까? 앞에 있는 권면은 16절에 보면 편지를 받는 로마교회 성도들에게 주는 문안이고, 뒤에 나오는 오늘 본문에 나오는 문안은 사도 바울이 지금 자기와 함께 있는 성도들의 문안을 로마교회 성도들에게 전하는 것입니다. 이 시간은 이 두 번째 문안이 주는 교훈과, 이 문안에 나오는 중심인물들을 살펴볼 때에 은혜의 한 시간이 되기를 바랍니다.

첫째로, 성도는 문안하면서 살아야 한다는 것입니다.

사도 바울은 로마교회 성도들에게 앞에서 본대로 스물여섯 명의 이름을 불러 가면서 문안을 했습니다. 이제 자기와 함께 있는 성도들의 문안을 로마교회에 전하고 있습니다. 그래서 문안은 사도 바울의 특징입니다. 그의 삶의 일부라고 할 수 있습니다. 그 사도 바울이 뭐라고 말씀합니까? 여러분 16장 16절 말씀을 함께 읽어 보겠습니다.

"너희가 거룩하게 입맞춤으로 서로 문안하라 그리스도의 모든 교회가 다 너희에게 문안하느니라."

한마디로 문안하라는 것은 서로 인사하라는 것입니다. 서로 인사하는데 거룩하게 입맞춤으로 서로 문안하라고 했습니다. 입맞춤은 'Kiss'입니다. 이것은 당시에 우정의 표시였습니다. 여기서 말하는 것은 거룩한 키스입니다. 어떤 육감적인 키스와는 구별이 됩니다. 키스는 한 때 초대교회에 예배의 순서로 있었습니다.

저스틴이라는 초대교회의 신학자가 있습니다. 그분이 ≪변증서≫라고 하는 책을 썼는데, 그 책 속에 보면 키스는 대도(중보기도)와 헌금 사이에 들어가는 순서였다고 기록합니다. 프토리아는 그것을 평화의 순서였다고 했습니다. 물론 이것은 그 당시에 문화적인 순서였기에 오늘날 그대로 따를 필요는 없습니다.

오늘날 우리가 키스한다고 하면 문제가 되지 않겠습니까? 굳이 이 말을 우리 말로 옮기자면 '서로 교제의 악수를 나누면서 문안하십시오. 인사하십시오'라고 말할 수 있습니다. 그런데 문안의 의미가 무엇이겠습니까? 관심과 사랑을 나누는 것입니다.

아침에 가족들이 집을 떠날 때에 아무 말 없이 떠나고, 떠나보내는 가족이 있습니까? '갑니다' 하면 집에 있는 분이 어떻게 합니까? '잘 다녀와' 또는 '잘 다녀오세요' 하고 인사를 합니다. 그리고 나중에 집으로 돌아올 때도 마찬가지입니다. 서로 인사하는 겁니다. 이렇게 인사하는 것이 정상적인 것이며 자연스런 일입니다.

그런데 우리 성도는 하나님의 한 가족이지 않습니까? 서로가 문안하는 것은 마땅한 일이라는 겁니다. 주일날 교회에서 만났는데 못 본 척하고 외면하고 인사도 없이 지나가는 분은 안 계신지 모르겠습니다. 그런 분은 하나님의 가족으로서 자격이 없는 것입니다. 그렇지 않습니까? 가족인데 인사도 안하고 못 본 척하면 되겠습니까? 예수님을 생각해 보십시오. 예수님은 원수 된 우리들을 사랑하셔서 자기의 생명을 내어주셨습니다. 그런 예수님을 믿고 그런 예수님을 따라서 살아가는 성도가 아주 작은 문제 때문에, 자기 교회에 속한 영적 가족을 외면하고 못 본 척하고 고개를 돌려서야 되겠습니까?

여러분, 예수 그리스도의 마음으로 예수 그리스도의 이름으로 서로 문안하며 인사하시기 바랍니다. 주일뿐만 아니라 주중에 병원에 있는 성도에게도, 병중에 있는 성도에게도, 또 다른 문제를 가지고 사는 성도에게도, 결석한 성도에게도 생각이 나면 전화로 메시지로 또 바울과 같이 편지를 통하여 문안할 수가 있습니다. 특별히 교역자들만 해야 하는 일이 아니라 우리 모든 성도들이 해야 하는 일인 것입니다.

오늘 본문에 사도 바울은 문안의 본을 보였습니다. 편지를 쓸 때마다 문안을 하였습니다. 그러면서 너희는 다 서로 문안하라고 권면하고 있습니다.

"너희는 다 서로 문안하라."

여러분, 모두를 향해서 마음 문을 열고 그리스도의 사랑으로 서로 문안하는 성도가 되시기를 바랍니다.

둘째로, 참된 신앙은 자기 곁에 있는 사람들에게 먼저 사랑과 관심을 가지는 것입니다.

사도 바울은 앞의 3절에서 16절에서 편지를 받는 성도에게 다 문안을 했습니다. 그러면 이 편지를 끝내도 되는 것입니다. 그러나 그리하지 않고 자기와 함께 있는 성도들을 생각하고 그들의 문안도 전하는 것도 볼 수 있습니다.

여러분, 범죄 한 우리 인간은 본성적으로 이기적입니다. 우리의 머릿속에 있는 것을 생각해 보면 나 자신과 나 자신의 관심사, 나 자신의 이익, 나 자신의 생각이 주를 이룹니다. 그러나 오늘 본문에 바울은 하나님을 닮아서 자기와 함께 있는 사람들을 기억하고 생각하고 귀하게 여기는 것을 볼 수 있습니다.

남자 분들이 집 밖에서 남에게는 잘하고 친절하고 말도 잘하는데, 집에 들어오면 말도 안하고 불친절한 경우가 있습니다. 제 친구 목사님 사모님도 그것을 불평하는 것을 들었습니다. 바깥에 나가면 늘 웃으며 말도 잘하고 그러는데 집에만 들어오면 딱 입을 다문다는 것입니다. 그 목사님이 쑥스럽게 하는 얘기가 “밖에서는 워낙 말이 많이 하기 때문에 집에 들어오면 입이 아파서…”라고 합니다

고인이 되신 사랑의 교회 옥한음 목사님은 정말 목회 일념으로 가득하셨던 존경스러운 목사님이십니다. 그분은 가정보다 교회를 먼저 생각하는 목사님이었습니다. 그분은 예수님을 위해서는 가정을 포기할 수 있어야 한다고 생각했습니다. 그렇게 살다 보니 옥성호 씨라는 아들이 하는 말이 “아버지와 함께 여행이나 소풍을 간 기억이 없다. 내게 아버지는 영원히 실종된 존재다”라고 말을 했습니다. 목사님은 나중에야 그런 자기의 모습이 잘못된 모습인 줄 깨

닫고 가정은 목회에 가장 기본적인 단위라고 말하면서, 자기가 데리고 있는 부교역자들에게도 가정 목회를 먼저 잘할 것을 말씀하셨다고 합니다.

예수님은 "네 이웃을 네 몸처럼 사랑하라"고 말씀하셨습니다.

그렇다면 가장 가까운 이웃에게 먼저 사랑을 나타내야 합니다. 여러분, 우리에게 가장 가까운 이웃이 누구겠습니까? 우선 가족이 아니겠습니까? 아내에게 가장 가까운 이웃은 남편, 남편에게는 아내, 그리고 자녀들, 부모들, 그런데 때로는 아내를 학대하는 남편, 자식을 학대하는 부모, 나이 많은 부모를 학대하는 자녀들에 대해서 방송에서 신문에서 자주 봅니다. 그리고 먼 사람에게는 잘하면서 자기와 함께 일하는 사람은 무시하면서 일하는 경우도 보게 됩니다. 안타까운 일입니다. 잘못 된 모습입니다.

그렇다고 먼 이웃에 대해서는 무관심하라는 것이 아닙니다.

자기 가족만 아는 사람이 되라는 말씀이 아닙니다. 기독신자는 모든 사람에 대해서 관심과 사랑을 나타내야 합니다. 그런데 먼 이웃에게는 관심을 가지면서 가까운 이웃에게 소홀하게 된다면 그것은 위선적인 사랑, 잘못된 사랑이라는 것입니다. 저는 송일국 씨가 주연한 주몽과 같은 드라마를 참 좋아합니다. 그래서 주몽을 두 번이나 보았습니다. 가장 머리에 남는 게 뭐냐 하면 그 주몽의 아버지 해모수가 자기 아내 유화부인을 지켜주지 못한 것에 대해서 늘 탄식하고 후회하면서 주몽을 보며 하는 말이 있습니다. '나는 옛 조선을 회복시키고 옛 조선의 유민들을 지켜주기 위해서 힘썼지만 정작 가장 가까이에 있는 사람을 지켜주지 못했다"라고 말하는 것을 들었습니다.

하나님께서 여러분 가까이에 두신 분들이 참으로 귀한 사람 아닙니까? 이 수많은 사람들 가운데 하나님께서 여러분의 가족이 되게 하신 분들, 여러분 가까이에서 살게 하신 분들, 같은 교회에서 만나 신앙생활 하게 하신 분들, 여러분과 함께 일하게 하신 분들. 그런 분들을 귀하게 여기시기 바랍니다. 비록 보잘것없는 지위와 신분의 사람일지라도 그분들을 먼저 귀하게 대하는 성도가 되시기를 바랍니다.

셋째로, 오늘 문안에 나오는 몇몇 사람들을 살펴보도록 하겠습니다.

21절을 보십시오. 처음에 나오는 사람이 누구입니까? 디모데입니다. 디모데를 가장 먼저 언급한 것은, 그가 사도 바울에게 가장 중요한 사람이었음을 보여줍니다. 우리가 지금 '복 있는 사람'을 읽어가고 있는데 사도행전 16장에도 나왔습니다. 디모데가 성경에 가장 먼저 등장하는 곳이 사도행전 16장입니다. 사도 바울이 2차 전도여행을 떠나서 1차 전도여행을 했던 루스드라에도 가보는데, 그 루스드라에서 만난 젊은이가 디모데였습니다. 디모데의 어머니는 유대인 신자이고 아버지는 헬라인, 즉 이방인이었습니다.

그런데 디모데는 그 지역에서 아주 칭찬 받는 청년이었습니다. 사도 바울이 그를 보고 데려갑니다. 그때부터 사도 바울의 조력자가 되어서 바울의 전도여행에 동행하거나 때로는 바울의 지시를 받아서 여기저기 가서 자기가 맡은 사명을 감당하는 모습을 볼 수 있습니다. 그래서 디모데는 바울의 오른팔입니다.

신약에 바울의 편지가 13권인데, 3권 외에 모든 사도 바울의 편지에 디모데의 이름이 등장합니다. 그리고 디모데에게는 사도 바울이 직접 두 통의 편지를 썼습니다. 디모데전서와 디모데후서입니다. 이것을 보면 바울 사도에게 디모데가 얼마나 귀한 헬퍼(돕는 자)인지 알 수가 있습니다. 이 디모데가 어떤 사람인지 빌립보서 1장 21절, 25절에 잘 보여줍니다.

"그들이 다 자기를 구하고 그리스도 예수의 일을 구하지 아니하되 디모데의 연단을 너희가 아나니 자식이 아버지에게 함같이 나와 함께 복음을 위하여 수고하였느니라."

다른 사람들은 이기적이어서 다 자기의 일을 구하고 그리스도 예수의 일을 구하지 않는다고 했습니다. 많은 사람들이 자기의 일을 우선으로 하지 예수 그리스도의 일을 먼저 구하지 않습니다. 그런데 오늘 본문에 나오는 디모데는 자식이 아비에게 하는 것처럼 바울과 함께 복음을 위해서 수고했다고 했습니다. 즉 자기의 일을 구하지 않고 그리스도 예수의 일을 구했다는 말씀입니다. 그는 그리스도 예수의 좋은 군사였습니다. 우리 교회의 젊은이들, 우리 교회의 성도들도 디모데같이 자기의 일보다도 예수 그리스도의 일을 먼저 구하는 분들이 되시기를 바랍니다.

이 디모데는 바울에게 어떤 사람입니까? 제자입니다. 믿음의 아들입니다. 조력자이고 조사입니다. 그래서 디모데전서에 보면 바울은 디모데를 부를 때 "아들아" 하고 불렀습니다. 그런데 로마교회에 쓴 편지에서는 뭐라고 부르고 있습니까? 동역자라고 부릅니다. 21절 첫 부분에 "나의 동역자 디모데"라고 하고 있습니다. 동역자는 같이 일하는 사람입니다. 같은 동급의 사람인 것입니다. 바울의 깊은 배려가 느껴집니다. 아들과 같고, 조수와 같고, 그래서 무시해 버려도 되는 사람인데, 그 이름을 언급할 뿐만 아니라 동역자라고 말해 주는 것입니다. 자기와 같은 급으로 대우를 하고 인정해 주고 있습니다. 우리 모두 바울의 겸손과 배려, 남을 인정하는 아름다운 모습을 본받기를 바랍니다.

디모데에 이어서 여러 사람이 나옵니다. 21절에 두 번째 나오는 사람이 누기오입니다. 그가 누구인지 잘 알 수는 없습니다. 그런데 그 다음에 나오는 야손이라는 사람은 사도행전 17장 초두에 네 번이나 이름이 나옵니다. 읽어 보면, 이 사람은 바울이 데살로니가에 전도하러 갔을 때에 바울을 자기 집에 모신 사람입니다. 그 다음에는 소시바더가 나옵니다. 소시바더는 사도 바울이 베뢰아에 전도하러 갔을 때에 사도 바울을 도와준 분입니다.

그리고 22절을 보십시오. 이 편지를 기록하는 나 더디오라고 하는 말씀을 보게 됩니다. 로마서는 바울이 기록했는데, 무슨 뜻입니까? 사도 바울은 편지를 불러 주고 이 사람은 대필한 것입니다. 사도 바울은 손이 없습니까? 사도 바울도 쓸 수 있습니다. 그 당시에는 종이가 없어 쓸 것이 변변치 않았습니다. 그래서 가죽, 즉 양피지에 쓰거나 갈대로 만든 파피루스라는 것이 있어 거기에 조심스럽게 글을 써야 했습니다. 전문적인 교육을 받은 사람이 글을 써야 잘 써지는 것입니다.

여기서 우리가 알 수 있는 것은 더디오라는 사람은 사도 바울의 전도로 예수를 믿고 나서 바울의 비서가 되어 자기의 전문적인 기술로 사도 바울의 편지를 대필해 주는 일을 하였다는 것을 알 수 있습니다.

23절 맨 앞에 나오는 사람을 봅시다. 가이오입니다. 그는 고린도 교회의 유력한 신자입니다. 부자입니다. 오늘 본문 23절에 가이오에 대하여 무엇이라고 말합니까? 나와 온 교회를 돌보아 주는 가이오라고 하였습니다. 영어성경에는 "나와 온 교회의 host"라고 하였습니다. 호스테스(hostess)는 여관이나 카페의 여주인을 가리켜 호스테스라 합니다. 그런데 여주인 반대가 남자주인, 곧 호스트입니다. 그래서 방금 읽은 가이오와 같은 사람은 바울과 고린도 온 교회에 호스트였다는 것입니다. 자기가 마치 주인인 것처럼 권력을 부렸다는 것이 아니라, 고린도 교회를 자기의 재산을 가지고 책임을 지고, 사도 바울의 먹고 사는 문제도 책임을 져주는 사람이었다는 겁니다.

성경에는 가이오가 여러 사람 나오는데, 특히 요한삼서에 가이오가 나옵니다. "사랑하는 가이오"라고 하였습니다. 요한삼서에 나오는 가이오는 다른 사람입니다. 그런데 이상하게도 하는 일은 닮았습니다. 요한삼서의 가이오는 어떤 사람입니까? 자기 사는 동네에 순회전도자가 오면 자기 집에 모시고 먹여 주고 재워 주는 일을 했습니다. 호스트 역할을 했습니다. 그런데 오늘 본문의 가이오도 역시 그렇게 했다는 것입니다. 그 귀한 모습을 보고 사도 요한이 뭐라고 했습니까?

"사랑하는 자여 네 영혼이 잘 됨같이 네가 범사가 잘되고 강건하기를 내가 간구하노라."

우리는 이 말씀을 좋아합니다. 그러나 왜 사도 요한이 그와 같은 간구를 했는지는 잘 몰랐는데, 바로 복음을 위해서 순회 전도자를 자기 집에 모시고 그 필요한 것을 채워주는 귀한 모습을 볼 때에 "사랑하는 자여 네 영혼이 잘 됨같이 네가 범사가 잘 되고 강건하기를 내가 간구하노라"고 기도하지 않을 수 없었다는 것입니다.

방금 나온 이 사람들의 공통점이 있습니다. 모두가 바울의 헬퍼였거나 호스트였던 것입니다. 이들은 자기의 젊음, 재능, 재산, 집을 복음을 위해 기꺼이 내놓았습니다. 그런 자들이 바로 오늘 성경에 기록이 된 것입니다.

마태복음 10장에 보면, 예수님께서 열두 제자를 둘씩 짝지어 전도를 보냅니다. 전도를 보내며 하시는 말씀이 마태복음 10장 40-41절에 기록되어 있습니다.

"너희를 영접하는 자는 나를 영접하는 것이요 나를 영접하는 자는 나를 보내신 자를 영접하는 것이니라 선지자의 이름으로 선지자를 영접하는 자는 선지자의상을 받을 것이요 의인의 이름으로 의인을 영접하는 자는 의인의 상을 받을것이요."

사도의 이름으로 사도를 영접하는 자는 누구의 상을 받겠습니까? 사도의 상을 받게 되는 겁니다. 오늘 문안에 나오는 이분들은 사도 바울의 호스트요 헬퍼였습니다. 그러니 사도가 아니어도 이 사람들은 무슨 상을 받을까요? 사도의 상을 받게 되는 것입니다.

여러분, 복음 사역자들, 목사님, 선교사님들, 주의 종들을 영접하고 돕고 후원할 수 있으면 많이 후원하시기 바랍니다. 그런 성도는 목사가 받을 상, 선교사가 받을 상, 주의 종들이 받을 상을 다 받게 될 것입니다. 우리 성도들 중에도 세상 사람들처럼 쌓을 줄만 알고 쓸 줄을 모르는 분들이 있는 것 같습니다. 그래서 안 먹고 안 쓰고 다 모아 놓아도 다 없어질 때가 있습니다. 있을 대에 선한 일에, 주의 일에 힘써야 하는 것입니다. 오늘 이 사람들의 이름이 성경에 기록이 되듯이, 그런 이들의 이름을 하나님께서 기억하시고 때가 되면 다 갚아 주실 것을 믿으시기 바랍니다.

오늘은 문안의 교훈(2)에 대해 생각해 보았습니다.
첫 번째는, 성도들은 서로 문안하면서 살아야 합니다.
두 번째는, 성도들은 자기 곁에 있는 사람들에게 먼저 관심과 사랑을 가지고 살아야 합니다.
세 번째는, 사도 바울처럼 겸손과 배려하는 삶을 살아야 합니다.
네 번째는, 복음을 위해서, 주의 종들을 위해서 헌신하는 자들을 하나님께서 잊지 않으십니다.

오늘 이 말씀과 이 교훈대로 살아가시는 저와 여러분이 다 되시기를 바랍니다.

28

로마서 16:25-27

하나님께 영광(頌榮)

"나의 복음과 예수 그리스도를 전파함은 영세 전부터 감추어졌다가 이제는 나타내신 바 되었으며 영원하신 하나님의 명을 따라 선지자들의 글로 말미암아 모든 민족이 믿어 순종하게 하시려고 알게 하신 바 그 신비의 계시를 따라 된 것이니 이 복음으로 너희를 능히 견고하게 하실 지혜로우신 하나님께 예수 그리스도로 말미암아 영광이 세세무궁하도록 있을지어다 아멘"

오늘은 로마서 강해 마지막 시간입니다. 지난 3년 6개월 동안 하나님께서 성령으로 저를 도우시고 이끌어 주셔서 우리 동부교회의 강단이 복음으로 풍성한 은혜를 맛보았습니다. 오늘 마지막 시간을 통해서 복음을 더 깊이 깨닫고 하나님께 영광 돌리는 여러분들이 되시기를 바랍니다.

여러분, '송영'이라는 말을 들어보셨습니까? '송영'이라는 말을 한글 사전에서 찾아보니, "예배의 시작과 마지막에 들어가는 기도 형식의 찬양"이라고 했습니다. '송영'을 영어로는 '독솔로지'(doxology)라고 합니다. '독솔로지'라는 말은 헬라어 독사에서 나오는데, '독사'라는 말은 '영광'이라는 말입니다. 그래서 영광송이라는 말입니다.

송영은 하나님께 영광을 돌리는 영광송이라 할 수 있습니다. 여러분, 오늘 본문은 로마서 맨 끝에 나오는 송영입니다. 영광송입니다. 그런데 유감스럽게도 우리 한글 번역이 너무 복잡해서 도대체 이 송영이 무엇을 말하는지 알기가 아주 어렵습니다. 저도 이번 본문을 얼마나 많이 보았는지 모릅니다. 헬라어 원문부터 영어성경 번역, 있는 대로 다 보고 어느 번역이 옳을지 고민을 많이 하였습니다. 그러나 이 본문 송영의 핵심은 마지막 절, 27절에 나타납니다.

"하나님께 영광이 있을지어다."

그러니까 하나님께 영광을 돌리는 것입니다. 그것이 송영이고 영광송입니다. 이 영광송의 내용이 무엇이냐 하면, 로마서 전체의 핵심주제라고 할 수 있는 복음을 다시금 요약해서 우리에게 보여주고, 마지막으로 하나님께 영광을 돌리고 있습니다. 특별히 어떤 하나님께 영광을 돌리느냐 하면 "너희를 견고하게 하실 하나님께 영광이 있을지어다"라고 하였습니다.

첫 번째로 생각할 것은, 하나님은 우리를 '무엇으로 견고하게 하시는가'입니다.

'견고하게 하다'가 무슨 말입니까? 튼튼하고 강하게 한다는 말입니다. 이제 봄이 되어서 텃밭을 가꾸는 분들이 바빠졌습니다. 좀 있으면 각종 모종도 심고 또 씨도 벌써 심고 있습니다. 그런데 가지나 고추나 오이나 이런 것들은 보통 모종을 심는데 모종을 사서 심어 놓고 그냥 내버려 두지 않습니다. 그러면 어떻게 합니까? 지지대를 옆에 세워서 서로 묶어 둡니다. 왜 그런가 하니 비바람이 쳐도 넘어지지 않도록, 부러지지 않도록 하기 위해서입니다. 그렇지 않고 그냥 심어놓고 가만히 두면 한번 비바람이 치면 목이 댕강댕강 떨어져서 죽어버립니다.

그런데 하나님께서 우리 성도를 구원해 놓으시고 그대로 내버려 두십니까? 하나님이 우리를 구원해 놓고 '그냥 너 알아서 하라'고 하시면, 저도 여러분도 구원받을 사람이 한 사람도 없습니다. 그러면 하나님께서는 어떻게 하십니까? 농부처럼 우리를 든든하고 강하고 견고하게 만들어 주시는 것입니다. 우리를 견고하게 해주시는 하나님을 깨닫고 이 하나님 앞에 감사하시는 성도가 되시기를 바랍니다. 그런데 하나님께서 무엇으로 우리를 견고하게 하실까요? 26절 끝을 한 번 보시기 바랍니다. "이 복음으로 너희를 능히 견고하게 하신다"고 말씀하십니다.

로마서 1장 16-17절이 로마서의 주제인데, 16절에 보면 이 복음은 모든 믿는 자에게 구원을 주시는 하나님의 능력이 된다고 했습니다. 복음은 믿는 자에게 구원을 주시는 능력입니다. 그런데 오늘 말씀에는 이 복음이 또 우리를 견고하게 한다고 했습니다. 요컨대 복음은 우리를 구원해 줄 뿐만 아니라 우리를 견고하고 든든하게 세워 주는 역할을 합니다.

사도행전 20장에 보면, 사도 바울이 3차 전도여행을 마치고 배를 타고 예루살렘으로 올라가는 길에 밀레도라는 곳에 도착했습니다. 밀레도에 도착했을 때 사도 바울이 그 옆에서 얼마 멀지 않은 에베소 장로들을 청하였습니다.

사도 바울이 3차에 걸쳐 전도여행을 다녔는데, 그중 가장 오래 머무른 곳이 바로 에베소입니다. 에베소에서는 3년 동안 머무르면서 복음을 전파했습니다. 그래서 어느 교회보다도 사도 바울과 에베소 교회 성도들의 관계가 각별하였습니다. 이에 사도 바울은 올라가기 전에 다시 한 번 그들의 얼굴을 보고서 마지막 부탁을 하고 싶었습니다. 그리하여 밀레도에 에베소 장로들을 불러서 그들에게 고별연설을 합니다. 마지막 연설을 하는 중에 이런 말씀을 합니다.

"내가 여러분을 주와 및 그 은혜의 말씀에 부탁하노니 그 말씀이 너희를 든든히 세우사."

무엇이 에베소 교회 성도들을 든든히 세운다고 했습니까? 그 은혜의 말씀이, 복음의 말씀이 에베소 교회 성도들과 장로들을 든든하게 세워 주는 것입니다. 그러므로 복음은 불신자에게만 필요한 것이 아닙니다. 예수님을 믿어서 이미 구원받은 우리에게는 복음이 필요 없습니까? 그것이 아닙니다. 불신자뿐만 아니라 예수 믿는 자들에게도 필요합니다. 예수 믿는 자들을 든든하고 견고하게 세워 주기 때문입니다.

여러분, 미국의 가장 존경받는 대통령이 누구입니까?

16대 대통령 에이브러햄 링컨입니다. 링컨 대통령은 금 수저를 물고 태어난 사람이 아니었습니다. 어릴 때는 너무나 가난해서 학교 정규 교육을 받지 못했습니다. 어머니가 글을 가르쳐 주고, 성경을 가르쳐 주어서 글을 깨우치고 교육을 받았습니다. 어머니의 지식과 성품과 신앙이 그에게 최대의 교육이었습니다. 그런데 불행하게도 링컨이 11살 되던 때에 이 어머니마저 병에 걸려 죽게 되었습니다. 어머니는 돌아가시면서 어린 링컨을 옆에 불러놓고 손을 꼭 쥐고 "에이브야, 나는 재산이 없어서 너에게 물려줄 것이 없다. 그러나 이 성경책을 물려준다"라고 유언을 했습니다.

"너는 한평생 이 말씀을 그대로 믿고 살아라. 그러면 너의 길이 형통할 것이다."

이 유언을 하고 죽으셨습니다. 그는 어머니의 유언대로 성경을 애독하고 그 교훈대로 살아서 위대한 인물이 되었습니다. 미합중국의 대통령이 되었을 때에 대통령 취임식에서 선서를 하지 않습니까? 어머니가 물려준 그 성경에 손을 얹고 선서를 했습니다.

얼마 전에 트럼프 대통령이 취임을 했는데, 그도 취임식에서 자기 가정에서 사용하던 성경과 링컨의 성경 위에 손을 올려놓고 선서를 했습니다.

세상의 그 무엇도 소년 링컨을 세워 주지 못했습니다. 예수 믿는 소년 링컨을 세워 준 것은 아버지도 어머니도 아닌 복음의 말씀이 그를 굳세고 견고하게 세워주었다는 것입니다.

하나님의 말씀, 복음의 말씀이 성도를 든든하게 세워줍니다. 말씀이 없는 성도는 작은 유혹에도 신앙이 흔들려서 이단에 쉽게 넘어가고 시험에도 쉽게 드는 것입니다.

그러므로 여러분, 하나님의 말씀을 사랑하시기 바랍니다. 말씀을 늘 가까이하고, 읽고, 묵상하시고 하나님 말씀대로 그 교훈을 따라서 실천하며 살아가시기를 바랍니다. 그렇게 할 때에 하나님께서 여러분의 인생을 책임져 주시고, 여러분의 삶에 복을 주시고, 무엇보다도 오늘 하나님 말씀에 기록된 대로 여러분들의 신앙을 견고하게 세워 주실 것입니다.

주일날 하나님 앞에 나와서 예배를 드릴 때에도, 내 생각을 다른 곳으로 분산시키지 말고, 핸드폰이나 다른 곳에 집중하지 말고 오직 하나님 말씀을 듣는 데만 마음을 열고 귀를 집중해서 들어야 합니다. 하나님의 말씀에 은혜 받지 못하면, 설교가 내 귀에 잘 들려오지 않게 되고, 그러면 믿음이 튼튼하고 견고하게 세워질 수 없습니다. 하나님께서 여러분을 말씀과 복음으로 견고케 하여 주시기를 기원합니다.

두 번째로 생각할 것은, 이 '복음이란 무엇인가?' 하는 것입니다.

하나님께서 성도들을 복음으로 견고케 해주신다고 했는데, 이 복음을 가스펠(gospel)이라고 합니다. 우리가 늘 듣는 이 복음이 무엇입니까? 아마 제가 개인적으로 물어보면 얼마나 대답을 잘 하실지 모르겠습니다. 늘 듣지만 잘 모르는 경우가 많습니다. 오늘 25절에 보면 사도 바울이 "나의 복음" 하면서 복음이 나오는데, 여기 25-26절을 통해서 사도 바울은 복음을 두 가지로 말씀하고 있습니다.

처음에는 이 복음을 무엇이라고 말씀합니까? 25절에 보니 '예수 그리스도를 전파함'이라고 했습니다. 이것을 통해서 알 수 있는 것은 복음은 예수 그리스도를 전파하는 것입니다. 여기서 '전파함'이라는 말은 헬라어로 '케리그마'(kerygma)라고 하는데, 아주 중요한 신학 용어입니다. 예수 그리스도를 빼버리고 그냥 케리그마 해도, 예수 그리스도의 복음을 전파하는 것이라는 뜻을 담고 있습니다. 복음의 핵심 내용이 무엇입니까? 예수 그리스도입니다.

마태복음 1장에 보면 예수님의 탄생 이야기가 나옵니다.

다윗의 후손 요셉이 마리아와 결혼을 약속했습니다. 그런데 아직 아무 관계도 하지 않았는데 마리아의 배가 불러오는 겁니다. 얼마나 기가 막힌 일이겠습니까? 당시에 간음한 여인은 돌로 쳐 죽일 수 있었습니다. 그런데 요셉은 신사적이고, 점잖고, 경건한 사람이었습니다. 그래서 어떻게 합니까? 조용히 헤어지려고 했습니다.

그때 하나님의 천사가 그에게 나타나 "다윗의 자손 요셉아, 무서워하지 말아라. 이 일은 성령의 능력으로 된 것이다. 아들을 낳으리니 그 이름을 예수라 하라. 이는 그가 자기 백성을 죄에서 구원할 자이심이라"고 말씀하신 것입니다. 이것이 복음입니다. 복음은 '복된 소리, 복된 소식, Good News'입니다. 어떤 소식이 'Good News'입니까? 죄로 말미암아 멸망할 우리 죄인을 구원해 주신다는 소식이 복된 소식입니다.

어떻게 구원해 주십니까? 하나님의 아들 예수 그리스도가 우리의 구원자가 되셔서 구원해 주십니다. 이것이 바로 복음입니다.

요컨대 복음이란 예수님에 대한 말씀입니다. 성경에 보면 '사랑하라, 용서하라, 진실하라, 부모를 공경하라, 도적질하지 마라, 간음하지 마라' 등등 많은 말씀이 나옵니다. 이것이 복음입니까? 이것은 하나님 말씀에는 들어가지만 복음은 아닙니다. 복음은 누구에 대한 말씀입니까? 예수님에 대한 말씀이 복음입니다. 멸망할 우리 죄인을 구원하시기 위해 예수님이 오셨다는 소식, 예수님의 성육신,

부활, 승천하셨다는 소식이 복음입니다. 이 복음을 믿는 자에게 구원이 있다는 것을 우리에게 보여주는 것이 바로 복음입니다.

그리고 또 복음은 26절에 보면 '신비의 계시'라고 했습니다.

신비의 계시가 바로 복음입니다. 여기서 신비라는 말은 비밀이라는 말입니다. 계시란 말은 무슨 말입니까? '숨겨진 것을 드러내는 것'입니다. 비밀을 감추어 놓았는데, 이것을 볼 수 있도록 '드러내는 것, 보여주는 것, 나타내는 것'이 계시라는 말입니다. 복음은 영세 전부터 비밀로 감추어졌던 것, 비밀이었는데 이제 나타나신바가 되었다는 것입니다. 그런 점에서 복음은 신비의 계시다는 것입니다.

제가 손녀를 기르다 보니 옛날엔 보지 않던 어린이 프로그램을 한 번씩 봅니다. 뽀로로도 보고 호비도 봅니다. 그런데 호비에 보면 '무얼까 무얼까' 하는 프로가 있습니다. 노래가 나오면서 호랑이나 사자나 고양이 같은 동물이 나오는데, 처음부터 전부를 보여주는 것이 아니고 일부를, 머리나 꽁지를 조금 보여줍니다. 그래서 무엇인지 추측케 하고는 조금 있다가 그림의 전체 모습을 보여주는 겁니다. 복음이 이와 같다는 겁니다.

복음, 곧 예수 그리스도를 통한 하나님의 구원, 예수 그리스도의 성육신, 십자가, 죽음, 부활, 승천, 그를 믿음으로 얻는 구원, 이 모든 것은 신비였는데, 오랜 세월 동안 비밀이었는데, 때가 되니 나타나게 되었다는 것입니다. 계시가 되었습니다.

어떻게 나타나게 되었습니까? 26절 첫줄을 보십시오. "영원하신 하나님의 명을 따라 나타났다"라고 했습니다. 영원하신 하나님의 명은 하나님께서 한마디 명령을 했다는 것이 아니라 '영원하신 하나님의 작정, 하나님의 계획, 하나님의 뜻'입니다. 아들을 통하여 우리 죄인들을 구원하시고자 하나님의 작정을 따라서 비밀이었던 이 복음이 때가 되니 조금씩 밝혀집니다.

구약 시대 때에는 선지자들을 통하여 하나님께서 조금씩 밝혀 주시더니, 때가 되어 신약 시대가 되니 아들 예수 그리스도를 통하여 당신의 모습을 완전하게 계시하셨습니다. 그리고 완전해진 이 복음이 모든 사람, 모든 민족에게 다 전파되도록 하셨다는 것입니다. 하나님은 이 복음으로 우리를 구원하시고, 이 복음으로 우리를 견고케 하여 주십니다.

세 번째로 생각할 것은, 이 '복음의 목적은 무엇인가?' 하는 것입니다.

종은 왜 존재합니까? 울리기 위해서입니다. 목적이 있습니다. 만일에 울리지 않는 종이 있다면 그것은 존재할 이유가 없는 것입니다. 하나님께서 복음을 정하시고, 때가 되어 나타내 주셨고 모든 민족으로 알게 하여 주셨는데, 그렇게 하시는 목적이 무엇이겠습니까? 26절 셋째 줄을 보십시오.

"모든 민족이 믿어 순종하게 하려고."

이것이 복음의 목적입니다. 그러므로 복음이 전파되는 곳에서는 언제나 하나님께서 사람들의 믿음과 순종을 요구하십니다.

사도행전 2장에 보면, 오순절 날 성령 받은 제자들이 밖으로 나가 복음을 전하기 시작합니다. 특별히 베드로가 사람들에게 복음을 전할 때에, 예수님에 대해 전하면서 이 하나님의 아들 예수를 너희가 십자가에 못 박아서 죽였다고 하자, 그 복음의 말씀을 듣고 있던 사람들의 가슴에 찔림을 받았습니다. 찔림을 받은 사람들이 어떻게 합니까? "형제들아 우리가 어떻게 할꼬?"라고 합니다.

그때 베드로가 "너희가 회개하여 각각 예수 그리스도의 이름으로 세례를 받고 죄 사함을 얻으라"고 말씀합니다. 한마디로 예수를 믿으라고 하는 것입니다.

사도행전에 보면, 사도 바울이 유럽의 빌립보라는 성에 가서 복음을 전하는데, 첫 번째로 루디아라는 여자가 복음을 받아들였습니다. 두 번째는, 점치는 여자의 귀신을 내쫓아 주었는데, 그 때문에 그 여인으로 인해 돈 벌던 사람들이 분이 나서 사도 바울을 고발했습니다. 사도 바울은 아무 죄도 없이 실컷 매를 맞고 깊은 감옥에 갇혀 쇠고랑에 채워졌습니다.

그럼에도 불구하고 바울과 실라는 하나님 앞에 기도하고 찬송을 부릅니다. 그러자 그날 밤 하나님께서 그곳에 기적을 일으켜 큰 지진이 일어나게 하셨습니다. 옥 터가 크게 흔들리고, 옥문이 열리고, 그들의 손목과 발목에 채웠던 모든 착고가 풀립니다. 바울과 실라는 곧장 도망갈 수 있었습니다. 그런데 도망가지 않고 가만히 있었습니다.

그때 간수가 잠자다가 깨어나 '다 도망갔겠구나. 이제 나는 죽은 목숨이다' 하고 자결하려고 하는데, "우리가 여기 있다. 네 몸을 해하지 말라"고 합니다. 죄수들이 다 도망하였을 것으로 생각하고, 자신이 당할 책임이 무서워 자결하려던 간수는 바울에게 다가와 무릎을 꿇고 "내가 어떻게 하여야 영생을 얻으리이까?" 하고 물었습니다.

그러자 "주 예수를 믿으라 그리하면 너와 네 집이 구원을 얻으리라"고 말합니다. 주 예수를 믿으라고 합니다.

앞에서 복음의 목적을 무엇이라고 했습니까? 믿어 순종하게 하려 한다고 했습니다. 복음이 전해지는 곳에는 언제나 하나님께서 요청하십니다. 복음을 들은 이들에게는 '믿어서 순종하도록' 요청하시는 겁니다. 여기 계신 여러분들은 예수 믿어 세례 받은 사람이겠지만, 아직도 예수를 못 믿고 안 믿는 교우들도 있을 것입니다.

이 시간을 통해서 모두가 복음을 듣고 있습니다. 죄인은 자기의 선행으로 말미암아 구원 받는 것이 아니라, 하나님의 아들 주 예수 그리스도를 믿음으로 말미암아 의롭다 함을 받고 구원받는다는 이 복음을 듣고 있습니다. 이 복음을 들으시는 여러분은 다 예수를 믿어서 순종하시고, 예수를 믿어서 구원 받으시기 바랍니다. 하나님께서 복음을 주신 목적이 바로 이것입니다.

정리를 해보면, 하나님은 우리를 무엇으로 견고하게 하신다고 했습니까? 복음으로 우리를 견고하게 해주십니다. 복음은 무엇입니까? 예수 그리스도를 전파함이고, 또 계시된 신비라고 했습니다. 복음과 복음 전파의 목적은 무엇입니까? 그것은 믿어서 순종케 함이고, 믿어서 구원받게 함이라고 말했습니다.

이렇게 복음에 대하여 정리를 한 후에 바울은 하나님의 놀라운 지혜에 대하여 마지막으로 영광을 돌리고 있습니다.

여러분, 복음에는 하나님의 지혜가 드러나고 있습니다.

타락하여 범죄 한 인생, 자신의 아들 예수 그리스도를 통하여 구원하시는데 어떻게 하십니까? 자기 아들을 사람의 모습으로 이 세상에 보내주시고, 죄인들을 위하여 대신 십자가에 죽게 하시고, 그 예수님을 부활하게 하시고, 승천하게 하시고 재림하게 하실 것입니다. 그리고 그 예수님을 믿는 자마다 죄를 용서해 주시고, 의롭다 하여 주시고, 또 구원해 주시고, 성령의 도우심으로 영생에 들어가게 하실 것입니다. 이것이 바로 하나님의 계획인데, 이 계획이 너무 지혜롭다는 것입니다.

인간들이 하나님 앞에 범죄 했는데 하나님께서 멸망할 죄인들을 어떻게 구원하시겠습니까? 우리가 복음을 모른다는 입장에서 생각해 봅시다. 예수님을 전혀 모른다고 생각해 봅시다.

'하나님께서 범죄 한 죄인들을, 멸망할 죄인들을 어떻게 구원하실까?, 하나님께서 천사들을 통하여 구원할 수 있을까?'

'하나님께서 사람들을 착하게 살게 하셔서 제일 착한 사람들만 구원하실 수 있겠다. 돈을 많이 바치는 사람을 구원할 수 있겠다.'

사람은 이런 생각을 할 수 있을 것입니다. 그러나 하나님께서 자기 아들을 사람이 되게 하셔서 사람들의 죄를 대신 지게 하여 십자가에 죽게 하시고, 부활 승천해서 그 예수님을 믿는 자를 하나님께서 죄 용서하시고 구원해 주신다는 사실, 이런 비밀을 상상할 수 있겠습니까? 사람이 상상할 수 있습니까? 없습니다. 여기에 놀라운 하나님의 지혜가 있다는 것입니다. 사람은 알 수가 없습니다.

고린도전서 1장에 보면 사도 바울은 유대인들은 '표적을 구한다'고 합니다. 무슨 기적이 나타나면 그것이 사실이고, 그것은 하나님께로부터 온 것이라고 인정을 한다는 것입니다. 유대인들은 기적을 구하고 헬라인들은 지혜를 구한다고 했습니다. 철학(Philosophy)은 애지학(愛智學)이란 뜻입니다. 소크라테스, 플라톤, 아리스토텔레스와 같은 철학자들이 다 그리스 사람들입니다. 그리스 사람들은 '지혜로운 말, 지혜로운 가르침'을 구했습니다. 지혜롭지 않은 말은 받아들이지 않았습니다.

그런데 유대인은 표적을 구하고 헬라인들은 지혜를 구하나, 우리는 십자가에 달린 예수 그리스도를 전한다고 했습니다. '십자가에 달린 예수 그리스도'만큼 어리석은 말이 어디 있습니까? 십자가에는 누가 달립니까? 제일 극악한 사형수가 거기에 달려서 죽는 것입니다. 그 무시무시한 십자가에 달려서 죽은 죄인을 믿으면 구원받는다는 것이 얼마나 어리석은 소리입니까? 유대인들이나 헬라인들이 생각할 때는 정말 어리석기 그지없는 말입니다. 그런데 하나님께서는 이 어리석은 소리와 같은 복음을 통하여, 예수 그리스도를 통하여 죄인들을 구원해 주시는 것입니다.

이것이 온 세상 사람들이 아무도 생각지 못할 일이고, 천사도 알지 못할 하나님의 비밀이고 지혜입니다. 그래서 이 놀라운 지혜로 죄인을 구원하시고, 믿음을 견고케 하시는 지혜로우신 하나님을 생각할 때에, 그 하나님 앞에 영광을 돌리지 않을 수 없다는 것입니다. 27절을 보십시오.

> "지혜로우신 하나님께 예수 그리스도로 말미암아 영광이 세세 무궁하도록 있을지어다 아멘."

이 사도 바울의 찬양이 바울의 찬양일 뿐만 아니라 같은 복음으로 구원받은 우리 모두의 찬양이 되기를 바랍니다.

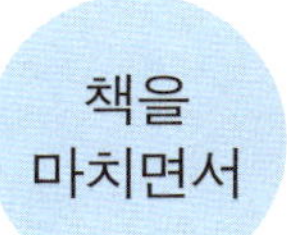

새로운 개혁의 바람이 불기를...

로마서 강해를 하면서 하나님께서 때에 맞게 본문을 인도하시는 것을 여러 번 경험하며 놀라곤 했는데 하다 보니 종교개혁 500주년에 이 책을 출판하게 된 것도 하나님의 인도하심이라 믿습니다.

일찍이 종교개혁의 선봉장인 마틴 루터는 비텐베르크 대학에서 교수를 할 때 맨 처음에 시편을 강의하고, 이어서 로마서를, 종교개혁 원년에는 갈라디아서를 강의하였습니다. '오직 성경(Sola Scriptura)'이란 구호처럼 그의 개혁은 하나님 말씀의 진지한 연구에서 나온 것입니다. 요컨대 성경이 아닌 것이 전해질 때는 암흑기였고 성경의 빛이 드러날 때 교회는 바른 길을 찾게 된 것입니다.

오늘날도 자신이 잘 아는 성경 말씀만 설교한다면 잘못된 길로 빠지기 쉽습니다. 로마서 강해설교를 하지 않았다면 평생 손대지 않고 넘어갈 성경말씀들이 있었습니다. 강해설교를 하면서 하나님의 말씀을 남김없이 연구하고 빠짐없이 전하게 되었습니다. '하나님의 뜻(The whole council of God)을 다 너희에게 전했다'(행 20:27)는 바울 사도의 말씀처럼 말입니다.

하나님께 감사하면서 부디 이 땅의 사역자들이 진지하고 정직하게, 말씀의 부분이 아닌 하나님의 모든 말씀을 전하기를 기도하며 이에 따라 한국교회에 새로운 개혁의 바람이 불기를 소망합니다.

-저자 이광수 목사

망망한 바다 한가운데서 배 한 척이 침몰하게 되었습니다.
모두들 구명보트에 옮겨 탔지만 한 사람이 보이지 않았습니다.
절박한 표정으로 안절부절 못하고 있는 성난 무리 앞에
사라진 그 선원이 급히 달려나와 꼭 쥐고 있던 손바닥을 펴 보이며 말했습니다.
"모두들 나침반을 잊고 나왔기에 … "
나침반이 없었다면 그들은 분명 끝없는 바다 위를 표류할 수밖에 없었을 것입니다.

우리는, 삶의 바다를 항해하는 모든 이들을 위하여
그 나침반의 역할을 하고 싶습니다.
우리를 구원하신 위대한 주 예수 그리스도를 널리 전하고 싶습니다.

"하나님은 모든 사람이 구원을 받으며
진리를 아는 데에 이르기를 원하시느니라"
(디모데전서 2장 4절)

복음 중의 복음 3

지은이 | 이광수 목사
발행인 | 김용호
발행처 | 나침반출판사

제1판 발행 | 2017년 10월 1일

등 록 | 1980년 3월 18일 / 제 2-32호
주 소 | 07547 서울특별시 강서구 양천로 583
블루나인 비즈니스센터 B동 1607호
전 화 | 본사 (02) 2279-6321 / 영업부 (031) 932-3205
팩 스 | 본사 (02) 2275-6003 / 영업부 (031) 932-3207
홈 피 | www.nabook.net
이메일 | nabook@korea.com / nabook@nabook.net

ISBN 978-89-318-1545-0
책번호 마-1751

값은 뒷표지에 있습니다.